A Juan Franc[...]
con cariñ[o]

Para que n[...] na
y eventual[mente ...] algun[o]
de sus términos (en inglés
por supuesto).

el abuelo Pedro
setiembre de 2013

PUTO EL QUE LEE

PUTO EL QUE LEE

DICCIONARIO ARGENTINO DE INSULTOS, INJURIAS E IMPROPERIOS

Barcelona
UNA SOLUCIÓN EUROPEA PARA LOS PROBLEMAS DE LOS ARGENTINOS

Puto el que lee : diccionario argentino de insultos, injurias e
improperios / Javier Aguirre ... [et.al.]. - 1a ed. 9a reimp. -
Buenos Aires : Gente Grossa, 2012.

320 p. : il. ; 17x12 cm.

ISBN 978-987-22812-0-5

1. Lenguaje Vulgar. 2. Diccionarios. I. Aguirre, Javier

CDD 417.203

www.revistabarcelona.com.ar

© 2006 en español para todo el
mundo, Gente Grossa SRL

Buenos Aires, Argentina

Reservados todos los derechos.

Prohibida la reproducción total o

parcial de esta obra por cualquier

medio, sin permiso de la Editorial.

Impreso en Color Efe

Paso 192, Avellaneda,

Buenos Aires

ISBN-10: 987-22812-0-3

ISBN-13: 978-987-22812-0-5

Agradecimientos

Ariel Granica, Carlos Inzillo, César Marchetti, Carola de la Vega, el Espíritu Santo, la Virgen que nos acompaña y el Señor que nos recoje.

Advertencia

Los editores de este diccionario no coinciden con las expresiones vertidas en los ejemplos de uso de los términos aquí definidos. Simplemente se reproducen porque fueron escuchados en distintos rincones del país y, por lo tanto, los autores consideran que forman parte del habla cotidiana de los argentinos. Pero de ninguna manera reflejan la opinión de los editores ni la de los autores.

El insulto es un arma cargada de futuro

Sólo existen dos motivos por los cuales una persona puede no haber proferido un insulto jamás en su vida: que sea un pelotudo de mierda o que sea un hijo de remil putas.

Proverbio chino

No hay sociedad, cultura o civilización en la historia de la humanidad que no tenga o que no haya tenido insultos. Desde la prehistoria hasta nuestros días, las mujeres y los hombres han necesitado de los insultos, esas descalificaciones, entre burlonas y violentas, para desahogar tensiones, descomprimir conflictos y continuar con los quehaceres cotidianos. En ese sentido podría afirmarse que el insulto tiene una función liberadora en los espíritus de la gente, y que resultan indispensables a la hora de saldar conflictos, hacer borrón y cuenta nueva, y seguir adelante con el espíritu libre de rencores.

Cierto es que las modalidades de insulto han cambiado a lo largo de los siglos. Pero más allá de lo formal, los hombres y mujeres de todo el mundo se han valido de mil maneras, palabras y gestos para "ofender a uno provocándolo e irritándolo con palabras o acciones", tal la definición del término "insultar" que da el Diccionario de la Real Academia Española (DRAE). No hay más que echar una mirada a la historia de la humanidad para darse cuenta de que, cuando se trata de usar una injuria ("agravio, ultraje de obra o de palabra", según el DRAE) o un improperio ("injuria

Introducción

grave de palabra, y especialmente la que se emplea para echar a uno en cara una cosa", también según el DRAE), ningún pueblo ha escatimado gastos. Y cada cual, a su modo, ha hecho su aporte a la humanidad.

Los comienzos

Los primeros testimonios sobre insultos nos llegan desde el Neolítico inferior. En los dibujos que se encontraron en las cuevas de Altamira, por ejemplo, se puede apreciar claramente cómo la mayoría son escenas de caza, que seguramente servían como registro para que las generaciones posteriores supieran cómo se desarrollaba esa actividad, algo que permitía la supervivencia de la especie. Sin embargo, algunas de esas imágenes tienen una intención bien distinta que la de las demás (es decir, que la mayoría) y contienen cierta ironía. Por ejemplo, llama la atención la representación de un hombre enorme que caza un animal minúsculo, probablemente un insecto; ese hombre tiene un miembro viril también minúsculo. Hoy los estudiosos coinciden en señalar que ese dibujo hace referencia, de modo paródico, a la impotencia del personaje retratado, que podría ser un importante jefe del lugar. Es decir que ese dibujo es el testimonio de un insulto a una autoridad, en un momento previo a la invención de la lengua escrita.

El insulto va a ser una constante en el mundo antiguo. Los sumerios, por ejemplo, tenían entre sus principales injurias los términos *eijínises* ("tallador de ramas de olivo"), que es la primera alusión a quien realiza tareas poco provechosas, precursora del moderno "estar al pedo". A ese pueblo de la antigüedad le debemos también el término "la concha de tu madre", que proviene de la locución sumeria *conjstismánis*, que significa literalmente "punto de partida del vuelo de los pájaros", pero que en la práctica se utilizaba como "origen de la vida" y que degeneró en un insulto, pues cuando una persona invitaba a otra a partir hacia ese sitio estaba sugiriendo que no debió haber nacido.

Otro insulto fuerte en la antigüedad es la voz babilonia *olfistangan* (algo así como "será mejor que te calles, bribón"), y que dio origen al "no me rompas más las pelotas". Pero sin duda el legado mayor de Occidente proviene, como en todo lo demás, de la cultura griega. En la ilustrada Atenas los filósofos utilizaban los términos *pelitnipólesis* ("que expone sus

Introducción

ideas con mucha pompa y poco fundamento") y *bolictinémines* ("que no ha estudiado lógica") para defenestrar las ideas de sus adversarios. Según los estudiosos, de *pelitnipólesis* deriva "pelotudo", y de *bolictinémines*, "boludo".

Mientras tanto, en la bélica Esparta, los insultos de contenido sexual estaban a la orden del día. Y si bien no existen registros en Grecia del uso como insulto de ninguna de las palabras que definen la condición homosexual, sí se puede rastrear en Esparta los orígenes de "mal cogido" (*cogitisnule*, o "fornicio no concretado"), del uso del término "culo" como sinónimo de suerte (a partir del término *fortinculenis*, "el que posee la fortuna de la buena digestión") y, como buen pueblo especialista en hacer la guerra, del término "guerrera", un derivado de *gerertagolis*, término que significa "la que hace con igual entusiasmo la guerra y el amor".

Pero es en la Roma clásica donde se afianza y se expande el insulto tal como lo concebimos hoy en día en la lengua castellana y, específicamente, en la Argentina. Ya durante el reinado de César aparecen como insultos violentos los derivados de la prostitución y la homosexualidad, principal corpus de cualquier estudio serio sobre la materia, incluido este diccionario. El término "bufarrón", por ejemplo, deriva del latín *tupnagnius*, que significa "cariño indiscriminado hacia los niños". Y la palabra latina *grullius* ("quien lleva la túnica corta") podría ser el origen del argentinismo "trolo".

De puta madre

La censura que reinó en la oscuridad medieval no impidió el desarrollo de numerosos insultos. Señala Bordelois que, "muy por lo contrario, las sociedades que, como la medieval, se vieron sometidas a fuertes restricciones en su idioma, público fueron aquellas que, paralelamente, crearon y difundieron una mayor cantidad de insultos". Entre los siglos VII y IX se difunde y se afianza la idea de la prostitución como la actividad más denigrante que una mujer puede desarrollar. Podría decirse también que es la actividad humana más denigrante, pero en el ideario medieval, la mujer no formaba parte de los seres humanos.

Paralelamente a la idea de la prostitución como último escalón en la escala sociomoral se erige, como contrapartida de la prostituta —es decir, como compendio de todas las bondades y virtudes—, la figura de la madre. Madre y puta son algo así como la versión femenina de Dios y el Diablo en

Introducción

el universo medieval. No es de extrañar entonces que todos los sinónimos de "prostituta" sean el más alto insulto que pueda recibir una mujer que no se dedica a la prostitución.

Sin embargo, el concepto de "prostituta" como insulto funciona sólo para las mujeres, quienes como ya se dijo, para los hombres del medioevo no eran un ser humano; de tal modo que la idea de insultar a una mujer era más o menos lo mismo que insultar a un perro, a un caballo o a un burro. Esto es, no tenía mayor atractivo y mucho menos vértigo o riesgo, un componente fundamental cuando se insulta a alguien. Porque, importante es aclararlo, el insultar siempre implica un riesgo: el riesgo de que el otro monte en cólera, el riesgo de tener que dirimir el pleito con la violencia física, el riesgo de una venganza posterior, etcétera. Y nada de ello aparecía cuando se insultaba a la mujer, aunque por motivos bien distintos que en el caso de los animales. Mientras al insultar a un animal no se obtenía respuesta por la imposibilidad de un perro o caballo de entender qué se le estaba diciendo, las mujeres no respondían por el profundo estado de sumisión en que se encontraban inmersas.

La dicotomía madre/puta creada en el ideario medieval permitió la aparición de un insulto superador (siempre de acuerdo con las costumbres de la época), perfectamente utilizable entre los hombres: el muy occidental "hijo de puta". De este modo, el insultado pasó a ser el hombre a quien se le decía la expresión. Cierto es que la madre del aludido también era insultada con violencia, pero, como ya se dijo, el insulto a una mujer era en la Edad Media un asunto menor. Lo que importaba era recordarle a quien se quisiera insultar que si su madre (valor sagrado) era una prostituta (valor más humillante), él no podía ser otra cosa que una lacra, un ser personal y socialmente despreciable que no merecía más destino que el de terminar sus días en la más absoluta de las soledades y la más ruin de las miserias.

Detritus y dudas sobre Dios

El Renacimiento puso en duda, por primera vez en siglos, la existencia de Dios. Entre los siglos XVI y XVII, los descubrimientos astronómicos y físicos de Nicolás Copérnico, Giordano Bruno, Galileo Galilei y, posteriormente, sir Isaac Newton, si bien no hicieron tambalear la idea de un creador supremo, al menos pusieron un signo de interrogación delante de

Introducción

ella. No es casualidad, entonces, que en esos siglos, en España, en lo que se conoce como Siglo de Oro, haya surgido, paralelamente a las letras de Lope de Vega, Miguel de Cervantes Saavedra, Luis de Góngora o Francisco de Quevedo, o las pinturas de Diego Velázquez, Esteban Murillo o José de Ribera, una expresión que será fundante del habla popular de la hispanidad: "me cago en Dios". Que a su vez derivará en el igualmente castizo "me cago en la hostia", es decir, en la comunión, es decir, en la práctica religiosa.

Pero más que la duda sobre la existencia de Dios, lo que impera a partir del Renacimiento es la idea del hombre como centro de la creación, como eje de toda existencia. El hombre (y "el hombre" en este caso se refiere al ser humano, pero en realidad el hombre es el hombre y no la mujer, que sigue relegada tanto como en el medioevo) aparece en el Renacimiento en el centro de la escena y en el centro de la historia. Y en ese sentido hay que entender también el "me cago en Dios". Es decir, descalifico a Dios, pero no lo niego. Dios sigue existiendo pero yo (este yo gigante de donde surgen los monumentales trabajos de Miguel Ángel, Leonardo, Rafael o Boticelli) me pongo por delante de él. Yo soy más importante y para demostrarlo ejerzo y hago apología de mi ejercicio de la actividad humana que nadie puede dejar de hacer: defecar. Mas no en la soledad del arbusto ni al abrigo del rincón oscuro, sino que procuro que mis heces bañen a Dios; me defeco sobre él para comunicarle que el maloliente y blanduzco fruto de mi ano representa todo el respeto que a él puedo ofrecerle, toda la ofrenda que, entiendo en mi furia, se merece.

En efecto, a partir del siglo XVI aparecen con fuerza nuevos insultos relacionados con los detritus humanos y la acción de expulsarlos del organismo. Las palabras "mierda", "cagar", "sorete" y otros tantos sinónimos, que se habían insinuado en varias culturas antiguas y en algunos momentos de la Edad Media, salen ahora impulsados con un nuevo ímpetu. En una carta fechada en 1598, Miguel de Cervantes Saavedra le escribe a su amigo Don José de Ibarburu Torres Santiagués, desde su celda en la cárcel de Sevilla:

> "Dolido estoy, querido amigo, pues buenos no son los ayres que respiro en este calabozo. Los carceleros trátanme con hidalguía mas amplios dolores me aquejan en el brazo que me ha sido hurtado en el campo de batalla. Las pústulas bullen sobre mi muñón y el bonito espectáculo que forman el rojo de la sangre y el

amarillo del pus no logran desviar mi atención ni acallar mis quejidos. Muy por lo contrario, los acentúan. Dígole asimismo que una profunda soledad es la dueña de mi tiempo, soledad que ni la compañía de las moscas, que se juntan alrededor de las ampollas de mi cuerpo en procura de alguno de mis líquidos, logra paliar. Lejos estoy de aquel muchacho fermoso que algún día partió a la guerra. Diría en cambio que, haciendo una evaluación general de mi existencia, estoy hecho mierda".

Modernidad y racismo

Hasta el siglo XIX, la expresión "de mierda" sólo es utilizada como despectivo simple, es decir, para descalificar a una persona o a una idea. Puede decirse que el rey Fernando VII es "una mierda", que Luis XIV tiene una corte "de mierda", o que la idea de Napoleón de invadir Europa es "una cagada". Pero jamás sirve para descalificar a un grupo humano, ya sea social, religioso o étnico. Sin embargo, a partir del siglo XIX empiezan a ser "de mierda" judíos, moros, gitanos y, a ellos se suman los grupos más insultados desde épocas remotas: homosexuales y prostitutas.

Como señala Kovacci, "los excrementos, que habían formado parte de los suburbios del lenguaje, de repente comenzaron a invadir el habla cotidiana no sólo de las clases más humildes, sino también de los más poderosos". Olsen de Serrano Redonnet coincide en esta apreciación y no duda en afirmar que, "durante el siglo XIX, el habla se llenó de mierda".

Cierto es que los insultos de discriminación hacia las personas de otro credo, nacionalidad, etnia o color de piel no surgieron en el siglo XIX. Ya en el Siglo de Oro español, el poder blanco y católico refirmó su poder distinguiéndose del Otro al resignificar despectivamente términos como "gitano" (estafador, ladrón, embaucador), "judío" (avaro, ventajero, traicionero) o "moro" (infiel, avasallador, sodomita). Y, luego de la llegada a América, rápidamente convirtió al "indio" (el original de Indias, según los pueblos conquistadores) en un término que significa también, y principalmente, bruto, ignorante, primitivo.

El uso de muchos de esos adjetivos, con la carga descalificadora que poseen, persiste hasta el día de hoy, tanto en el habla cotidiana, como en ciertos sectores ilustrados de España. Por ejemplo, recientemente, el diario

Introducción

El País, de Madrid, publicó con motivo de la asunción de Evo Morales: "Por primera vez asume un indio como presidente de Bolivia" (el subrayado es nuestro).

Sin embargo, es a partir del siglo XIX cuando estos términos se popularizan más que nunca, seguramente producto de las migraciones; porque, aunque América fuera antes un territorio dominado principalmente por los españoles, era difícil importar términos como moro, gitano o judío cuando no había por aquí ni moros ni gitanos ni judíos. Pero luego, con la llegada de los inmigrantes (entre el siglo XIX y principios del siglo XX, la Argentina es uno de los países que más inmigrantes europeos tiene), el idioma inmediatamente encuentra el modo de recibir a los nuevos vecinos con todos los honores; es así como "moishes", "turcos" –y más tarde "chinos", "rusas"– tienen su insultante bienvenida como "todos los hombres del mundo que quieran habitar en el suelo argentino". A cada uno se le atribuye una particularidad, que es también un insulto: avaricia, falta de higiene, torpeza, pocas luces, extrema dedicación al comercio; modalidades dignas de ser destacadas de un modo cada vez más fervoroso.

Luego, ya entrado el siglo XX, las migraciones de países limítrofes dan pie a los "bolitas", "paraguas", "chilotes" y "boliguayos" y las migraciones internas a los "cabecita negra", los "negros cabeza", los "pajueranos" y otros tantos nuevos visitantes que tienen un insulto esperándolos en la estación de tren de la gran metrópoli, la ciudad de Buenos Aires.

Otras culturas

Si bien está más que probado que todas las civilizaciones de la historia de la humanidad tuvieron y tienen insultos, no menos cierto es que no todas las culturas insultan o insultaron del mismo modo. Mientras en la lengua castellana, así como en toda América y Europa Occidental, los insultos más gruesos hacia una persona tienen que ver con injurias a la madre (con "hijo de puta" como caso paradigmático, como ya fue dicho), en otras culturas no existen este tipo de agresiones verbales, pues es inconcebible el insulto por carácter transitivo.

En China, por ejemplo, la actividad que desarrolla la madre de una persona no toca en absoluto la reputación de esa persona, ni para bien ni para mal. Insultar a una persona significa espetarle un improperio directo,

Introducción

sin intermediarios. Si llamamos a un chino "hijo de puta", éste seguramente contestará: "Si quieres decirle algo a mi madre, arréglate con ella", pues los chinos no hablan de vos, sino de tú.

Sin embargo, es muy probable que a cualquier occidental le llamen la atención otro tipo de insultos de los chinos. Por ejemplo, está muy mal visto calumniar alguna parte del cuerpo de las personas. No su anatomía general ("gordo", "flaco", "lungo" o "petiso", del mismo modo que "sidoso", "anoréxico", "paralítico" o "mogólico" no sólo no son insultos sino que a nadie en sus cabales se le ocurriría llamar así a una persona), ni las partes sexuales en particular, es decirle a alguien "piernas de bambú", "codo de oso panda" o "cuello de arrolladito primavera" lo que resulta tan ofensivo como lanzar un "pene de maní"; porque en esa cultura lo que está en juego como insulto no es la insuficiencia sexual sino la anomalía física, sobre todo si esa anomalía es inexistente.

En Persia, recordarle a alguien la ocupación de la madre, por más que esta ocupación sea la más indigna (que en el caso de los persas no es la prostitución, sino la de cajera de un ciber), tampoco representa un insulto. Pero, a diferencia de China, en Persia sí existe el carácter transitivo del insulto. En efecto, entre los persas resulta una blasfemia atribuirle una condición indigna o anómala al camello de una persona. Es así como decirle a alguien "hijo de recontramil putas" no es una ofensa, pero espetarle en el rostro "beduino de camello de triple joroba" puede ser causal de una guerra de dagas que sólo se resolverá cuando la sangre de uno de los contrincantes riegue la arena del desierto.

Algo similar sucede en ciertas regiones de Japón, donde también existe el carácter transitivo. Pero, al igual que en Persia, no es ofensa invocar la forma en que se gana la vida la madre del injuriado, sino que hay que aludir a la tía. Es así como el "sobrino de geisha" es un equivalente a nuestro "hijo de puta", aunque mucho más duro, pues resulta un improperio capaz de generar una gresca. De todos modos, señala Brizuela Méndez que esta clase de insultos "sólo se conserva en algunas regiones rurales, pero que su uso prácticamente cayó en desuso en las grandes ciudades del Japón, donde el concepto tradicional de familia se perdió a manos de la explosión tecnológica que sufrió el país en las últimas décadas, con sus cámaras digitales, sus laptops, sus celulares y sus tamagotchis".

Otra singularidad aparece en el África negra, donde la feroz rivalidad

Introducción

intertribal, a veces llevada al paroxismo, redunda en que aquello que para Occidente parece una mera confusión genealógica (llamar "hijo de Nwanko, el hutu" a quien en realidad es orgulloso vástago de Dikembe, el zulú), en el continente negro sea una ofensa capaz de acabar con la matanza —acaso merecida, para los parámetros africanos— de cientos de miles de insultadores tutsis.

Hechos y palabras

Referida que hemos una sucinta historia del insulto, veamos ahora las características de éste.

Existen dos grandes grupos de insultos: los términos o construcciones que no tienen más acepción que la de una afrenta, y los términos que sólo se convierten en insulto dentro de un contexto. Para los primeros está la mayoría de los términos insultantes puros. Por ejemplo, decirle a alguien "puto" o "catador de porongas" no tiene otra forma de entenderse más que como un insulto. Inclusive si quien es estigmatizado de este modo es un homosexual declarado que gusta contar sus proezas sexuales, especialmente las orales. En ese caso, a lo sumo, resultará un insulto muy leve, pero el término o la locución seguirán siendo insultantes de todos modos.

Sin embargo, en este punto debería hacerse una salvedad. Porque muchos términos que hasta hace un tiempo no podían ser entendidos más que como un insulto, hoy cobran nuevos significados de acuerdo con el contexto en el que son dichos. Los casos más paradigmáticos en ese sentido son la palabra "boludo" y la expresión "hijo de puta".

"Boludo" era una forma un poco más violenta de decir "tonto" y formaba parte de lo que se denominan vulgarmente "malas palabras". Por ejemplo, hace poco más de dos décadas casi no se decía "boludo" ni en radio ni en televisión, y en la mayoría de la prensa escrita no se publicaba la palabra; o, a lo sumo, aparecía sugerida con una b seguida de tres puntos suspensivos (b…). Pero en los últimos años no sólo ha sido aceptada en casi todos los medios, sino que además se ha extendido su uso entre los adolescentes, que lo emplean prácticamente como un vocativo neutro. El "¿qué hacés, boludo?" y el "che, boludo" son expresiones normales en el habla juvenil, que se han incorporado en la banda sonora de la Ciudad de Buenos Aires y muchas otras zonas de la Argentina. Estas expresiones

Introducción

carecen por completo de intención insultante. Resultan, entonces, bien diferentes de un enfático "¡Fulano es un boludo!" o "¡Pero si serás boludo!".

Algo similar ocurre con "hijo de puta". Además del uso insultante, esta expresión puede emplearse como muestra de admiración y hasta de sana envidia. Por ejemplo, decir de alguien: "¡Qué hijo de puta, cómo toca la guitarra!". Pero para transformar la expresión en un elogio es necesario que el contexto sea muy claro sobre la razón por cual se está apelando al término (el mismo "¡Qué hijo de puta!" sin "¡cómo toca la guitarra!", pero dicho en un concierto, durante un momento muy virtuoso de ese guitarrista), o que esté esa razón aclarada luego del "¡qué hijo de puta!", como sucede en este caso con el "¡cómo toca la guitarra!"

Para ser más claros: decir "¡Qué hijo de puta, Maradona, cómo jugaba al fútbol", es elogioso; pero decir "Qué hijo de puta, Maradona, no quiere reconocer a su hijo italiano", es insultante.

Construcciones blasfemas

Hay otro tipo de insultos que no utilizan términos injuriantes, sino que se construyen con un elogio y un contexto muy puntual. Por ejemplo, la frase "hola, Einstein" *a priori* se presume elogiosa, pues es comparar al interlocutor con un científico de un altísimo coeficiente intelectual y que, por consenso popular, está considerado un genio. Pero no es lo mismo decirle "hola, Einstein" a un adolescente que sale de un examen de física y se saca un 10, que decírsela a otro que en el mismo examen se sacó un 1. En el primer caso, la frase resultará un elogio; en el segundo, un insulto.

Hay también palabras que no han sido popularizadas como insultos y que sin embargo su definición textual hace que el aludido no pueda más que sentirse insultado si escuchan que lo llaman de ese modo. Por ejemplo, a fines de 1912 la compañera de entonces del pintor Pablo Picasso, la francesa Marcelle Humbert, llamó "desvencijado" al hoy olvidado Vincent Bèlange (un pintor paisajista francés muy ortodoxo y nada interesante, que tenía cierta fama en la década de 1910), quien defenestró el cuadro de Marcel Duchamp *Nu descendant l'escalier* No. 2, (1912).

El de Humbert fue un insulto certero, pues queda claro qué quiso decir: algo así como "carcamán", "momia" o "tutankamón", por usar algunos

Introducción

términos que sí forman parte de los insultos usados hoy en la Argentina, y que figuran en este diccionario. Todas definiciones que la mayoría de quienes tengan la oportunidad de ver la obra de Bèlange coincidirán en que le calzan a la perfección. Sin embargo, "desvencijado" no quedó incorporado en el habla cotidiana, ni siquiera dentro de un sector tan acotado como el de las artes visuales. Pero si alguien llama así a otra persona, su interlocutor comprenderá inmediatamente que se trata de un insulto.

Hace poco, al cumplirse cien años del nacimiento de Dimitri Shostakovich, en medio de los festejos y de la unánime confirmación de este compositor soviético en el canon de la música erudita del siglo XX, el director y compositor francés Pierre Boulez salió a derribar el mito. Boulez calificó a Shostakovich como "un Gustav Mahler de tercera prensada", pensando más en provocar e insultar a quienes idolatraban al soviético en un aniversario tan importante que en incomodar a Shostakovich, muerto treinta años antes. Pero la viuda de Shostakovich, Irene Supinskaya de Shostakovich, le salió al cruce con dureza al francés cuando aseguró: "Puede que Dimitri fuera un Gustav Mahler de tercera prensada, pero Boulez es un Ángel Mahler de primera."

Posibles conclusiones

Algunos de los términos que aparecen en este libro fueron elevados en muchos momentos de la historia al rango de ideología y, de allí, a la práctica como políticas de Estado. Lo que llevó luego a que, una vez vencido ese régimen, muchos de aquellos términos que erigiera como discriminadores fueran prohibidos por el código penal, en la ilusión de que esa prohibición de un término puede evitar el rebrote de esa doctrina. Es el caso, por ejemplo, del nazismo alemán, que se transformó en verdugo de judíos, gitanos, homosexuales y comunistas, entre otros. De este modo, el insulto, otrora fuente liberadora de un estado emocional muy puntual y, por supuesto, personal, pasó a ser demonizado por ciertos sectores que creen que proferir alguna generalidad brutal como las que se exponen en este libro significa adscribir a alguna de las ideas que, llevadas a la práctica, transformaron en políticas de Estado asesinas lo que era un simple juego de palabras. Allá ellos.

Para los autores de este libro, insultar es un ejercicio intelectual, que es el

Introducción

plano donde deberían dirimirse todos los verdaderos conflictos humanos. De todos modos, somos conscientes de que los términos aquí vertidos no forman parte del uso más virtuoso del castellano. Sabemos también que muchos de ellos aparecerán utilizados por primera vez en letra impresa.

Y la conclusión final, al ver el volumen que usted, lector, en este momento tiene en sus manos, es ambigua. Por un lado, como se dijo al principio, los autores coincidimos en que el insulto es liberador. Siguiendo ese razonamiento deberíamos concluir que a mayor cantidad de insultos, más libertad de conciencia, y la enorme cantidad de términos recogidos en estas páginas deberían ser para los argentinos una buena señal colectiva.

Por otro lado, se supone que una sociedad más justa, menos violenta, más equitativa y más tolerante, debería prescindir de muchos de los términos que aquí aparecen definidos y que forman parte del habla cotidiana de millones de argentinos.

Ojalá que este libro sea al menos un mínimo aporte para llegar a alguna conclusión sobre un tema tan profundo.

Joan Marí Carbonell i Figueres
Director de la revista Barcelona
Cadaqués, marzo de 2006

Modo de uso

De qué va este diccionario

El lector tiene ante sí un trabajo que apunta a ser integral en relación con el modo de insultar en la Argentina y en países cuya habla es recibida en la Argentina por llegar a través de doblajes de películas, series de tevé, subtitulados de programas de cable o sencillamente señales de cable de países de habla hispana. Por fin un argentino podrá entender que significa que alguien diga 'Leches, tío, eres un mamón' o 'Chinga tu madre, güey'. Ese es nuestro orgullo. Hasta ahora existían meritorios trabajos que se circunscribían a una sola región, como los de O'Donnell, Pigna, Seco y Brizuela Méndez (*véase Bibliografía*), pero nadie había intentado un trabajo más amplio.

PUTO EL QUE LEE no se propone enumerar los insultos que deben usarse sino inventariar los que se usan, más allá de su cuestionabilidad académica. Usamos para ello de una amplísma base de datos recogida –podría decirse que en carne propia– a lo largo de la vida de cada uno de los autores. Nos apoyamos, además, en la flor y nata de nuestros escritores y en esa summa del habla popular que son nuestros músicos.

Buscamos llegar no sólo al académico, como lo hicieron nuestros insignes predecesores, sino también al público de a pie; para que, así, pueda este aumentar su acervo e insultar con una riqueza que vaya más allá de los manidos "hijo de puta", "la concha de tu hermana" y "la puta que te parió"; si lo logramos, habremos alcanzado nuestro más alto objetivo.

Forma del diccionario

Las entradas del Diccionario son, principalmente, unidades léxicas seguidas, en el caso de que las hubiere, de unidades léxicas compuestas; éstas únicamente están solas si la palabras que la componen por separado no constituyen insulto. Tanto las unidades léxicas como las locuciones están indicadas en **negrita**.

Modo de uso

Para mayor comodidad de quien consulta hemos separado en más de una entrada la explicación de una palabra cuando esta reviste más de una categoría gramatical (p.e. sustantivo y adjetivo).

La acepción tiene varias partes: *definición*, *ejemplo*, *explicación respecto de su uso* apoyada en alguna *autoridad* (si fuere necesario); todas ellas separadas por una barra vertical. Luego se suma una cita entre paréntesis. A continuación, separadas por dos barras verticales van las *locuciones*, si las hubiere, o los sinónimos, en el caso que se consideren necesarios para la practicidad del lector.

Siempre que en el texto aparece una palabra o palabras en **negrita** es por que tiene su correspondiente entrada en el Diccionario.

Sólo nos resta esperar que estas explicaciones hayan sido de la debida utilidad y desearles una enriquecedora lectura.

Modo de uso
Abreviaturas empleadas en este diccionario

adj.	adjetivo.	m.	masculino.
adj. euf.	adjetivo eufemístico.	*Méx.*	México
América Centr.	América Central	*NOA*	Noroeste argentino
América lat.	América latina	parón.	parónimo.
amb.	género ambiguo	*Patag.*	Patagonia
angl.	anglicismo.	pop.	vocablo popular
Arg.	Argentina	s.	sustantivo.
Caribe	Caribe.	sin.	sinónimo.
Cba.	Córdoba	tr.	verbo transitivo.
Chile	Chile.	Ú. c. desp.	Úsase como despectivo
Col.	Colombia.	Ú. t.	Úsase también.
desp.	despectivo.	Ú. t. c. s.	Úsase también como sustantivo.
desus.	vocablo en desuso.	Ú. t. c. adj.	Úsase también como adjetivo.
Esp.	España	Ú. t. c. tr.	Úsase también como transitivo.
etc.	etcétera.	*Ven.*	Venezuela.
f.	femenino.	vulg.	vulgarismo.
fig.	figurado.		
indef.	indefinido.		
intr.	verbo intransitivo.		
loc.	locución.		

abatatar (se). intr. Que adquiere la forma, color y/o consistencia de una batata. | **2.** fig. Confundirse ante una situación desbordante al punto de rendirse y abandonar el desafío 'Tenía que definir la primera palabra que aparece en el diccionario y me abataté tanto que mandé todo a la concha de su madre'.

abombado, da. adj. Torpe y de pocas luces. 'Sos un abombado, ¿no te diste cuenta de que el cartel ese decía «Pintura fresca»?'. ||sin. tonto, bobo, botarate, sopenco

aborto. m. fig. Pesona muy fea. Ú. t. c. adj. | Ú. mayormente como vocativo 'Salí, aborto', 'Qué mirás, aborto', pero también en su forma adjetiva 'El aborto de tu marido me está mirando las tetas'.

abriboca. adj. Persona que dice lo que no tiene que decir, justo cuando la situación requiere de su silencio al respecto 'No seas abriboca, dejá que el señor turista

abrojo

japonés me compre ese bonito buzón'. ||sin. inoportuno.

abrojo. m. Persona densa, pesada, que consciente o inconscientemente se niega a advertir que los demás no tienen interés en él, que se adosa sin pedir permiso a programas a los que no fue invitado 'Che, a ver si la próxima podemos zafar del abrojo de Gómez así vamos al sauna donde labura la hermana, que por 10 pesitos te hace un pete sin globito'. | Ú. c. verbo abrojarse 'Che, Scioli, no te abrojes, que en ésta mordemos sólo nosotros'.

aburguesado, da. adj. Que se rindió a los placeres superfluos de la vida burguesa, que perdió el interés o no encuentra incentivos para crecer o ir más allá de la situación en el que se encuentra '¿Me parece a mí, o Fito Páez está aburguesado desde que juntó el primer millón de dólares?'

aburrido, da. adj. Que causa aburrimiento, que genera en quienes lo rodean tedio, abulia, hastío y desesperación (De la Rúa, Fernando, *Campaña presidencial 1999*, 'Dicen que soy aburrido'). || sin. **plomazo, plomo**.

achacado, da. adj. Deteriorado por el paso del tiempo o por una enfermedad. Ú. c. desp. en personas que no sufren ninguno de esos avatares, pero igualmente se muestran poco ágiles física y mentalmente '¡Andate Ronaldo, estás achacado!'.

achanchado, da. adj. Que en su actividad o en la vida misma se conforma con lo que ha logrado y no aspira a mejorar y mucho menos a poner en marcha nuevos proyectos '¡Andate Ronaldo, estás achanchado!'.

achicar (se). intr. Acobardarse, irse al mazo, arrugar 'Cuando le dije que si me seguía jodiendo le iba a dar tantos pijazos que le iba a quedar el orto como el de un mandril, el muy puto se achicó y le fue a contar todo al preceptor'.

acomodado, da. adj. Que consiguió ubicarse en algún puesto gracias a sus contactos o influencias.

acomodar. tr. Ubicar a alguien en un puesto sin necesidad de que esa persona cumpla con los requisitos exigidos para acceder a él 'Si a ese productor le chupás convenientemente la pija, es capaz de acomodarte hasta en el programa de Nelson Castro para que hagas de secretaria, de panelista o de potus'. | **2.** Ubicar a alguien en su justo lugar. Ú. c. insulto de amenaza 'Dejá de gastarme con que Racing se va al descenso porque voy y te acomodo, bostero puto'.

acomodaticio, cia. Que logra ubicarse en cualquier puesto o contexto, inclusive en aquellos en los que se supone les son hostiles

'Cafiero es un viejo acomodaticio'.

acomodo. m. Ayuda o excepción que se recibe con el fin de obtener un beneficio extra a través de una influencia o contacto 'Si no hubiese sido por acomodo, el imbécil de Antonito jamás hubiera llegado adonde llegó'.

adelaida. f. Mujer cuyo busto sufrió el rigor del la Ley de Gravedad. | Explica Menéndez y Pelayo que el término proviene del nombre Adelaida, definida como "la de las tetas caidas" 'Dejá, adelaida, no te saqués el corpiño que ando medio corto de guita y no me da el cuero para cambiar los cerámicos del piso'.

adoquín. (*del árabe 'addukkín', banco de madera o de piedra*) m. Persona torpe e ignorante, idiota 'Hay que ser muy adoquín para limpiarse el orto con la mano, eh'.

Adoquín.

adulador, ra (*tb* **adulón, na**). adj. Que elogia exagerada e interesadamente algo o a alguien 'Majul es un adulador, no puede decir que la Pradón es una mujer muy valiente porque asumió en público que se sometió a un rejuvenecimiento de concha'.

afanar

afanancio, cia. adj. Persona experta en el arte de afanar, chorizo, **ladronazo** 'No sé cuál de los Korol es el más afanancio'. | Destaca Bordelois que el término proviene de una historieta creada por el dibujante Adolfo Mazzone. Afanancio era un personaje cleptómano.

Afanancio.

Tenía la habilidad de sustraer cualquier cosa de un bolsillo, un bolso o una cartera (o hasta los pantalones de las personas) sin que el damnificado se diera cuenta. Pero, pese a la enorme tentación que significaba contar con esta habilidad, Afanancio no la utilizaba para enriquecerse sino que, muy por lo contrario, ayudaba a la Justicia a desvalijar a ladrones que seguramente envidiarían tener ese saber innato. Lévy-Strauss observa que Mazzone nombró a su héroe —como ocurría con otros personajes de historieta de la época— por su característica más saliente, la capacidad para **afanar**.

afanar. intr. Robar. | 2. Cobrar un precio excesivo por algo. '¿Cómo que 50 pesos por un tostado y una coca? Loco, me estás afanando'. | 3. Defraudar 'Gasté 450 pesos en entradas para ver al Cirque du Soleil y mis dos hijos se quedaron dormidos. ¿Cómo no querés que pien-

afano

se que me afanaron?'

afano. m. Robo 'El último disco de la Bersuit es un afano'.

afeminado. adj. m. Hombre homosexual. | **2.** Hombre que en su apariencia y modos de hablar o comportarse recuerda a una mujer 'A pesar de que los gestos de Fito son muy afeminados, parece que no se la come'. || sin. **bala, loca, mariconazo, putazo.**

afrecho. Excitación sexual, calentura 'Por qué no dejás de mirarme las tetas y le pedís al escracho de jermu que te saque un poco el afrecho...'.

agachado, da. adj. Que evita enfrentarse a un superior, sometido, cobarde '¿Y, cómo anda el agachado de tu marido? ¿Siempre dejándose romper el orto por su jefe?'.

agarrado, da. adj. Persona poco generosa, que hace todo lo posible por no gastar dinero 'Dale, no seas agarrado y pagate una vuelta de poxiran para todos'. | sin. **amarrete.**

agrandado, da. adj. Que se cree más de lo que es, soberbio 'Desde que se emperna a Denise, Campi está más agrandado que sorete en kerosene'.

agujero. m. Vagina. Ú en insultos de invitación '¿Por qué no te metés un matafuegos en el agujero, pedazo de histérica?', de amenaza 'Te voy a dejar el agujero como un boquete'. | **2.** Ano, ojete. (Calamaro, Andrés, *Alta sociedad* 'Estoy cansado de los que vienen de amigos y sólo quieren rellenarme el agujero'.) | **3.** Puto 'Dale, agujero, que ayer te vimos catando embutidos en una película porno gay'. || **cualquier agujero es trinchera.** loc. Cualquier ano o vagina es bienvenido para satisfacer mis deseos de penetrar a alguien.

alcachofa. adj. com. **Alcahuete.**

alcahuete, ta (*del árabe 'alqawwād', que concierta una relación amorosa ilícita*). adj. Que cubre algo que se quiere ocultar. | **2.** *Arg.* Persona que lleva y trae chismes, chismoso.

Alcahuete.

(Barrionuevo, Luis: «Soy recontraalcahuete de Menem».) | **3.** Informante de la policía, delator 'Por culpa de ese alcahuete ahora vamos a ir todos en cana y los presos nos van culear incansablemente durante doce años'. || sin. **batidor, bocina, botón, buchonazo.**

alcaucil, la. adj. **Alcahuete**.

alce. m. Cornudo, persona cuya pareja le es tan pero tan infiel, que sus cuernos semejan la descomunal osamenta del mamífero rumiante del mismo nombre 'Néstor es un alce porque su mujer, Cristina, se garchó medio Senado'.

alcornoque. m. col. fig. Persona tonta u obcecada 'Majul, sos un alcornoque total'. | Apunta Bergoglio que "atribuye al insultado características propias del corcho, que se extrae precisamente del árbol del alcornoque; es decir, ser liviano, tosco, de ínfimo valor y consistencia ahuecada y porosa".

alfombrita. f. Vello púbico femenino. | Ú en insultos de invitación '¿Por qué no te afeitás la alfombrita con una motosierra?' | Saussure señala que puede ser de uso apreciativo 'Dame la alfombrita que te paso la aspiradora de carne, negrita'. || sin. **arbusto, carpincho, felpudo, peluche, selvita, visón**.

alimaña. f. Cualquier animal depredador.

almeja. f. Vulva. | Ú en insultos de amenaza 'Te voy a dejar la almeja como con marea roja, pedazo de trola'.

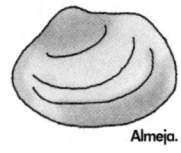
Almeja.

| Señala Kovacci que en diminutivo su uso es afectuoso o apreciativo 'Con esa almejita hacemos paella para cinco, primor'.

amanerado. adj. m. **Puto**.

amargo, ga. adj. Persona apática, de temperamento frío y nula pasión 'Es tan amargo que después de voltearse a la Jelinek, se reunió con los muchachos y lo único que contó fue que era medio tonta'. | **2.** Cobarde, enclenque, timorato.

amarrete, ta. adj. Tacaño, avaro, mezquino, miserable, que escatima los gastos hasta el punto de despertar en los demás rechazo y vergüenza (Melingo, Daniel *Mano cruel* 'Amarrete, ¿no te das cuenta de que la mortaja no tiene bolsillos?'). || sin. **ruso**.

amasijar. tr. Matar violentamente. Ú. c. sin. de garchar en insultos de invitación 'Si me seguís mirando con esa cara de puta, te voy a encerrar en el baño y te voy a amasijar hasta que la poronga me diga basta'.

amasijo. m. Situación incómoda y desgastante 'Laburar en *Clarín* es un amasijo'.

ambidiestro. adj. euf. **Puto** 'A mí me parece que el conductor del programa de concursos es ambidiestro'.

ameba. f. fig. Persona con la inteligencia, la vivacidad y la capacidad de reflexión de un protozoo. | Ú. en insultos de descalificación 'Ameba, andá a cambiarte el pantalón que te cagaste encima'.

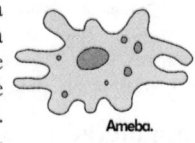
Ameba.

amigo. m. Pene. | Ú. en insultos de invitación 'Agachate y dale un beso al amigo'. || **darle de comer al amigo.** loc. Conseguir alguien a quien empernarse. || **te presento un amigo.** loc. 'Observad, he aquí mi poronga'. || **saludar al amigo.** loc. Practicar una felación.

analfabeto, ta. adj. Ignorante, iletrado, que no sabe leer ni escribir. Que carece de información sobre cierta materia 'Aprendé, analfabeta, esto que estás chupando se escribe con ve corta y llama verga'.

Analfabeto.

anca. f. Nalga, glúteo, cada una de las dos grandes mitades que conforman el culo de personas o animales; en especial, de equinos y bovinos. Ú en insultos de amenaza 'Te voy a separar las ancas hasta que se vea luz'. | **2.** Muslos (desus.). || sin: **cacha.**

andrajoso, sa. adj. Que viste con andrajos, harapiento 'Che, ¿del andrajoso de Paolo el Rockero no se supo nunca más nada, no?'.

angurriento, ta. adj. Persona hambrienta, comilona. Ú. t. en sentido fig. '¿Cómo que te estás comiendo solo a Pamela. Compartí, angurriento'.

anillo. m. Ano. | Ú. en insultos de invitación 'Aunque no estemos casados, entregame el anillo'.

animal. m. Pene 'Abrí la jaulita que te meto el animal'.

animal. adj. Persona bruta, nada refinada, de conductas groseras e instintivas. Ú. t. c. s. 'Seguí así, animal, que vas a terminar jugando en la C'. || sin: **bestia.**

animalada. f. Propio de animales, barbaridad, de un extremado salvajismo 'Usted sabrá disculparme, padre, pero permítame que le diga que haberse empernado a ese monaguillo fue una animalada'.

ano. m. Orificio final del conducto digestivo por el cual se expele el excremento y se pueden recibir otras cosas. | Ú. en insultos de amenaza 'Te voy a rellenar el ano con chocolate así cagás alfajores Havanna, hijo de puta'. || sin. **upite.**

argolla

anoréxico, ca. Que padece anorexia. Por extensión, persona en extremo delgada o que se niega al placer de la comida 'La anoréxica de tu novia se olvidó el culo y las tetas en la concha de su madre, ¿no?' | Apunta Landriscina que por tratarse de una enfermedad fomentada por el auge que tuvieron en las últimas décadas las modelos muy altas y muy flacas y, por consiguiente, la idealización de la delgadez como principal razón de belleza, se está ante un insulto grave que, sin embargo, puede ser tomado equívocamente como elogio 'Las anoréxicas me gustan, lo que me molesta es el ruido que hacen los huesos a la hora del garche'.

anormal. m. y f. Que no es normal, **deficiente**, subnormal, **pelotudo** 'Esto nos pasa por votar a un anormal como de De la Rúa'.

anteojudo, da. adj. desp. Persona que usa anteojos. || sin. **cuatrojos**.

antichorro. m. **Forro**. Ú. t. c. adj. 'Che, antichorro, pagate unos tragos'.

aparato. m. y f. Persona que se caracteriza ingenua o deliberadamente por su aspecto y proceder fuera de las normas que imponen la moda y las costumbres de su lugar y su tiempo 'Joda, joda, Axel Kuschevatzky se hizo famoso como el aparato que habla de cine en Telefé'. | **2.** miembro sexual masculino, **japi** '¿Tenés ganas de limpiarme el parabrisas? ¡Por qué no me lustrás el aparato, **lumpen** hijo de una camionada llena de putas!'.

apendejado, da. Que se viste, se comporta y quiere aparentar ser una persona mucho más joven de lo que en realidad es. Ú. c. descalificador.

apestoso, sa. adj. Que apesta, que por su aspecto y/o falta de higiene espanta a sus pares. Por extensión, persona o cosa desagradable 'Por más que vistas con ropa de marca vas a seguir siendo el mismo apestoso de siempre' ' Ú. t. para reforzar insultos de pertenencia '**judío** apestoso', '**negro** apestoso', '**gitano** apestoso', '**cheto** apestoso'.

arbusto. m. Vello púbico femenino, **alfombrita**. | Ú en insultos de invitación 'Vení, podame el arbusto mientras miro la telenovela'.

Arbusto.

archi. elem. compos. Con adjetivos, se emplea como prefijo y significa 'muy'. 'Archiputo', 'archipetera'.

argolla. (*del árabe 'algúlla', cepo, ins-*

trumento hecho de dos maderos gruesos) f. vulg. Vulva. 'Qué vas a ser virgen, si esa argolla parece la boca del volcán Lanín'. || **agarrame la argolla.** loc. Tomad posesión de mi vagina.

aro. m. **Culo, ano, ojete.** Ú. en insultos de invitación 'No sé cómo decirlo, pero me encantaría meter mi dije en tu aro' y de amenaza 'Te juro que si venís otra vez a visitarme con esa minifalda te hago el aro de parado'.

arrastrado, da. adj. Que acepta someterse a humillaciones por desidia o interés 'Codevila es un arrastrado'.

arrugar. intr. Demostrar cobardía, huir 'Chacho es un cagón; arrugó ante la inteligencia delarruista'.

artista. adj. Simulador, mentiroso, hipócrita. Que finge o exagera 'No te hagas el artista, que aunque saludes al dueño del telo todos sabemos que tu vida sexual terminó en 1962'.

asco. m. Feo, repugnante 'Ese grupo La Mosca es un asco'.

asno. adj. m. Persona ruda y de escasa o nula capacidad de entendimiento 'El general (R) es un asno'.

asqueroso, sa. (*del latín 'eschara', costra, pústula*) adj. Desagradable; que causa asco, náuseas y repulsión moral o física 'Majul es asqueroso'.

atorranta. f. Mujer de bajísimas pretenciones a la hora de elegir con quién tener relaciones sexuales. Ligera de cascos 'Mirá si será atorranta que los 15 minutos del entretiempo le alcanzaron para entregarle el ojete al plantel completo, que salió a jugar el segundo tiempo motivadísimo'. | **2.** Ramera, **puta.**

Qué atorranta
(Altos Cumbieros, *Escuela nocturna*, 2004)

Ella para en la esquina
con los pibes más polenta
se fuma un par de fasos
y ella todo te lo entrega

qué buena que sos
pero qué puta que sos

Te mandastes cualquiera
y yo todo te creía
y te enganché con los pibes

cuando todo te lo hacían

qué buena que sos
pero qué puta que sos

yo te creía buena
yo te creía santa
pero ya estabas toda arruinada
yo te creía buena
yo te creía santa
resultastes flor de atorranta

Atorrantas

atorrante. adj. m. **Vago, holgazán, haragán.** Es despectivo fuerte. | Brizuela Méndez señala que puede ser de uso admirativo (Hinchada de All Boys, 'Yo soy de Floresta, vago y atorrante, / me gustan las putas y los estimulantes').

atrevido, da. adj. Descarado, osado, desvergonzado 'Joven, no sea atrevido y quite sus manos de mis senos'. Es insulto leve. | Advierte Bordelois que se trata de un insulto caído en desuso.

atrofiado, da. adj. Que padece

Atorrante
(De los Hoyos/Vaccarezza, 1929)

Atorrante bien vestido
malandrín de meta y ponga
que hoy brillás en la milonga
y la vas de gran señor,
te engrupieron las bacanas
y a la mina santa y pura
que aguantó tu mishiadura
y en la mala te cuartió,
la largaste por baranda
y de pena, ¡pobrecita!,
hoy está enferma y solita
consumiéndose por vos.

¡Atorrante!.. Decí si no te da
                    vergüenza
que al verte pasar
piense de vos la gente lo que piensa
y no haga más que hablar.

Propiamente hay que ser más que
                    careta
para hacerse el gran bacán,
mientras está enferma, sin receta
y con dos píbes que le piden pan.

Mas no importa... Cuando el mazo
se te gaste en el baraje
y te amure el bacanaje
por un punto más allá,
ya verás, pobre atorrante,
pelandrún arrepentido,
si el dolor que ella ha sufrido
vos también no sufrirás.
Y en el trance peliagudo
de las últimas boqueadas,
pedirás un vaso de agua
y ni Dios te lo dará...

avivada

algún tipo de atrofia o tara, física o mental. Por extensión, **tonto, tarado, bobo, imbécil,** muy **boludo** '¡Qué hacés, atrofiado! Te dije mil veces que no me gusta que metas la mano en la concha adelante de los chicos!'.

avivada. f. Acción indebida que tiene por objetivo un beneficio para quien la practica. Ú. en insultos de descalificación 'Che, Mellizo, sólo la avivada del penal te podía asegurar un año más en Boca'.

avivado, da. adj. Que procede ilegítimamente para obtener un provecho. Es insulto leve 'Un avivado como el Mellizo sólo puede ser ídolo en un club de mierda como Boca'.

babieca. col. persona boba. Ú.t.c. adj. | Observa Berenguer Carisomo la tendencia a ser vocativo en insultos de irritación 'Mirá por dónde caminás, babieca', 'Qué hacés, babieca', 'Ese no es el culo, babieca'.

babosear. intr. Pensar, actuar o decir babosamente 'Joven, deje de babosearme que me voy a ver obligada a darle un carterazo'. | **2**. intr. Expeler baba por estar anonadado por alguien 'La guacha no me da ni la hora pero no puedo parar de babosearla'. | **3**. tr. Col. obsequiar a una mujer en exceso.

baboso, sa. adj. Que babea mucho. | **2**. Aplícase a la persona que mira con insistencia a otro y se calienta, pegajoso 'Dany es un baboso, no para de mirarme el culo'. | **3**. Persona que insiste en obtener cariño o favores sexuales del otro aun ante la negativa de su interlocutor 'Uf, otro mail del baboso de Dany contándome que soñó conmigo y que le hacía un pete'. | **4. pajero** 'Por favor, Dany,

bacán

sacate la mano de ahí, no seas baboso'.

bacán, na. adj. Persona ricachona y acomodada (Flores, Celedonio *Mano a mano* 'Que el bacán que te acamala tenga peso duradero/ que te aguante en las paradas/ con **cafishos**, milongueros/ y que digan los muchachos «es una buena mujer»').

badulaque. adj. Persona informal y poco juiciosa (Sarmiento, Domingo Faustino *Viajes por Europa, África i América* 'Para reivindicar la honra de Montevideo tan comprometida por este badulaque, tuve el gusto de conocer al Dr. Vilardebeau, médico, i el sábio americano mas modesto, mas sencillo i estudioso que he conocido'). | **2**. m. **necio**.

Badulaque.

bagarto. (*de bagayo y lagarto*) adj. Persona feísima, **bagayo**.

bagayo. (*del it. 'bagaglio'*) m. Hombre o mujer muy feos. 'Salí, bagayo, no me toqués y andá a lavar los platos'.

bagre. m. Pez teleósteo, de cuatro a ocho centímetros de longitud, abundante en la mayor parte de los ríos de América, sin escamas, pardo por los lados y blanquecino por el vientre, de cabeza muy grande, hocico obtuso y con barbillas. Su carne es amarillenta, sabrosa y con pocas espinas. | **2**. m. fig. Mujer espantosa. Bagarto, bagayo 'No me importa que no me quieras chupar la pija, igual sos un bagre, fea'.

bala. (*del fr. 'balle', y este del franco 'balla', pelota*). **Puto, trolo** 'Barrantes, sos bala, no jodamos'. || **bala perdida**. loc. **tarambana** 'Dale, levantate, estás en el medio de tu vómito, sos un bala perdida sin remedio'.

Bala.

balín. adj. Putín, trolín. Ú. t. c. s. 'Dejá de mirarme el orto; al final, sos más balín que Jorge Barreiro.'

ballena (*tb.* **ballenato**). adj. Persona muy gorda, grandota. Ú. t. c. s. Destaca McLuhan que ú. por lo común para referir a mujeres antes que a hombres 'Por más Photoshop que le metan, Susana da ballena'.

banana. f. Miembro viril, **pija** 'Por qué no me sopleteás la banana'. || **Hacerse el banana**. 'Mirá, pendejo, conmigo no te hagás el banana porque te parto el orto en gajos'.

bananero, ra. adj. *Arg.* Que produce bananas o pertenece a un país o cultura que las produce. | Señala Bordelois que "construye el insulto sobre el prejuicio de que los países caribeños, productores de bananas, son más atrasados social, económica y culturalmente que la *europea* Argentina" (Duhalde, Chiche 'Quienes impulsan una nueva reelección de Menem actúan como si vivieran en un país bananero'.)

baqueteado, da. adj. Ajado, muy usado 'Alejandra, yo en ese orto no me meto; está muy baqueteado'.

baranda. f. pop. Olor fuerte y desagradable. | Constituye insultos despectivos que cuestionan la higiene del insultado '¡Qué baranda a pata! Lavate, sucio', '¡Faa, qué barandón, ¿te llegó la regla?'.

barato, ta. adj. De escaso o nulo valor. | 2. De poca calidad. | Pospuesto a cualquier s. constituye descalificador fuerte 'tenor barato', 'puta barata'. Observa Kovacci una tendencia a posponerlo a despectivos, "lo cual", señala, "parece potenciar el insulto" 'comicastro barato', 'poetastro barato', 'politicastro barato', etc.

bárbaro. adj. Fiero, cruel. 'Ese vecino es un bárbaro, mirá cómo te dejó el ojo'. | 2. Inculto, grosero, tosco 'Tiene un estilo un poco bárbaro, se la pasa insultando a la gente'.

bardero, ra. adj. pop. Persona que hace bardo, **quilombero**.

bastardo, da. adj. Hijo o hija ilegítimo. Ú. c. desp. y descalificador. (Vargas Llosa, Mario *La tía Julia y el escribidor* 'No se le ha visto la cara, pero cabe suponer que es algún monstruo, ¿hijo bastardo de la dueña de la pensión?, aquejado de taras, jorobas, enanismo, bicefalia, a quien doña Atanasia oculta de día para no asustarnos').

basura. f. fig. Persona o cosa repugnante o despreciable. Ú. c. descalificativo fuerte 'Sos una basura, ¿cómo vas a defender a

bataclana

Jorge Rial?' | **2.** Ú. en aposición para indicar que lo designado por el s. al que se pospone es de muy baja calidad 'comida basura', 'contrato basura', etc. 'Vos seguí mirando televisión basura que vas a quedar tan hecho mierda como Jorge Rial'.

bataclana. f. Bailarina de poca importancia o de lugares de escasa o nula calidad. Ú. c. desp. 'Vos te hacés la prima ballerina pero sos una vulgar bataclana'.

batata. f. Objeto o asunto que es una porquería 'Este diccionario es una batata'. Ú. especialmente para los autos, coche viejo 'Mirá si su auto será una batata que la última vez que me subí, fingí estar borracha para vomitárselo.' | **2.** Miembro viril, **pija** 'Agarrame la batata'. || **enterrar la batata.** loc. Tener relaciones sexuales, **cojer.** Ú. en insultos de amenaza 'Te voy a enterrar la batata con tanta fuerza que te va a salir la leche por la nariz, hija de puta'.

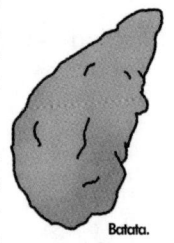

Batata.

batateador, ra. adj. Mentiroso, que inventa algo aunque no tenga nada que decir 'El Presidente es un batateador desde que era gobernador de Santa Cruz'.

batidor, ra. vulg. Delator 'Te aseguro, Fernando, que a pesar del

---

La bestia pop
(Los Redonditos de Ricota, *Gulp*, 1985)

Mi héroe es la gran bestia pop
que enciende en sueños la vigilia
y antes que cuente diez dormirá

A brillar mi amor
vamos a brillar mi amor
a brillar mi amor
vamos a brillar mi amor

Mi amigo está grogui sin destilar
pero yo sé que hay caballos
que se mueren potros sin galopar

A brillar mi amor
vamos a brillar mi amor
a brillar mi amor
vamos a brillar mi amor

Voy a bailar el rock del rico Luna Park
que con mil alas la puta cae brillar
como mi héroe la gran bestia pop

A brillar mi amor
vamos a brillar mi amor
a brillar mi amor
vamos a brillar mi amor

Mi héroe es la gran bestia pop
que enciende en sueños la vigilia
y antes que cuente diez dormirá

A brillar mi amor
vamos a brillar mi amor
a brillar mi amor
vamos a brillar mi amor.

batidor de mierda de Pontaquarto, la causa por las coimas en el Senado no va a quedar en nada'.

batracio. m. Persona feísima. **Sapo, bagarto** 'Ni con la cara hecha a nuevo dejás de ser un batracio, Nacha'.

bazofia. f. Designa la comida asquerosa. Es descalificador fuerte 'No, no vayamos a Palermo Hollywood; a mí me gusta comer comida, no bazofia'.

beato, ta. adj. Persona piadosa o que muestra una imagen piadosa. Ú. en insultos de descalificación 'No te hagás la beata que bien que vas a chupar pijas a Retiro', 'Mientras lideró su régimen sangriento, el general no faltó ni un día a misa. ¡Eso es ser beato!'. | Destaca Landriscina que ha sido objeto de diversas tipificaciones, entre ellas las del personaje Ned Flanders, en la serie *Los Simpson*. || sin. **chupacirios**, santurrón.

belín. m. Testículo, huevo, bola. Ú. en insultos de invitación '¿Por qué no sacás la lengua, que ando con ganas de secarme la transpiración de los belines?'.

bellaco, ca. adj. Malo, pícaro, ruin. U. t. c. s. (Cervantes Saavedra, Miguel de *El Ingenioso Hidalgo Don Quijote de la Mancha* 'Lleno de cólera y de enfado, dijo: –Tan albarda es como mi padre; y el que otra cosa ha dicho o dijere debe de estar hecho uva. –Mentís como bellaco villano –respondió don Quijote. Y alzando el lanzón, que nunca le dejaba de las manos, le iba a descargar tal golpe sobre la cabeza').

berenjena. m. col. fig. Miembro sexual masculino. **Verga, pedazo** 'Vení y sopapeame la berenjena, si sos tan macho'.

Berenjena.

berreta. adj. Ordinario, chabacano, de pésima calidad 'La verdad es que el programa nuevo de Repetto es bastante berreta'.

bestia. m y f. Persona ruda e ignorante. Ú. t. c. adj. (Delibes, Miguel El camino 'Casi todos los hombres del pueblo– nunca se clasificaba por debajo del cuarto lugar. A su hermana Sara la sulfuraba esta precocidad. «Bestia, bestia –decía–, que vas a ser más bestia que tu padre.» Paco, el herrero, la miraba con ojos esperanzados').|| **bestia bruta**. loc. Persona muy ruda y muy ignorante 'Natalia Oreiro es una bestia bruta, nunca va a aprender actuación'. || **bestia negra**. f. Persona que provoca particular rechazo o animadversión a otras personas.| Apunta Gancedo que a pesar de constituir un concepto elogioso, su uso en sentido irónico funciona como eficaz insulto descalificativo 'O sea que vos sos

bicho

la bestia negra de las porongas, mirá qué miedo que te tiene el amigazo'. || **a lo bestia**. loc. Con violencia, sin contemplaciones Ú. en insultos de amenaza 'Te voy a coger tan a lo bestia que te van a tener que reconstruir el culo'. || **bestia peluda**. loc. Muy bestia. Destaca Bordelois que este adjetivo, que refiere a una tupida capilaridad, refuerza la condición de bestia del aludido 'No lo invites a la bestia peluda de tu primo que las minitas nos van a echar flit'.

bicho. m. Poco agraciado en sus facciones, feo 'Podrás haberte hecho las tetas, pero seguís siendo siendo el mismo bicho que antes, pero ahora con tetas grandes'. | **2.** Persona de malas intenciones 'Don Julio es muy bicho, un delincuente con todas las letras, mirá cómo se forró de oro gracias a vender a las empresas de su testaferro paraguayo la exclusividad de los derechos de televisación de los campeonatos argentinos hasta el 2014'. || **mal bicho.** m. loc. Persona no grata, de una enorme bajeza moral y espiritual, capaz de cometer los peores actos de maldad contra sus semejantes (*véase recuadro*) || sin. **garca, hijo de puta, sorete, turro.**

bienudo, da. adj. Persona de buena familia o clase alta 'Repetto se hace el tipo de calle, pero es un bienudo que contrató cinco grones africanos para que le hagan de chofer en cada uno de sus BMW'. |

Bienuda.

Mal bicho
(*Rey Azúcar*, Los Fabulosos Cadillacs)

Vos que andás diciendo
Que hay mejores y peores
Vos que andás diciendo
Qué se debe hacer
Escuchá lo que te canto
Pero no confundir
Es de paz lo que canto.

Qué me hablás de privilegios
De una raza soberana
Superiores, inferiores
¡Minga de poder!
Cómo se te ocurre
Que algunos son elegidos

Y otros son para el descarte
Ambiciones de poder...

Es malo tu destino
¿Qué marcó tu camino?
La canción que es valiente
Es canción para siempre.

Como dijo mi abuela
"Aquí el que no corre vuela"
Y en el planeta son tantos
¿Cómo pueden ser tantos?

En la escuela nos enseñan a

Destaca Pierri que su uso como descalificador es empleado por personas de clases sociales más humildes hacia miembros de clases sociales más acomodadas 'Esos son unos bienudos, se merecen que además de chorearlos, los caguemos a palos'.

birria. f. col. *Esp.* Persona o cosa fea 'Tu novia resulta una birria aun ante los ojos menos exigentes en cuanto a belleza femenina', 'Tu cuadro me parece una birria'. || sin. **mamarracho**, **adefesio**, **porquería**, **bodrio**.

birrioso, sa. adj. col. *Esp.* Que es una birria 'Joaquín, macho, tú sí que eres un tío birrioso'.

bizcocho. adj. pop. Bizco o que tiene los ojos fuera de su eje. Es despectivo leve 'Callate, bizcocho, que vos sos el eslabón perdido entre Kirchner y el león de Daktari'.

blandengue. adj. f. y m. Flojo, débil, fofo 'Después de tanto alardear sobre la dureza de tu poronga, te digo que resultó ser muy blandengue'. Ú. t. c. s. | **2.** Persona de poca energía 'Esperaba tener una buena garchada, pero tu marido resultó demasiado blandengue como para mí'. | Afirma Aguinis que, en los siglos XVII y XVIII, el término designaba a milicias rioplatenses que, con un sentido irónico poco común en los usualmente rústicos ámbitos castrenses, exaltaban de ese modo a su fortaleza; y que por tanto, por oposición puede referir a algo fuerte y enhiesto, por ejemplo, en insultos de amenaza 'Te voy a meter el blandengue con tantas ganas que vas a ir derecho a la guardia del

---

memorizar fechas de batallas
pero qué poco nos enseñan de amor.

Discriminar, eso no está nada bien
Ante los ojos de Dios todos somos iguales
Sos el que hace las guerras
Dicta falsas condenas
El que ama la violencia
Que no tiene conciencia.

Mal bicho
Todos dicen que sos mal bicho
Así es como te ves
Mal bicho.
¿Por qué vas lastimando
a quien se ve distinto?
Imponiendo posturas
Sólo con mano dura
Vos tenés pa'l abrigo
Otros mueren de frío
Sos el que anda matando
El que va torturando.

Yo no voy...
A la guerra
A la violencia
A la injusticia
Y a tu codicia.
¡Digo no!
Paz en el mundo.

bluff

Churruca, rati puto'.

bluff. m. Persona, cosa o hecho decepcionante, o que no resultó del nivel que se esperaba. Ú. en insultos de descalificación 'Tus tetas son un bluff, estuve toda la cena ilusionado mirándotelas y cuando finalmente te sacaste el corpiño, casi me pongo a llorar'.

Bluff.

bobalicón, na. adj. aum. col. de **bobo**. 'No le digas nada, que es más bobalicón que el ex ministro Lombardo'.

bobina. adj. *Cba*. Falto de entendimiento y razón. Ú. t. c. s. 'No seai bobina, nero chupau, no ve' que ése es el pastor Jiménez y no la Mona.' | Infiere Pierri que el insulto "puede haber surgido en ámbitos industriales o textiles, donde abundan tanto las bobinas como los bobos". || sin. boludín, **pavote**.

Bobina.

bobo, ba. adj. Persona falta de entendimiento. Tonto 'No estoy seguro cuál de los tres hermanos es más bobo, si Adrián, Alejandro o Diego'.

bocazas. m. y. f. Persona indiscreta o fanfarrona 'Che, Mellizo Gustavo, sos un bocazas empedernido, ¿cómo lo vas a buchonear en público al Bambino por su gusto por el empomado de menores del sexo masculino?'.

bocón, na. adj. Que habla mucho, más de lo que debería 'Pontaquarto es un bocón, deberían haberlo boleteado cuando todavía estaban a tiempo'.

bochorno. m. Vergüenza, papelón. Ú. en insultos de descalificación 'No puedo salir con vos así vestida, sos un bochorno', 'Tus órganos sexuales son un bochorno'.

bochornoso, sa. adj. Que provoca bochorno 'La campaña nacional contra el sida es bochornosa, ¿quién la diseñó, Hitler?'.

bodoque. m. Persona torpe 'No lo pongas a Cruz que es un bodoque'. | **2.** Cualquier cosa sin gracia, tosca o poco lograda 'Cruz hace goles, sí, pero son todos bodoques casuales que no requieren ninguna habilidad'

bodrio. m. Cosa mal hecha, desordenada o de mal gusto 'El nuevo programa de los Korol es un bodrio'.

bofe. m. col. fig. Persona fea '¿Qué te hace pensar que me calienta el bofe de tu marido?'. | Señala De la Concha que "atribuye al insultado cualidades propias del bofe (pulmón vacuno); es decir, ser fláccido, baboso, viscoso y de tan poco valor de cambio que bien podría servir para alimentar gatos callejeros".

bola 8. m. y f. De tez morena, **groncho**. | Observa Landriscina que proviene de la bola número 8 del pool, la única negra del juego 'Volá de acá, bola 8, a esta disco sólo vas a entrar cuando tengamos que limpiar los baños'.

Bola 8.

bolacero, ra. adj. col. Persona que acostumbra mentir 'Longobardi es un bolacero, en las elecciones dijo que si no ganaba Menem, el país entraba en guerra civil a los dos meses'.

bolas. f. pl. Glándulas sexuales masculinas, de forma oval, que segregan los espermatozoos, **testículos, pelotas**. Ú. en insultos de invitación 'Chupame las bolas, pelotudazo'. | **2.** m. **boludo** 'Dale, bolas, vestite antes de que alguien te vea y vomite del asco'. | **hasta las bolas**. loc. Harto, muy cansado 'Estoy hasta las bolas de tus idioteces, me hacés acordar al Pato Galván'.

bolastristes. adj. Aplícase a la persona estúpida o de pocas luces '¿Otra vez lavando los platos en el inodoro? Sos un bolastristes'.

bolche. adj. Apócope de bolchevique (integrante radical del Partido Socialdemócrata ruso que sostenía la dictadura del proletariado); comunista. Ú. c. desp. 'Nunca van a atar la celeste y blanca a un sucio trapo rojo, bolches'.

boletero, ra. adj. col. Mentiroso, que tiene la costumbre de mentir. U.t.c.s. 'Marín es un boletero viejo desde la época que con su agencia de publicidad laburaba para la dictadura'. || sin. **batateador, bolacero, sanatero**.

boliguayo. adj. desp. Presunta cruza entre boliviano y paraguayo | Bien indica Brizuela Méndez que construye el insulto sobre el prejuicio de algunos contra los hermanos del las vecinas repúblicas de Bolivia y Paraguay "sólo porque son más oscuros o tienen distintas constumbres lingüísticas e higiénicas".

Boliguayo.

bolita (*tb* **bola**). adj. Hermano de la vecina República de Bolivia. Ú. c. desp. 'Desde que pusieron la bailanta en Plaza Italia, Palermo se llenó de bolitas'.

boludazo, za. adj. Persona tremendamente boluda. | Explica Gancedo que el aumentativo no hace referencia a la magnitud anatómica del aludido, sino al tamaño de su condición de boludo 'Qué boludazo, otra vez hiciste el mate con agua hervida'.

boludo, da. adj. Persona que tiene pocas luces o que obra como tal. Ú.t. c. s. 'No hay nadie más boludo que esos extranjeros que, para imitar a los argentinos, se la pasan diciendo «che» y «boludo»'. | Bien señala Brizuela Méndez que su uso se ha popularizado a tal punto que ha dado lugar a un sinfín de locuciones jocosas que mantienen el mismo significado del término ('boludo a cuadros', 'boludo de campeonato', 'boludo atómico'), y que da origen a una vasta familia de palabras como 'boludazo', 'boludito', 'boludez', 'boludeo' o 'boludín'. | Aporta Pierri que en muchos casos pierde su condición de insulto para adoptar un tono afectivo 'Dale, boludo, si vos sabés que yo te quiero'. || sin. **forro, gilipollas, tonto**.

boludón, na. adj. Boludo grande pero sin malas intenciones. '¿Perdiste tu pasaporte en el aeropuerto de Bagdad? ¡Qué boludón!'

bollero. m. **Tortillera**, lesbiana. Ú. c. desp. 'No hables de pijas que vos sos un bollero'.

bombero. m. Lesbiana, **tortillera**. 'Pero mirá que sos bombero, Irma, ¿cómo me vas a besar el clítoris en plena producción fotográfica?'

bombero. adj. Árbitro deportivo que no es imparcial 'Con el retiro de Sánchez, el fútbol argentino perdió a un bombero de fuste'.

boncha. adj. Inversión (vesre) de

Boludos

chabón que a su vez es aféresis de **chambón**, esto es: **torpe**. Ú. t. c. s. 'Es tan boncha que va a ver las películas que recomienda Luis Pedro Toni'.

borrego, ga. adj. Menor de edad que pretende hacer cosas de mayores. **Pendejo** 'No te hagas el maduro que sos un borrego que todavía no tiene un puto pelo en las bolas'.

bostero, ra. adj. Hincha

Bostero.

Balada del boludo (fragmento)
Isidoro Blaisten

Por mirar el otoño
Perdía el tren del verano
Usaba el corazón en la corbata
Se subía a una nube,
Cuando todos bajaban.

Su madre le decía:
No mires las estrellas para abajo
No mires la lluvia desde arriba
No camines las calles con la cara,
No ensucies la camisa;
(...)
Entonces vinieron los parientes
                              ricos
Y le dijeron:
–Eres pobre, pero ningún boludo.
Y el boludo fue ningún boludo,
Y quemaba en las plazas
Las hojas que molestan en otoño
Y llegó fin de mes
Cobró su primer sueldo
Y se compró cinco minutos de
                              boludo
(...)
Entonces vinieron las fuerzas vivas
Y le dijeron:
–Has vuelto a ser boludo
–Boludo
–seguirás siendo el mismo boludo
                    de siempre
–Debes dejar de ser boludo
–Boludo

Y, medio boludo,
con esos cinco minutos de boludo
dudaba entre ser ningún boludo
o seguir siendo boludo para siempre.
Dudaba como un boludo.
Y subió las escaleras para abajo
Hizo un hoyo en la tierra
Miraba las estrellas.
La gente le pisaba la cabeza
Le gritaba, boludo.
Y él seguía mirando
A través de los zapatos
Como un boludo.

Entonces
Vino un alegre y le dijo: boludo
                              alegre.
Vino un pobre y le dijo:
Pobre boludo.
Vino un triste y le dijo:
Triste boludo.
Vino un pastor protestante y le dijo:
Reverendo boludo.
Vino un cura catolico y le dijo:
Sacrosanto boludo.
Vino un rabino judío y le dijo:
Judío boludo.
Vino su madre y le dijo:
Hijo, no seas boludo.
Vino una mujer de ojos azules
                        y le dijo:
Te quiero.

botarate

de Boca. (*Cancionero popular* 'Qué feo es ser bostero y boliviano, en una villa tenés que vivir, tu hermana revolea la cartera, tu vieja chupa pijas por ahí; bostero, bostero, bostero; bostero no lo pienses más, andate a vivir a Bolivia, toda tu familia está allá'). | Según Brizuela Méndez, el origen del término supone una predilección por la bosta y otros excrementos, lo que presupone que el hincha de Boca huele mal y/o detesta la higiene. | Destaca Saussure que al mismo tiempo que su uso como descalificativo es potestad de simpatizantes de equipos de fútbol que mantienen rivalidad con Boca Juniors, los propios hinchas boquenses lo toman como orgulloso calificativo 'Soy bostero de corazón'.

botarate. m. Hombre de poco juicio. Ú. t. c. adj. (Bielsa, Rafael 'Mauricio Macri es un botarate').

Botarate.

botón, na. adj. *Arg.* Policía. Ú. t. c. s. | **2.** Persona delatora, que acostumbra a denunciar a terceros ante las autoridades o ante cualquier organismo represivo. | Señala Aguinis que "en caso de ser imputado a alguien muy pero muy buchón, adopta la forma aumentativa botonazo". || sin. buchón, ortiva.

bragueta. f. Cremallera frontal del pantalón de un hombre. Ú. c. descalificativo 'Tu marido es más feo que una bragueta'. || **cara de bragueta.** loc. cara de culo.

Bragueta.

brasuca. Hermano de la República Federativa de Brasil. Ú. c. desp. 'Cada vez que juegan la Argentina y Brasil, los nabos de la tele van a Maluco Beleza a hacerle notas a los brasucas que bailan lambada'. | Aclara Kovacci que se trata de un insulto leve, "casi insignificante al lado de otros calificativos hacia los nacidos en territorio brasileño, como por ejemplo 'macaco', frente a los que puede resultar hasta cariñoso".

bribón. adj. Pícaro, bellaco. U. t. c. s. 'Mauricio Macri es un bribón'.

bruja. f. col. Mujer fea, en general con verrugas en el rostro, espalda encorvada y cabellos florecidos 'Mirtha está hecha una bruja'. | **2.** col. Mujer astuta y malvada 'La Legrand siempre fue una bruja'. | **3.** pop. Suegra 'El papá de Juanita siempre decía: «La Chiqui es una bruja horrible»'. | **4.** pop. Esposa 'El finado franchute siempre decía: «La bruja me tiene los huevos llenos con esos almuerzos del orto»'. | Aclara Saussure que en esta acepción, toma la forma invertida (o vesre) de **jabru**. | **5.** Pitonisa, adivina, astróloga. Mujer que practica la hechicería, el vudú o la magia negra 'En el canal me contaron que, en los cortes, la bruja sacrifica un murciélago albino para cagarle el rating a los otros canales'.

bruto. (*Del lat. 'brutus'*). adj. Necio, incapaz. U. t. c. s. | **2.** Vicioso, torpe o excesivamente desarreglado en sus costumbres. **Burro**. | **3.** Violento, rudo, carente de miramiento y civilidad. **bestia, animal** 'Mauricio Macri es un bruto por haber comprado a un bruto como Krupoviesa'.

buche. adj. Delator, batidor 'Por culpa del buche de Mario, fueron en cana muchos'.

buchón, na. adj. Aumentativo de buchón. Es descalificativo fuerte. || sin. **alcahuete, botón**.

buey corneta. loc. Que desentona o llama la atención dentro de determinado grupo 'Fuimos con los pibes al cabarute de la villa, pero no faltó el buey corneta de Augusto, que en medio de la partusa preguntó si las chicas tenían al día los análisis de sida'.

bufarrón (*tb* **bufa, bufanda**). adj Deformación de "bujarrón", término que ya en el siglo de oro español designaba a los homosexuales activos '¿No te contaron historias del bufarrón de Nico en las teteras de ATC?'. U. t. c. s.|| sin. **Puto, trolo**.

bufón. adj. Payaso 'En lugar de gobernar, este bufón se la pasa haciéndose el vivo'.

bulto. m. pop. Genitales masculinos. Ú. c. insulto de invitación 'Agarrame el bulto, maraca'. || sin. **paquete, tobul**.

burdo, da. adj. Persona o cosa vasta, rústica y grosera 'Estuve viendo la colección completa de la revista *Burda*, vieras qué burdos que son los diseños de ropa que ponían en las tapas'.

burgués, sa. adj. Persona de clase media conservadora. Ú. c. desp. "Pero al final vos sos un burgués; no podés comer queso brie, llevarte una cantimplora con merlot y jugar al senku en tu palm mientras vas a la marcha para la liberación de presos políticos en Pakistán".

buitre. m. Persona que se ceba en la desgracia de otro 'El muy buitre te pide que dones los órganos en cuanto de oye toser'.|| **Fondo buitre**. loc. En Economía, capital financiero que sólo es invertido a corto plazo y en ocasiones circunstancialmente propicias, pero que tan pronto como cambie la coyuntura, huye hacia otro destino. Ú. c. despectivo 'El Presidente nos pide un nuevo esfuerzo, pero si sigue trayendo al club los fondos buitres que tiene de amigos nos va a fundir de nuevo'.

burócrata. m. y. f. Empleado público, oficinista. Ú. c. desp. 'Se hacía el Indiana Jones pero resultó ser un burócrata cuya mayor emoción laboral era quitarse los restos de moco'.

burro, rra. adj. Persona bruta e incivil 'Mauricio Macri es un burro por haber comprado a un burro como Krupoviesa'.

Burro.

butifarra. f. Embutido a base de carne de cerdo. | **2.** pop. fig. Órgano sexual masculino, pene, **pija**, **poronga** 'Si seguís blasfemando a la Virgen María, os ensartaré mi enhiesta butifarra en todos vuestros orificios'.

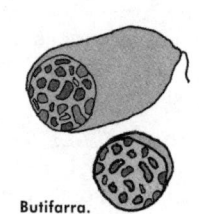

Butifarra.

caballo. adj. m. Bruto, agresivo, carente de sutileza 'El Bichi Fuertes es un caballo'. | Apunta Pierri que se trata de un insulto cuya utilización suele circunscribirse al ámbito del fútbol.

cabaret. m. Lugar de citas, prostíbulo; y por extensión, todo ámbito donde reina el descotrol y el puterío. Ú. c. insulto de descalificación (Latorre, Diego, 1995, 'Boca es un cabaret').

cabaretera. adj. f. Bailarina de cabaret, stripper, **copera**; y por extensión, **prostituta, yiro, trola**. Ú. t. c. s. y desp. 'Antes de entrar a *Gran Hermano*, Tamara era una cabaretera'.

cabecita negra. loc. Provinciano 'Ya no se puede ir a Mar del Plata porque está lleno de cabecitas negras'. | Destaca Menéndez y Pelayo que se popularizó como insulto discriminatorio en la década del 40, durante el primer gobierno de Juan Domingo Perón.

cabeza

cabeza. (*de* **cabecita negra**) (*tb* **kabeza**) adj. indef. Ordinario, **grasa**. Ú. t. c. s. | Empléase comúnmente adjetivando el sustantivo **negro**, aunque algunos filólogos lo consideren un pleonasmo. (*Pintada anónima en el barrio de Belgrano* 'Maradona es un negro cabeza'.) || **cabeza de alcornoque.** loc. Bruto. || **cabeza de chorlito.** loc. Persona de poco criterio. || **cabeza de poronga.** loc. Estúpido. || **cabeza de termo.** loc. Necio. Observa Marrone que "el autor de esta última expresión vendría siendo Diego Maradona".

Cabeza.

cabezón, na. adj. Que tiene cabeza grande. Ú. c. desp. | **2.** Necio 'Andá, cabezón, qué sabé' vo' de eso'. | **3.** Terco, obstinado 'Sos un cabezón, te dije que no podías pasar por debajo de ese puente con esa camioneta que se iban a ir los melones a la mierda'.

cabotaje, de. pop. fig. Designa a las personas o cosas que no alcanzan un nivel destacado. Ú. c. desp. 'Periodista de cabotaje', 'político de cabotaje', 'restaurante de cabotaje', etc. 'San Lorenzo es un equipo de cabotaje'

cabrón. adj. *Esp.*, *Méx.* y *América Centr.* **cornudo.** | **2.** *Arg.* (de *cabrero*) Persona de mal carácter.| **3.** *Esp.* Persona vil. En la misma región, sin embargo, las formas **cabrero**, **cabroncete** y **cabronazo** no constituyen insulto o éste es sólo leve.

caca. f. Mierda. | **2.** fig. Sin méritos, una mierda 'El último disco de Miranda! me parece una caca'.

cacatúa. f. Mujer muy fea. (Flores, Celedonio *Corrientes y Esmeralda* 'Cualquier cacatúa sueña con la pinta de Carlos Gardel').

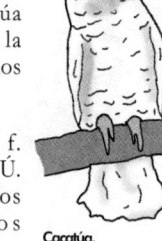

cachas. f. vulg. Nalgas. Ú. en insultos admirativos '¡Qué cachas, mamita (o papito)!' y de amenaza 'Te voy a romper las cachas'. || **abrirse de cachas.** loc. fig. Entregarse 'El Gobierno se abrió de cachas con el Fondo'. || **abrir las cachas.** loc. fig. Otra forma de entrega.

Cacatúa.

cache. adj. desus. Que pretende ser elegante pero es ridículo.

cachivache. adj. Persona fea. sin. **bagayo**, **bagre**, **escracho**.

cachucha. f. **concha.** | Aporta Pigna que puede aplicarse como

cagar

insulto compartivo 'Tenés más olor a cachucha que el Puerto de Mar del Plata' tanto como insulto de descalificación 'Me dijiste que eras virgen y tenés la cachucha como una cacerola'.

cachufleta. f. Concha, cachucha.

cafisho. (*tb.* **cafishio** y **cafisio**) m. Proxeneta. | **2.** Por extensión, hombre que no trabaja. Ú. t. c. adj. | Señala De la Concha que 'Andá, pedile a tu cafisho que te compre un vestidito' es una forma fina de decirle a una mujer **puta**. || sin. **cafiche, cafiolo, caften, canflinflero, caralisa, fiolo, macró**.

cagada. f. Mierda. | **2.** Persona o cosa repugnante, de mala calidad o pésimo gusto 'La gestión del ministro Lombardo es una cagada'.

Cagada.

| **3.** Error, equivocación '¡Qué cagada se mandó el ministro Lombardo!'. || **cagada tras cagada (catrasca)**. loc. torpe, propenso a los errores y los accidentes 'El ministro Lombardo es un catrasca, cada vez que habla hunde más al inútil de De la Rúa'.

cagador, ra. adj. Persona que ejecuta la acción de **cagar** en su segunda acepción 'El ministro de Economía que nacionalizó deudas privadas es un tremendo cagador'. Observa Bordelois que existe una variante que, más que un insulto, el término se vuelve elogioso, sinónimo de óptimo o muy bueno '¡No sabés cómo me quedó el Fitito! ¡Le puse unas llantas recagadoras!

cagar. intr. Evacuar el vientre. Ú. t. c. tr. y pr. | **2.** Hacer algún tipo de daño moral o pecuniario 'Te voy a cagar' (no confundir con **'Te voy a hacer cagar'** (*véase*)). | En su primera acepción Ú. en insultos tanto concretos personales intr. ('Me cago en vos [tu madre,

Cagadores

tu hermana, la reputísima concha de tu hermana muerta, etc.].') como en abstractos impersonales intr. ('Me cago en mi puta suerte') y tr. ('Me cago en tu alma', 'Me cago en tus muertos', 'Me cago en Dios [Zeus, Buda, Ceuta, etc.]'). || **te voy a hacer cagar (te via' cé cagá).** loc. Te voy a dañar (física o moralmente). || **te voy a hacer cagar fuego.** loc. Variante extrema de **te voy a hacer cagar** || **me cache'n dié.** loc. Ú. c. interjección suave en lugar de 'Me cago en Dios'. || **a vos no te parieron, te cagaron.** loc. Sos una mierda. || **andá a cagar.** loc. Ú. c. interjección despectiva y descalificatoria, que invita a visitar un lugar incierto.

cagatintas. m. y f. Oficinista. Ú. c. desp. 'Qué venís a dar lecciones de vida si siempre fuiste un cagatintas, fracasado'. | **2.** Periodista 'Era un buen tema, pero en vez de un lingüista ese diccionario lo hicieron unos cagatintas y el libro terminó siendo una garompa'.

Cagatintas.

cagón, na. (tb. **caguinche, cagueta**) adj. Cobarde, miedoso. | Si bien empleado solo ya es un insulto, observa Barrenechea una tendencia al empleo como vocativo en insultos de amenaza 'Te voy a cortar las pelotas, cagón', 'Callate, cagón, que vos sos reputo', 'Cagón, te voy a hacer cagar', desaconsejada esta última por De la Concha debido a la repetición.

caído, da del catre. Expresión que designa a una persona tonta, ilusa (desus). | Dice O'Donnell que es utilizado por personas mayores de 60 años.

cajeta. f. vulg. **concha** 'Cada vez que veo un partido de Las Leonas, pienso que si sumás, tenés como siete metros de cajeta'.

cajetilla. m. **Concheto**. 'No te hagás el cajetilla que a vos te vieron haciendo teteras en los baños del Once'.

cajetuda. adj. f. vulg. **conchuda**.

calentar. intr. Irritarse, exasperarse 'No me hagás calentar que te parto la cara de un tortazo'. | **2.** Excitarse sexualmente 'Dejá de calentar la pava si no vas a chupar la bombilla'.

calientapijas. adj. f. pop. **Histérica**. Mujer que provoca burda y deliberadamente el deseo sexual de los hombres pero que, sin embargo, rara vez accede a recoger los frutos de dicha seducción 'Anoche salí con la calientapijas de Susana, por eso tengo un dolor de huevos que no me aguanto'.

caliente. adj. Enojado, furioso, irritado '¿Así que estás caliente? Vení acá vas a ver cómo te enfrío' | **2.** Excitado 'Me tenés tan caliente que cuando te agarre te va a salir leche hasta por los ojos'.

calzonudo. Aplícase a aquel que se ampara en las mujeres. Es despectivo fuerte. (Cancela, Arturo *Historia funambulesca del Profesor Landormy* '«¿Qué gritos proferirían?», preguntó el juez cortando la hilación de recuerdos del deponente. «Tránsfuga, calzonudo, payaso, contubernista, fayuto, desgraciado, orejudo, charlatán, mascarita, y otros alusivos a prácticas sexuales, que no ejerzo y que la decencia me impide repetir.»')

camaleón. adj. m. Es forma sutil de decir **forro** 'Che, camaleón, pagate unos tragos'. | Subraya Barthes que proviene de la popularidad adquirida por la marca de preservativos del mismo nombre. | **2.** Persona que cambia regularmente de opinión, parecer, ideario o pertenencia de cualquier tipo, generalmente guiado por el rédito personal 'Antes de votar a un camaleón como Patricia Bullrich me corto las pelotas con una boleta de Unión por Todos'. | Señala De la Concha que el insulto proviene de la capacidad de ese reptil de cambiar de color de acuerdo al lugar en donde se encuentra, para camuflarse con el entorno.

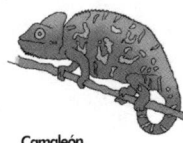

Camaleón.

camandulero. adj. Engañador, taimado, fingidor '¡Cómo podés defender a este Gobierno camandulero!'

camasti, se la. Expresión que alude a aquel que disfruta de masticar —y por extensión, lamer y chupar— el miembro masculino 'Para mí que Barrantes se la camasti'.

camelero, ra. adj. desc. Mentiroso, que dice camelos (mentiras) 'No seas camelero, decile a tu hermano que no fuiste a cuidar a tu vieja porque te fuiste de putas con los muchachos'. | Apunta Berenguer Carisomo que se trata de un insulto leve, que fue perdiendo fuerza con los años y que hoy prácticamente está en desuso.

cana. (*del argot fr. canne 'estar en prisión o detenido'*) indef. Policía, botón. | **2.** Por extensión, todo aquel que sea un **buchonazo**, un ortiva hijo de puta.

Cana.

canalla. m. y f. Persona despreciable. | **2.** desp. Simpatizante de de Rosario Central.

canejo. Forma eufemística de **carajo**. Ú. mayormente como interjección (Patoruzú, Indio 'A mí naides se me retoba, ¡canejo!').

caníbal. adj. Persona que come seres humanos. | Comenta Kovacci que pertenece al grupo de adjetivos que sólo son insulto si se dirigen a alguien que no es efectivamente eso.

canto. m. Nalga, glúteo, cada uno de los cachetes del **orto**. Ú. en insulto de amenaza 'Abrí los cantos que te voy a meter un piano en el culo'. || **cerrá los cantos.** loc. Calláte. || **apretá los cantos.** loc. Aguantá (Fontova, Horacio, *Aprieten los cantos* 'Apurate ruso, preparate gringo, aprieten los cantos que vienen los indios').

canuto. adj. m. Mezquino, persona que evita convidar y compartir. 'Alejandro es un canuto, porque se fue él solo con tres putas y no invitó a ninguno de los pibes'. | **2. Garca.**

caradura. adj. Descarado, desfachatado. (Ortega, Palito, *Caradura*: 'Ya todos saben que vos sos un caradura, un caradura, un caradura' (*véase recuadro*) || sin. **cararrota**.

carajo. m. Miembro viril. | **2.** Lugar incierto 'Andate al carajo'. || Vacío de significado, se emplea para reforzar o marcar la intención de una frase: 'Te voy a romper el culo, carajo'; a menudo lo hace siguiendo una palabra interrogativa: 'Por qué carajo no me sobás un poco la garompa', 'Quién carajo te creés que sos', etc.

carcamán. adj. Viejo choto (Cañones, Isidoro 'Mi tío es un viejo

---

Vos sos un caradura
(Palito Ortega, 1970)

Ya todos saben que vos sos un
         caradura
¡Caradura! ¡Caradura!
Será por eso que un amigo no
         te dura
Caradura por demás.

Y te rajás cuando ves gente que
         labura.
¡Caradura! ¡Caradura!
Todo es mentira cuando hablás
       de tu aventura.

Caradura por demás.
Sos pura pinta, caradura y mentiroso
Sos un tamposo, no hay otro igual.
Tené cuidado porque uno de estos
         días
Por la cabeza, te van a dar.

En tu familia solo tu viejo labura.
¡Caradura! ¡Caradura!
Y vos pensás siempre en el ruido y
        la aventura
Caradura por demás.

careta (*tb* **caretón**). adj. indef. pop. Formal. | **2.** Que no utiliza estupefacientes. | Ú. c. insulto 'Eh, loco, al final vos sos un careta'. | **3.** Farsante, hipócrita 'Nicolás Repetto es un careta'.

carlitos. adj. Persona de pocas luces '¿Cómo que te ganaste la grande de Naividad y lo pusiste todo en el Fondo de inversión de Boca? ¡Pero vos sos un carlitos!' || sin. **boludo, pelotudo**.

carnero, ra. adj. Persona que trabaja mientras todos sus compañeros hacen huelga. Solía ser insulto fuerte.

carnicero. adj. m. desp. pop. Cirujano 'El que le hizo la vaginoplastía a la Pradón es un carnicero'. Ú. t. c. s. 'El carnicero que operó a Nicky Jones debería estar en Devoto'.

carniza. m. pop. desp. **Carnicero.**

carozo. m. Niña virgen. Ú. en acusaciones de pedofilia 'Padre, a usted sólo le interesa dar catequesis porque quiere comerse un rico carozo'. || sin. **cartucho.**

Carozo.

carroñero, ra. adj. Qué se alimenta de carroña. Ú. c. descalificador en sentido fig. 'El periodismo argentino es mayormente carroñero'.

carroza. adj. Anciano o anciana decrépito 'Ese viejo carroza no se da cuenta de que se casó con un

---

Caretón
(Altos Cumbieros)

Los pibes me ofrecieron vino y coca
Y yo no quise tomar
Me dijeron no te pongas la gorra
Dale vení para acá
Caretón vení a tomar, caretón, caretón
Caretón vení a tomar, caretón, caretón
Los pibes me ofrecieron joda y faso
Y yo no quise fumar
Tampoco acepté ir a la fiesta
En casa me voy a quedar
Caretón vení a tomar, caretón, caretón
Caretón vení a tomar, caretón, caretón
Caretón dale vamo' a tomar, en casa me quedo te dije
Si no tomo vino, si no tomo coca me dicen caretón
Si no fumo faso, ni voy a la joda me dicen caretón
Yo tomo vino, yo tomo coca y quedo duro como una roca
Yo fumo faso y voy a la joda y tu mujer me tira la goma
Más vale que vengas caretón, caretón, caretón.

cascajo

gato que le **soba la verga** sólo por la herencia'.

cascajo. m. fig. Viejo/a choto/a '¿A quién vas a pelear, cascajo?' | **2.** Persona hecha mierda 'Qué te hacés el **langa** si tu novia es un cascajo'.

catinga. pop. Olor que exhalan los negros al transpirar. Y, por extensión, negro. Ú. t. c. adj. 'Loco, ¿cómo le vas a colgar esos dados de peluche al retrovisor de tu auto? Sos un catinga'. || **negro catinga.** loc. Negro desaseado. Ú. t. en sentido fig.

catrasca. m. y. f. Síncopa de **cagada tras cagada**, torpe.

cepillar. tr. Copular, **empomar** 'Dejá de hincharme las pelotas que te voy a cepillar hasta que te sangre el orto'.

cerdo, da. adj. desp. **Sucio**. | 2. **Gordo**. | 3. Policía (desus.) | Informa Berenguer Carisomo que en dos de sus tres acepciones este adjetivo constituye insulto por prejuicio social.

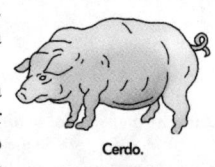

Cerdo.

cerebro de mosquito. loc. De poca materia gris y escasa masa cerebral. Corto de ideas y de entendimiento.

cero. m. Cantidad o medida nula. || **cero al as.** loc. Tonto. || **cero a la izquierda.** loc. Persona cuya opinión no tiene importancia.

cerrado, da. adj. Necio, que no entiende razones 'Loco, al final sos más cerrado que culo de muñeca'.

chacón. f. Inversión (vesre) de **concha**. Ú. mayormente en insultos interjectivos 'La chacón más abierta de la vaca más puta'.

chagar. f. Inversión (vesre) de **garcha**. Ú. en insultos de invitación 'Vení, chupame la chagar'. || sin. **pija, pene, poronga.**

chamullero (*tb* **chamuyero, chamuyador**). adj. col. Que usa su elocuencia, para su propio beneficio, con fines torcidos o, directamente, fuera de la ley 'Ya o te cree nadie, Néstor, sos un chamuyero'.

chamuyador, ra. adj. desc. Califica a quien se vale de argumentos falsos para envolver a su víctima 'El ministro de Economía es un chamuyador bárbaro'.

chamuyar. intr. Engañar a alguien con argumentos falsos, a veces, muy elaborados. | Existen discusiones entre De la Concha y Brizuela Méndez respecto de si el verbo no deviene tr. en el caso 'No me chamuyés que te pinto la cara de dedos'.

chancho. adj. m. desp. pop. **Gordo.** | **2.** Guarda de tren y otros medios de transporte 'Chancho de mierda, si querés que te muestre mi boleto, pelá el orto que allí mismo te lo meto'. || **chancho robado.** loc. pop. Homosexual no declarado. | Comenta Menéndez y Pelayo que la expresión tiene su origen en que al chancho robado "se lo comen a escondidas".

chanta. adj. Apócope de **chantapufi** 'Como escritor, Fresán es un chanta'. || **tirarse a chanta.** loc. No cumplir con un deber o algo acordado 'Como político, Chacho Álvarez se tiró a chanta'.

Chanta.

chantapufi. adj. Aplícase al **versero**, al **sanateador**. Ú. c. desp. | **2.** Incumplidor. sin. **chantún**.

chapa (*tb* **chapita**). adj. desp. Loco, falto de cordura '¿'Tas chapita, vo'?'. Ú. t. c. afectivo 'Che, chapa, pagate unos tragos'.

charlatán, na. adj. Aplícase a quien habla con autoridad de aquello que no conoce y, a veces, procura obtener un rédito de esto. 'Como director técnico, el Profe Córdoba es un charlatán'. || **charlatán de feria.** loc. Engatusador. || sin. **versero**.

chata. adj. Que carece de senos. 'La chata de tu hermana tiene menos gomas que una lancha'.

chato, ta. adj. Persona o cosa con poco vuelo. 'La verdad, Felipe, tu escritura es muy chata'. Ú. t. c. s.

chaucha. f. Miembro viril. || **pelar la chaucha.** loc. Exhibir el pene. | **2.** Sacar el pene a través de la braqueta. 'Ya que sos vegetariana y no te cabe el chorizo, por qué no me pelás la chaucha'.

Chaucha.

chauchón, na. adj. **Bobalicón**, persona simplona y de pocas luces 'Sos tan chauchón que la palabra **pelotudo** te queda grande'. || sin. **papafrita, papárulo, salame, zanahoria**.

cheto, ta. adj. Aféresis de **concheto**. Ú. c. desp.

chicanero, ra. adj. Persona que mete cizaña, que siembra disenso. Ú. c. desp. 'Qué decí' que'stuve hablando mal de quién, cizañero.'

chicato, ta. (*de 'cegato'*) adj. Mio-

chichipío

pe, corto de vista, que no ve un carajo. Ú. c. desp. 'El sargento Giménez además de chicato es flor de hijo de puta'.

chichipío. m. Tonto, boludazo. | 2. Loco lindo, boludazo.

chichón. m. Militar. (Arias, Pepe *La revista del Tío Vicente* '[Perón] Le ponía sobrenombre a todos: a los reos los llamaba grasas; a los peronistas, descamisados; a los políticos, no sé qué de paloma; al los militares los llamaba *chichones*, porque decía que aparecían después de los golpes.') || **chichón de suelo.** loc. Persona de baja estatura, **petiso.**

chilote. adj. m. Hermano de la vecina República de Chile. Ú. c. desp. y discriminatorio 'Chilote expansionista del orto, le voy a poner rueditas a la Cordillera y voy a empujar, a ver si te crecen branquias y aletas, la concha de tu madre'.

chinchudo, da. adj. Persona que se irrita fácilmente. Ú. c. descalificador 'Me tenés harta con esos arranques tipo Pato Donald, chinchudo'.

chingada, do. *Méx*. El que es poseído sexualmente sin su consentimiento.

chingar. trans. *Méx*. Poseer sexualmente a otro sin el consentimiento de éste; joder. (Paz, Octavio *El laberinto de la soledad* 'Para el mexicano la vida es una posibilidad de chingar o de ser chingado.') || **chinga tu madre.** La puta que te parió.

chino tuerto. loc. pop. **Pija.** Ú. mayormente en insultos de invitación 'Vení, besame el chino tuerto'.

chiquilín, na. adj. Que hace cosas de niño. Ú. c. desp. | Señala Barthes que construye el prejuicio en que hay cosas que se pueden

---

Chorra
(1928, Enrique Santos Discépolo, 1928)

Por ser bueno
Me pusiste en la miseria
Me dejaste en la palmera
Me afanaste hasta el color.
En seis meses
Me fundiste el mercadito
La casilla de la feria
La ganchera, el mostrador.
¡Chorra!
Me robaste hasta el amor

Ahora tanto me asusta una mina
Que si en la calle me afila
Me pongo al la'o del botón.
Lo que más bronca me da
Es haber sido tan gil.
Si hace un mes me desayuno
Con lo que he sabido ayer
No era a mí que me cachaban
Tus rebusques de mujer.
Hoy me entero que tu mama

chorizo

hacer en una edad pero no en otra 'Bajate de la calesita y dejá de pedir la sortija que ya tenés 50 años, chiquilín, ridículo'.

chirolita. adj. desp. fig. Muñeco de ventrílocuo; que otro habla por su boca 'Todos los medios son chirolitas del Gobierno'.

chiruso, sa. m y f. Persona de condición humilde. Ú. c. desp.

chitrulo, la. (*del italiano 'citrullo', bobo*) Persona tonta, estúpida 'Vení, chitrulo, atame los cordones mientras me saco los mocos'.

chivero, ra. adj. desp. Persona o medio que obtiene ganancias de avisos publicitarios disimulados como otra cosa. Es descalificador por aludir a una práctica poco transparente 'El Ruso es el rey de los chiveros'.

chivudo. adj. Barbado. Hippie, comunista. Ú. c. descalificador.

chizito. m. Pene de pequeñas dimensiones. Ú. t. para el portador de un pene pequeño.

Chizito.

chocho. f. *Esp.* vulg. Vagina.

chocho, cha. adj. euf. **choto** 'Grondona es un viejo chocho'.

chongo. adj. m. Dícese del integrante activo de una relación homosexual. Ú. t. c. s. | Ú. como descalificador 'El Rengo es el chongo de la Florencia'. | **2.** Ordinario o de baja calidad 'Me regalaron unos mocasines chongos con los que no sé qué hacer'.

chorizo. m. **Ladronazo, vago** (Los

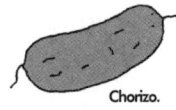

Chorizo.

Noble viuda de un guerrero
Es la chorra de más fama
Que pisó la trinta y tres.
Y he sabido que el guerrero
Que murió lleno de honor
Ni murió ni fue guerrero
Como me engrupiste vos
Está en cana prontuariado
Como agente 'e la camorra
Profesor de cachiporra
Malandrín y estafador.
Entre todos
Me pelaron con la cero
Tu silueta fue el anzuelo
Donde yo me fui a ensartar.
Se tragaron
Vos, la viuda y el guerrero
Lo que me costó diez años
De paciencia y de yugar.
¡Chorros!
Vos, tu vieja y tu papá.
¡Guarda!
Cuídense porque anda suelta
Si los cacha, los da vuelta
No les da tiempo a rajar.
Lo que más bronca me da
Es haber sido tan gil.

chorro

Auténticos Decadentes *El chorro* 'Qué alergia que te da si hablan de trabajar, por eso vos te hiciste chorizo, no querés laburar').

chorro, ra. adj. ladrón. | 2. pop. Por extensión, persona que comete fraude 'Los de La Mosca son unos chorros'. || sin. **chorizo, punga.**

Chorro.

chota. f. vulg. **Pene** 'Por qué no me acariciás gentilmente la chota'.

chotada. f. De mala calidad, berreta 'Este diccionario es una chotada'.

choto. m. vulg. Miembro viril 'Por qué no me acariciás gentilmente el choto'.

choto, ta. adj. En mal estado o de baja calidad 'Esa revista chota vendésela a otro', 'Sos un viejo choto', '¿Cuál de los dos Grondona es más viejo choto?'.

choza. f. Vivienda pobre hecha toscamente con materiales rudimentarios (palos, paja, etc.). Ú. c. desp. 'Seis habitaciones, tres baños con grifería de oro, calefacción central, dependencia de servicio y ubicada en Libertador... linda, tu choza'.

chucha. f. *Chil.* y *Mza.* **Concha** 'Si no te portai como una buena polola, al tiro te meto una botella de pisco en la chucha'. | 2. Desprovista de sentido ú. c. interjección para reforzar lo que se dice a continuación 'Chucha, hueón, no podei ser tan cuico'.

chuky (*tb* **chuki, chucky** y **chuqui**). adj. pop. desp. Aplícase a la persona fea, con algo de espantajo. Ú. t. c. s. 'Che, chuky, ¿querés que te consiga una puta?'. | Explica Grondona que el uso de este término proviene del filme de terror *Chucky* y todas sus secuelas (*Chucky 2*, *Chucky 3*, *La novia de Chucky*, etc.). Chucky, el protagonista de la película, es un muñeco que cobra vida porque se apodera de él el alma asesino muerto. Entonces este juguete comienza a asesinar a distintas personas. Seco aclara que lo que se destaca en este insulto no es la calidad moral del muñeco (no significa "asesino"), sino el poco agraciado rostro del protagonista del filme.

chupacirios. m. y f. pop. desp. Persona beata, de exagerada fe religiosa. Ú. c. insulto de descalificación 'Grondona es un chupacirios de mierda'.

chupaculo. (*tb* **chupaculos**) adj. desp. **Genuflexo, adulador, olfa** 'Ese diario se ha vuelto totalmente chupaculo de Gobierno', 'Goering era chupaculos de Hitler'.

cohete

chupado (chupau). adj. *Cba.* Beodo. Ú. t. c. s. 'Nero, ¿qué hacei tomándote la pritty sola, ¿tai chupau?'. . || sin. **mamado** (mamau), **mamerto** (maamerto).

chupamedias. adj. pop. Genuflexo, adulón. Ú. c. desp. 'Marcelo es chupamedias del Presidente de turno'.

chupapija. (*tb* chupapijas) adj. desp. Maricón. | **2.** Petero/a. 'Ahora que se pusieron botox en los labios, Ximena y Pamela tienen una cara de chupapijas que se caen'.

chupar. tr. Oprimir con los labios una cosa buscando, mediante un gesto de inhalación, obtener jugo o sabor. | Pertenece –al igual que **acariciar**, **agarrar**, **mamar**, **sobar**, **sopapear**, etc.– al grupo de verbos que construyen el insulto mediante la incorporación de pronombre enclítico tornándose invitación 'Chupame la pija'.

chupasangre. m. y f. Que es un explotador o explotadora 'Qué te hacés el progre si en tu empresa sos un chupasangre'.

chupaverga. (*tb* chupavergas). adj. desp. **Chupapijas**.

chupete de ballena. loc. **Cabezón**.

chupete de brea. loc. **Negro**.

chusma. f. Chismoso, que lleva y trae.| **2.** De baja condición social (Florinda, Doña, *El Chavo*, 'Vamos, hijo, no te juntes con esta chusma').

cipayo, ya. adj. Soldado de la India que servía en los regimientos ingleses. | Sostiene Moliner que esta definición se utiliza como insulto por extensión a todos los traidores a la Patria. ||sin. **vendepatria**.

Cipayo.

ciruja. f. Holgazán, vago. | **2.** Pobre, mal vestido.

cobani. adj. m. desp. **Policía**. | Señala Brizuela Méndez que proviene de la locución "ni cabo", miembro de las fuerzas de seguridad de bajo rango.

cochino, na. m. Cerdo. Ú. t. c. adj. | Observa Brizuela Méndez que construye el insulto de descalificación sobre el prejuicio que existe en Occidente contra la suciedad.

cohete (*tb* cuete) m. Forma delicada de decir **pedo**. (Arias, Pepe *La revista del Tío Vicente* 'Una vez le pregunté [a Perón]: «Mi Gene-

coimero

ral, ¿por qué empieza tan temprano?». «Costumbre de cuartel», me contestó. «En el cuartel es famoso el el lema: al cuete... pero temprano.»)

Cohete.

(Cancela, Arturo *Historia funambulesca del Profesor Landormy* 'Vea, che, Pellerano: no me moleste al cuete: ese barberini manya tanto de alpistería como un grévano verdulero'.)

coimero, ra. m. y f. Que, aprovechándose de su cargo o de su cercanía al poder, pide y/o recibe pagos ilegales para infringir leyes o normas. | **2.** Que ofrece y/o entrega incentivos para infringir leyes o normas 'Habría que cerrar el Senado porque está lleno de coimeros'.

cojer. (*tb* **coger**) vulg. tr. Realizar el acto sexual, **follar**. | Ú. en insultos de invitación tanto imperativos 'Hacete cojer', 'Andá a hacerte cojer a máquina', 'Andá a que te coja un perro (mono, burro, elefante, rinoceronte, etc.)', como condicionales 'Por qué no te hacés cojer un poco' o de amenaza 'Nos vamos a cojer a todos esos putos de Chicago y Chacarita'. || **es capaz de cojerse un avestruz corriendo.** loc. No perdona a nadie.

colate un dedo. loc. Metete un dedo en el culo.

colifa. adj. Apócope de **colifato, ta.**

colifato, ta. adj. Loco. Ú. t. en sentido fig.

colizón. adj. *Chile* y *Patag.* **Puto.** Ú. t. c. s.

comegatos. m. Rosarino. Que se alimenta con carne de gato. Ú. c. desp. | Recuerda Desábato que tiene origen como insulto en una desopilante producción del noticiero de un importante canal de televisión, que difundió la noticia

Comegatos

de que, corridos por la miseria, algunos habitantes del conurbano rosarino se vieron obligados a faenar felinos para consumo humano 'Los de Central son todos comegatos'.

comer. intr. En su forma comer(se)la alude a aquel que gusta de llevarse a la boca el miembro masculino 'Qué va a ser tu novia si vos te la comés, trolo'. Es insulto fuerte. | Pigna señala las fórmulas 'se la come', 'se la lastra', 'se la mastica', 'se la manduca', 'se la deglute', 'se la ingiere', 'se la devora'. || **comerse la galletita** loc. Ser reputazo. || **comérsela doblada.** loc. Ser tan puto como para hacer cualquier esfuerzo con tal de llevarse a la boca un pene enorme. || **comérsela a mordiscones.** loc. Ser atolondradamente puto. || **comerse los mocos.** loc. Manifestar cobardía. ||**si no se la come, lleva los cubiertos en el bolsillo.** loc. Tragarse la bala, cargar por popa, ser homosexual.

comilón. m. Que se la come, puto 'Este Brad Pitt para mí que es medio comilón'.

comunacho, cha. adj. Ú. c. desp. de comunista. || sin. **comunardo, da.**

comuñe. m. Inversión (vesre) de **Muñeco.** ||sin. **Pija, poronga.**

concha. f. vulg. Vulva. | Ú. c. insulto acompañado de la mención de algún familiar femenino del insultado. (*Cancionero popular* 'Menem, compadre,/ la concha de tu madre.') | Ú. t. en insultos de invitación tanto imperativos 'Andá a lavarte la concha', 'Andá la concha de tu madre (hermana, abuela, tía, etc.)' como condicionales reflexivos 'Por qué no me agarrás la concha'. || **ataque de concha.** loc. Ataque de nervios. 'Uy, ¿qué te pasa que tenés esa cara, te agarró un ataque de concha?' || **concha'e lata.** loc. Mujer que se calienta fácilmente 'No hay en la historia una sola concha'e lata que haya triunfado de verdad en el tenis'. ||sin. **argolla, cachucha, chucha, cajeta, cotorra, pocha, pochola.**

conchafría. adj. f. Frígida. Ú. t. c. s. 'Para triunfar en el tenis tenés que ser medio conchafría'.

concheto, ta. adj. desp. pop. Persona de clase media o clase media alta que es (o pretende ser) refinada, no tanto en los modales cuanto en la presencia y el tipo de consumo. | Señala Moliner que no es sinónimo de **tilingo** ya que este último pertenece a una clase social más elevada.

conchudo, da. adj. vulg. Que tiene vulva grande. | fig. **Hijo de remil putas** (*véase*). | 2. En ocasiones, sin escrúpulos | Ú. más en femenino. (Arias, Ronnie *Kaos en la ciudad* 'Si la Señora llegó hasta donde llegó es porque debe ser un

condón

poco conchuda'. || sin. **argolluda, cajetuda.**

condón. m. Preservativo. Es forma fina de decirle a alguien **forro** 'Che, condón, cuándo pensás devolverme el libro'.

conventillero, ra. adj. lunf. Chismoso, que lleva y trae 'A ese no le cuentes nada que después va y se lo chimenta a todo el mundo, es un conventillero'. Ú. t. c. s. | **2.** Ruidoso y alborotador 'Hablá un poco más bajo, no seas conventillero, esto es una biblioteca pública, no la cancha de All Boys'. Ú. t. c. s.

coño. m. Vulva. | *América Centr.* Vacío de sentido. ú. al comienzo de la frase a modo de interjección que expresa alguna impresión súbita o un sentimiento profundo, como asombro, sorpresa, dolor, molestia, etc. 'Coño, chico, tú eres mamavelga'. || **coño alegre.** loc. *Esp.* **Puta.**

copera. f. Empleada de bares y cantinas que seduce a los parroquianos y los induce a consumir más bebidas. 'Yo creía que eras sólo una copera, pero veo que eres toda una prostituta'.

coquitos. m. pl. Afectivo infantil de **pelotas** 'Dejá de romper los coquitos'.

corki. adj. fig. Mogólico. Ú. c. depespect. 'Te dije que íbamos a salir con unas minitas y que compraras forros. ¡No podés ser tan corki de caer con un rollo de papel araña!' Ú. t. c. s. (Araujo, Marcelo a McAllister, Carlos Javier: «¿Es verdad que te dicen corki?» | Apunta Brizuela Méndez que "el mote tiene su origen en el personaje de Corky, un niño con Síndrome de Down protagonista de la serie televisiva *Life Goes On* (1989-1993)".

cornudo, da. adj. Persona cuyo cónyuge le es infiel 'Mirá si Tuzzio será cornudo, que Papá Noel lo confundió con un reno y le enganchó el trineo en la espalda'. || sin. **alce, cornelio, corniche, cornicheli, gorreado** (*Cba.*), **vena-**

Cornudos del mundo

do, vikingo.

cortá campo. loc. Tomátelas, rajá de acá '¿A quién te querés levantar? Cortá campo, cachivache'.

cortado, da. adj. Que se corta solo. Ú. c. desp. 'Sos un cortado| **2.** desp. Judío. Ú. t. c. s. || **carabina cortada.** loc. **moishe.**

cortamambo. adj. desp. Persona que genera anticlímax 'Dale, no seas cortamambo y seguí chupándomela' || sin. **pinchaglobo.**

cortar. tr. Separar una cosa en trozos con algo cortante. | Ú. en insultos de amenaza con la fórmula 'te voy a –' (te viá), 'Te voy a cortar la cabeza', 'Te voy a cortar las **pelotas**', etc. | cortala. Pará con eso, no sigas. Ú. en forma imperativa y precede insultos de amenaza 'Cortala o te doy tantas patadas en el culo que vas tener que cojer por la boca', etc.

corto, ta. adj. Persona de poco entendimiento 'Iba a regalarte un libro de Heidegger, pero como sos medio corto te compré uno de Bucay'.

cotorra. f. Mujer muy habladora 'Callate, cotorra, que te van a salir callos en la lengua'. Ú. t. c. adj. 'Tu mujer es una cotorra, le pedí la hora y estuvo una hora hablándome boludeces'. || **2. Concha.** || De la Concha (h) desaconseja los casos de anfibología p. e. 'La cotorra de tu mujer no para nunca'.

Cotorra.

cretino, na. Mala persona, con malas intenciones 'Si el cretino de tu jefe te sigue acosando, lo voy a empalar con un cactus'.

croto, ta. adj. Persona sin oficio ni dinero. Ú. c. desp. | **2.** Malo en algún deporte 'A quién le vas a ganar al fulbo, si vos sos un croto'.

Cornudos de la Argentina

cuadrado

cuadrado, da. adj. desp. pop. Persona intelectualmente rudimentaria, de escaso o nulo vuelo y poco dada a ensanchar sus conocimientos 'Che, cuadrado, ¿no sabés que existen otras revistas además de *Claro*?' | **2.** Cosa básica y rudimentaria 'Claro, para tocar ese ritmo cuadrado, ese chingui chingui berreta, cualquiera es músico'.

cualunque. adj. Del montón, que no se destaca por nada 'Me compré uno de esos jugos cualunques y me agarré una intoxicación que estuve cuatro días cagando naranjín'. Ú. t. c. s. | Señala Pigna que es una deformación y al mismo tiempo una forma despectiva del término "cualquiera", '¿Cómo puede ser que la diosa de tu prima ande con ese cualunque? ¡Esa sí que es la ley del embudo!'.

cuatrojos. (*tb* **cuatrochi**) Adj. desp. pop. sin. **anteojudo, da**.

cucaracha. f. Persona fea 'Che, cucaracha, mañana no vengas que van a fumigar'. | De acuerdo con Menéndez y Pelayo, puede utilizarse el apócope **cuca**, en el mismo sentido. | **2.** Arrastrado, ladino 'Todos los abogados son medio cucarachas'.

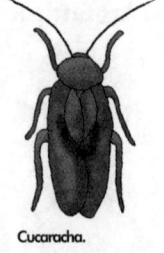

Cucaracha.

cuervo. m. Abogado. Ú. c. desp. 'Siempre es bueno tener un cuervo en la familia'. | **2.** Prelado, sacerdote. Ú. c. despect. 'Antes de mandar a mi hijo a un colegio de cuervos me corto las pelotas con una hostia'. | **3.** Hincha de San Lorenzo (Hinchada de Huracán 'Cuervo tarado/ hoy fui a tu cancha y me encontré con un mercado'). Comenta Gancedo que, como sucedió con la mayoría de los apodos insultantes hacia los hinchas de un equipo de fútbol, los simpatizantes terminaron apropiándose del término de manera elogiosa (Hinchada de San Lorenzo: 'Yo era cuervo desde que estaba en la cuna/ y a San Lorenzo cada vez lo quiero más'). Agrega De la Concha que el término 'cuervo' para calificar a los seguidores del club de Boedo proviene de los inicios de la institución, y tiene que ver con que San Lorenzo fue fundado por un cura, Lorenzo Mazza. Grondona recomienda, para una mayor documentación sobre el origen de esta acepción de 'cuervo', ver la película *El cura Lorenzo* (1954, dirigida por Augusto César Vattone), donde el sacerdote Mazza está in-

Cuervo.

terpretado por el actor Ángel Magaña.

cuervo. adj. m. Persona de mal agüero 'Y de repente cayó el cuervo ese y aunque todos nos tocamos el huevo izquierdo y empezamos a gritar «¡Pugliese, Pugliese!», se cortó la luz y tuvimos que suspender el partido'.

cuete. (*tb* **cohete**) m. *Arg.* Pedo. | **hablar al cuete.** loc. Hablar por hablar; hablar inútilmente '¿No te parece que Enrique Pinti se la pasa hablando al cuete?'.

cueva. f. Comercio, local o departamento muy desaseado, descuidado y de dudosa reputación 'Me dijiste que me ibas a invitar a tomar algo a una confitería y me trajiste a esta cueva, cómo me cagaste', '¿Y en esta cueva dormís todos los días? Con razón andás con esa baranda a morgue'.

culeado. (*tb.* **culeao, culiao**) m. *Cba.* Puto. Persona que fue sodomizada. || **sapo culeao.** loc. Persona que reúne tanto condiciones de puto como de batracio.

culear. (*tb.* **culiar**) v. Realizar el coito, especialmente por vía anal. Ú. en insultos de amenaza 'Después de que te culee, vas a tener que cambiar de talle de supositorios'.

culo. m. Orificio en que remata el conducto digestivo y por el cual (entre otras cosas) se expele el excremento, ano. | Ú. en insultos de amenaza 'Te voy (vamos) a romper el culo', 'Te voy (vamos) a dejar el culo como una flor', 'Te voy (vamos) a dejar el culo como el arroyo Maldonado', de invitación 'Chupame el culo' y de sugerencia 'Ese culo no lo hiciste barriendo'. || **cerrá el culo.** loc. Callate. || **cara de culo.** loc. De gesto adusto. || **tomar por culo.** *Esp.* Hacerse cojer. || **tenés más culo que cabeza.** loc. Es insulto sutil referido a la mucha suerte y las escasas luces del aludido. || **meter un dedo en el culo.** Presionar o ser presionado según sea el caso 'Me estás metiendo un dedo en el culo y te voy a reventar'. Ú. t. en el sentido de irritación 'El IVA a todo es un dedo en el culo de los contribuyentes'. || **no sabés ni limpiarte el culo.** loc. Sos un pendejo. || sin. **agujero. ano, opertucho, orto, upite.**

culón, na. adj. Que tiene grandes posaderas. Ú. c. desp.

culorroto. m. desp. Afeminado, amoral, **bufa, bufanda, bufarrón, bujarrón, gay** (angl.), **marica, maricuela, mariquita, sarasa** (desus.), **invertido,** homosexual, **manfloro, puto,** sodomita, uranista; hombre que tiene comercio carnal con los de su propio sexo. (Iorio, Ricardo 'Me chupa la pija los fans y la concha de su madre, porque cuando yo tuve hambre ningún forro pelotudo culorroto que se puso una remera

culosucio

de V8 me vino a dar a mí de comer; ni a mí ni a mi familia'). || sin. **puto**.

culosucio. adj. pop. Aplícase a la persona que oculta algo sucio capaz de manchar su honra 'Todos los políticos, empresarios, periodistas, abogados y escribanos de este país son culosucios'.

cusifai. m. pop. (*cruce de 'coso' con la expresión italiana '¿cosa fai?'*). Persona innominada 'Después de Manguera no podés andar con ese cusifai'.

Culosucio.

dañino, na. adj. Nocivo, perjudicial. Que causa daño. 'Piñón Fijo es tanto o más dañino que el Pato Carret o Margarito Tereré'.

débil. adj. De poca fuerza, poder o resistencia. | **2.** Que tiene poca voluntad o capacidades. || **débil mental.** loc. Tarado 'Este trabajo es tan sencillo que hasta un débil mental como vos puede hacerlo'. || **sexo débil.** loc. Sexo femenino. | Considera Barrenechea que esta loc. encierra un despectivo.

debutar. intr. pop. fig. Comenzar a tener relaciones sexuales. | Ú. en insultos que ponen en duda o relativizan la sexualidad o virginidad del insultado 'Qué te hacés la pendeja si vos debutaste con Alfredo Razzano', o subrayan la tardía iniciación sexual del insultado 'A ver si dejás de menearte la tripa y debutás de una vez'.

decadente. adj. Aplícase a aquel o aquello que pierde paulatinamente su fuerza, valor o importancia

decrépito

'Por qué no dejás de hacerte la pendeja y te ponés un corpiño, putarraca decadente'.

decrépito. adj. Arruinado, venido a menos 'El otro día me lo crucé al decrépito de Nico Repetto; ¡está muy **hecho mierda**!'.

de cuarta. Expresión que sumada al s. califica a este como de escasa o nula calidad, pues no es de primera, de segunda, ni de tercera, sino de la categoría que le sigue en orden decreciente 'revista de cuarta', 'puta de cuarta', 'gobierno de cuarta', etc.

dedo. m. Cada una de las partes en que terminan la mano y el pie | Ú. en insultos de humillación. 'Cuando me pusieron al botón de Ortigoza como supervisor adjunto, sentí que me estaban metiendo el dedo en el culo'. || Al margen de la comunicación verbal, cabe destacar que todas las autoridades señalan la importancia de los dedos en la comunicación de insultos gestuales (*véase* ANEXO).

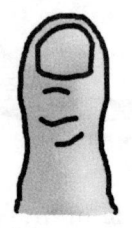

Dedo.

defecar. intr. y tr. Expeler la materia fecal. | Ú. en insultos de maldición. | Apunta Gancedo que ú. en ocasiones en las que se intenta, de un modo sobreactuado, destacar la supuesta distinción del insultado 'Me defeco en vos, en toda tu reputada familia'.

deficiente. adj. Que no está completo o carece de algo importante. || **deficiente mental.** loc. Tarado 'Sólo un deficiente mental como tu novio puede insistir en meterte una botella destapada en el orto cuando las guardias de los hospitales están llenas de historias de gente que cayó de urgencia porque no podía sacarse la botella del orto por el tema de que hace vacío'. || **deficiente sexual.** loc. Impotente 'Decile al deficiente sexual de tu marido que no me mire más las tetas'.

deforme. adj. Aplícase a aquel o aquello cuya forma no es normal o apropiada 'Intoxicados me cabe, pero ese Pity es muy deforme'.

deformidad. f. Que es deforme, raro, poco convencional 'Se clavó tres bichos y dos saques: este chabón es una deformidad'.

Deformidad.

degenerado, da. adj. Persona de condición mental y moral fuera de la norma o depravada 'Andá, degenerado, si vos coleccionás fotos de niños empomados'.

denso

dejado, da. adj. Persona muy descuidada con ella misma y con sus cosas. Abandonado 'Cuando volvimos de la luna de miel me enteré que la dejada de Nélida se cambia la chabomba recién cada tres o cuatro días'.

delincuente. adj. Aplícase a quien quebranta la ley. | 2. pop. Quien consigue algo sin tener o haber hecho los méritos para ello. Ú. t. c. s. 'La Mosca no es un grupo de música, es una banda de delincuentes'. || sin. **ladrón, ladronazo.**

demagogo, ga. adj. Que hace demagogia, que intenta obtener los favores populares a través de falsas promesas, falsas simpatías y deliberados golpes de efecto. Ú. c. desc. o despreciativo 'En la mitad del show, Richards peló la garcha y mostró un tatuaje que decía «I love Buenos Aires»... ¡No se puede ser tan demagogo!'.

demente. adj. Aplícase a aquel que está loco, que carece de razón. Ú. t. c. s. 'Mirá vos cómo es la vida: el **nabo** de Juan Castro se cayó de un primer piso y se hizo moco, y el demente de Charly se tiró de un noveno piso y no le pasó nada'.

Demente.

demonio. m. Niño malcriado, de pésima conducta y predilección por las travesuras. Es insulto leve. || **irse al demonio.** loc. Irse a un lugar lejano, indeterminado y, presumiblemente, horrible. Ú. c. insulto de invitación '¿Por qué no te vas al demonio, hijo de una gran puta?' || sin. Irse al carajo, irse a la concha de su madre, irse a la puta que lo parió, irse a la recalcada concha de su hermana.

denso, sa. adj. pop. desc. Persona pesada, molesta, reiterativa,

Demagogos

deplorable

aburrida 'Te lo digo desde ahora: esta noche no tengo ganas de garchar así que no te pongas en denso'.

deplorable. adj. Lamentable, penoso; que provoca lástima. "Cherasny es más deplorable por su estiramiento facial y sus pectorales siliconados que por su fascismo de cotillón'.

depravado, da. adj. Vicioso, pervertido, degenerado '¿Así que el depravado de tu tío abusó de vos cuando tenías diez años?'.

desabrido, da. adj. pop. Que no tiene gusto y, por extensión, que no tiene encanto. Ú. c. desp. Tu novia no fuma, no toma alcohol, no se droga, no practica zoofilia... ¿Cómo podés estar con esa desabrida?'.

desagradable. adj. Que causa desagrado, disgusto. | 2. pop. Antipático, poco amable 'Por supuesto que me cabe el intercambio de parejas con vos; el que no me cabe es el desagradable de tu esposo'.

Desagradable.

desastre. adj. pop. Que tiene mala suerte o hace todo mal. Ú. t. c. s. Es insulto leve. '¿Otra vez te fuiste en seco? Vos sos un desastre'.

desbolado, da. adj. pop. Aplícase a la persona desordenada o confundida. Ú. c. despec. 'Al final sólo le hice un pete porque soy tan desbolada que olvidé poner los forros en la cartera'.

descafeinado. adj. Se dice del café al que se le ha quitado la cafeína. | 2. fig. Que no tiene gracia o sabor 'Drexler y su versión de Zitarrosa descafeinado se pueden ir bien a cagar'.

Descafeinado.

descocado, da. adj. Persona atrevida en su forma de vestir y/o vivir. Ú. c. s. Es insulto leve 'En una playa de Uruguay la vi a la descocada de Susana haciendo topless en compañía de su photoshopero de confianza'. | Destaca De la Concha (h) que ú. también como insulto de burla '¿Y vas a ir a una fiesta tan elegante sin bombacha? Ay, sos una descocada bárbara'.

desconche. m. Quilombo, bardo, lío 'El día que salieron campeones con el Coco, el vestuario fue un desconche'.

descontrolado, da. adj. Fuera de control. | 2. pop. Colocado, drogado mal 'Cuidado con ese moncho descotrolado que en cual-

diablo

quier momento te zarpa la billetera'. | Molares Solá distingue el uso como insulto del uso cariñoso y/o admirativo (Jóvenes Pordioseros, *Descontrolado* 'Descontrolado, yo no te quiero perder/ No me conformo con verte/ Solo una vez al mes'.)

desgraciado, da. adj. Persona sin gracia ni atractivo. Ú. t. c. s. | **2.** pop. Mala persona; canalla, malvado 'Che, desgraciado, devolvele la muleta al rengo que en cualquier momento se cae de jeta al piso'.

despelotado, da. adj. Desordenado, distraído 'Y justo cuando íbamos a usar el consolador nuevo que compramos en el sex shop del Once, nos dimos cuenta que el despelotado de mi novio no sabía dónde había guardado las pilas'.

despreciable. adj. Que merece desprecio 'Hadad es un ser despreciable'.

desquiciado, da. adj. Desequilibrado o que perdió la paciencia '¡Pará de gritar, desquiciada, y explicame por qué para reclamarme que no levanté la tapa del inodoro y la meé toda tenés que hablarme de no sé qué cosa que te prometí en 1997!'.

destrozón, na. adj. Que destroza todo o hace daño. Ú.t c.s. Es insulto leve '¿Ya lo rompió? Está bien: a tu hijo no le regalo nunca más nada porque es un destrozón insensible y desagradecido'.

desviado. adj. m. pop. Puto. 'Decile al desviado de tu peluquero que la próxima te haga un peinado como la gente y no esa bosta de dinosaurio que te dejó en la cabeza'

detestable. adj. Que merece la mayor antipatía. Aborrecible, pésimo 'A pesar de que no hizo tanta carrera como el turro de Hadad, Marcelo Longobardi me resulta igual de detestable'.

Detestable.

detonado, da. adj. pop. Persona arruinada (**limada, hecha mierda**), presumiblemente por el abuso de drogas 'El otro día vi *La Viola* y no podía creer; qué chabón detonado'.

diablo. m. desc. Malvado, afecto a cometer crueldades o travesuras 'Sos un diablo, ¿cómo va a pisar sapos con tus

Diablo.

dientudo

borcegos?'. Es insulto leve. | Afirma O'Donnell que el diminutivo 'diablillo' supone un tono afectuoso 'Oye, Manolo, tu hijo es un diablillo; deja que me lo folle'. Pigna aporta que cuando lo precede el ártículo 'el', la gravedad del insulto se incrementa, ya que presupone una comparación del insultado con satán (o satanás, o mandinga, o luzbel, o mefistófeles, o gualicho, o el príncipe de los ángeles rebeldes) 'Este hijo de puta es el diablo; asesinó 30 mil personas y todavía nadie lo linchó'. || **irse al diablo.** loc. Irse al demonio. || sin. ser la piel de judas.

dientudo, da. adj. Persona de dientes grandes o desproporcionados. Ú. c. desp. '¿Y a vos no te da un poco de impresión cuando la dientuda de Contaduría te chupa la pija?'.

diletante. adj. Que no es profesional en una actividad. Divagante. Ú. c. desp. 'El teórico de Sebreli del

---

Los dinosaurios
(Charly García, *Clics modernos*, 1983)

Los amigos del barrio pueden desaparecer,
los cantores de radio pueden desaparecer,
los que están en los diarios pueden desaparecer,
la persona que amas puede desaparecer.
Los que están en el aire pueden desaparecer en el aire,
los que están en la calle pueden desaparecer, en la calle,
los amigos del barrio pueden desaparecer,
pero los dinosaurios van a desaparecer.
No estoy tranquilo mi amor,
hoy es sábado a la noche,
un amigo está en cana.
Oh, mi amor,
desaparece el mundo .
Si los pesados, mi amor, llevan todo ese montón de
equipajes en la mano,
oh, mi amor, yo quiero estar liviano.
Cuando el mundo tira para abajo
yo no quiero estar atado a nada,
imaginen a los dinosaurios en la cama.
Cuando el mundo tira para abajo
yo no quiero estar atado a nada,
imaginen a los dinosaurios en la cama.
Los amigos del barrio pueden desaparecer,
los cantores de radio pueden desaparecer,
los que están en los diarios pueden desaparecer,
la persona que amas puede desaparecer.
Los que están en el aire pueden desaparecer, en el aire,
los que están en la calle pueden desaparecer en la calle.
Los amigos del barrio pueden desaparecer,
pero los dinosaurios van a desaparecer.

otro día fue propio de un diletante'.

dinosaurio. adj. pop. fig. Aplícase a quienes tuvieron su momento de gloria y luego pasaron de moda 'Me pregunto por qué a los Yes lo descalifican acusándolos de dino-saurios, mientras que a los Rolling Stones siguen respetando como si no fueran los viejos chotos que en efecto son'.

Dinosaurio.

disfrazado, da. adj. Que se puso un disfraz. | **2.** Mal vestido, poco elegante 'Che, disfrazado, sacate esa remera rosa de Miranda! que ya tenés 43 años!'.

disgusting. adj. Anglicismo por desagradable 'Fuimos a caminar por Palermo Soho en Honduras y Gurruchaga nos topamos con el disgusting de la Tota Santillán'.

dominguero. adj. pop. desp. Se dice de los automovilistas poco avezados que durante los días laborables conducen sus autos como si estuvieran paseando un domingo a la tarde '¡Dale, dominguero y la puta madre que te remil parió, correte que quiero pasar antes de que se ponga en rojo, la reconcha de tu madre!'.

Don Goyo. *Cba.* Expresión que en la provincia mediterránea alude a la menstruación. | Señala Brizuela Méndez que la mención busca irritar más al aludido, que no necesariamente es mujer '¿Por qué te ponei así, te vino Don Goyo?'.

dormilón, na. adj. Que duerme mucho o se queda dormido. | Aplícase, por extensión, a quien pierde oportunidades 'No podés ser tan dormilón: cuando una mina te dice «Ah, me encantaría que alguien me hiciera unos masajitos acá abajo, en la espaldita» es porque quiere que te la trinques ahí mismo, **salame**...'.

drogón, na. adj. pop. Que consume drogas a nivel vicio '¿No sabés en qué página puedo encontrar fotos de la drogona de Kate Moss garchando?'.

duranga. adj. pop. Que está rígido por haber consumido cocaína '¿Lo viste a Charly en el programa de Diego? Yo no sé quién estaba más duranga...'.

durañona. adj. pop. Persona evidentemente drogada '¿Lo viste a Diego en el cumple de Charly? Yo no sé quién estaba más durañona...'.

durazno. adj. pop. Duro, poco hábil. Ú. t. c. s. 'Dale, largala,

durazno

Krupoviesa, qué te hacés el canchero si siempre fuiste un durazno' | **2.** Evidentemente drogado '¿Los viste a Charly y a Sabina en el programa de Diego? Yo no sé quién estaba más durazno...'.

Durazno.

echarse un polvo. loc. Fornicar 'Te voy a echar un polvo que el culo te va a quedar aplaudiendo y pidiendo por favor'.

echarse un talco. loc. fornicar 'Te voy a echar un talco que te voy a dejar como Marcel Marceau, guacho'.

embaucador, ra. adj. Persona embustera, que se vale de argumentos falsos para beneficio propio. Ú. c. desc. 'Callate, político vendepatria, embaucador'.

embaucar. tr. Engañar valiéndose del enorme número estadístico de personas candorosas, pueriles o idiotas (*Capital, La,* Rosario, título del 25 de julio de 2005, 'Falso instructor quiso embaucar a los bomberos voluntarios y terminó preso').

embocar. tr. Golpear. | Ú. en insultos de amenaza 'Si llegas a tirarte otro pedo, te emboco'.

embolar. tr. Aburrir. | Ú. como insulto leve 'Este tipo me embola, ¿en lo único que pensás es en ver los estrenos de películas iraníes?'.

embole. m. Aburrimiento, fastidio. Es descalificador efectivo 'La programación de ATC aparte de oficialista es un embole'.

embustero, ra. adj. Que dice mentiras y las usa en su provecho a expensas de las mismas personas candorosas, pueriles o idiotas que se dejan embaucar. (Bielsa, Rafael, *Clarín*, 21/10/2005 'Mauricio Macri es un embustero sin escrúpulos').

Embustero.

emético, ca. adj. Forma culta de decir **vomitivo** '«¿Qué te pareció el último libro de Fresán?» «Emético»'.

empalagoso, sa. adj. Que es tan dulce que resulta desagradable 'Pero mirá que sos empalagosa, Xime, eh; no hacía falta que, para agradarme, te tatuaras el escudo de Boca y el rostro de Bioy Casares en los márgenes de la concha'. | **2.** fig. Exagerado 'Es tan feo que resulta empalagoso'.

empalar. tr. Torturar introduciendo un elemento sólido en el ano.

empernar. tr. Poner un perno | **2.** fig. Penetrar 'Te voy a abrir el orto a patadas para poder empernarte sin saliva'.

empomar. tr. Penetrar, introducir un pomo 'Ahora que estamos en Carnaval te voy a empomar hasta que te salga nieve perfumada por la boca'.

emputecer. tr. Volver algo retorcido o innecesariamente complicado, generar problemas evitables 'Te estás emputeciendo con los años, no podés tardar 40 minutos en limpiarte el culo'. | Sostiene Bergoglio que "a pesar de lo que podría inferirse de su etimología, en ningún caso significa 'volverse puto o puta'". Y Bordelois agrega que da lugar al adj. emputecido, da. || sin. **encarajinar**.

enano, na. adj. Expresión utilizada en forma despectiva para poner de manifiesto la escasa estatura de algunas personas. Ú. t. c. s. || **enano fascista.** loc. **Facho.** || **enano de feria.** loc. Hazmerreír. || **enano de jardín.** Ú. c. desc. y befa de los sujetos de corta estatura.

Enano.

encamar. tr. e intr. Realizar el acto sexual. | Participa de insultos de pronóstico 'Te vas a encamar conmigo el día que los soretes vengan envueltos en celofán' y descalificadores 'Qué decís, vos, que te encamaste hasta con la delegación argentina de las Olimpíadas Especiales'.

encarajinar. tr. **Emputecer**. Da lugar al adj. encarajinado, da. 'Tu prosa es muy encarajinada; no puede ser que para escribir tu nombre completo requieras paréntesis, astericos, guiones y corchetes; la concha de tu madre'.

enchastrar. tr. Ensuciar, manchar o cubrir con basura o cualquier sustancia desagradable. Ú. en insultos de amenaza 'Te voy a enchastrar el ojete con un fluido blanco y pegajoso; no sé si entendés la idea'.

encular. intr. Enojarse. | Forma parte de los insultos de amenaza 'No me hagás encular que te voy a hacer saltar los mocos de un revés'.

enema. f. Operación mediante la cual se introduce alguna sustancia en el recto, principalmente para limpiar el vientre. | Constituye un importante subgrupo dentro de los insultos de invitación simples 'Andá a hacerte un enema' y condicionales simples 'Por qué no te hacés un enema' y simples compuestos 'Andá a hacerte un enema con ortigas, hijo de puta' y condicionales compuestos 'Por qué no te hacés un enema de talco y te vas a escribir publicidades al cielo, pelotudo'.

energúmeno, na. adj. Endemoniado, furioso, frenético. (*Noticias* N° 1519, 3/2/2006, «Energúmeno, taxi boy acusado de asesinar a Luis Mitre» 'Me puso así Luis. Cuando yo le quería hablar de cosas lindas, de mis sentimientos, él me decía «¡No jodas, no seas energúmeno!»').

Energúmeno.

enfermo, ma. adj. Que padece un problema de salud. Ú. c. desc.| **2.** Persona con su conducta o facultades alteradas '¡Qué hacés, enfermo, ¿no ves que me manchaste el traje?!'

enfiestar. tr. Practicar sexo grupal 'Vos no te la des de moralista que te enfiestás a los travas del quinto «B»'.

engendro. m. Individuo malformado, de aspecto horroroso 'No me digas que no viste anoche al engendro de Eduardo Feinman'. || sin. **feto, horrible, vómito, arcada, gargajo.**

engrampar. tr. Abrochar, quedar comprometido 'Te engram-

engrasar

paron por boludo, ¿cómo vas a dar un recibo por una coima?'. | **2.** Fornicar 'Nena, si seguís viniendo con esas minifaldas a la oficina te voy a engrampar contra la fotocopiadora'.

engrasar. tr. Aplicar alguna sustancia grasa a una cosa, lubricar 'Vení que te engraso el upite con lo que sobró del asado'. | Pertenece al grupo de verbos que construyen insulto sumando acusativo 'Engrasame el animalito'. || **engrasar la nutria.** loc. Realizar el acto sexual. '¿Por qué no me estirás el cuero y te ponés en cuatro así aprovecho y engraso la nutria?'.

engrupido, da. adj. Soberbio, pretencioso. (Discépolo, Enrique Santos, *Quevachaché*, '¿No te das cuenta que sos un engrupido?/ ¿Te creés que al mundo lo vas a arreglar vos?').

engullir. tr. Comérsela, llevarse penes a la boca con placer y asiduidad. Practicar felaciones 'No te hagas el macho, que te vi engulliéndole las escamas a una tararira de medio kilo'. || sin. **lastrársela, manducársela, tragarse la bala.**

enhebrar. tr. Pasar algo por el ojo de la aguja. | **2.** fig. Pasar algo por el ojo del culo. 'Si te vuelvo a ver cerca de mi novia te enhebro el orto y te hago una costura de leche'.

Enhebrar.

enrollado, da. adj. Que tiene muchos rollos (problemas, complejos). Es insulto leve 'Al enrollado de tu hijo le ofrecí hacerle un pete y me contestó que prefería,

---

Entregá el marrón
(*El milagro argentino*, Los Auténticos Decadentes, 1989)

Es la máxima expresión
En la T.V. y en las revistas.
Los hay pa' todos los gustos
Y se te nubla la vista
Los infartos aumentaron
Año a año por este asunto.
Yo salgo con lente' negro
Para no morir de un susto.

Entregá el marrón, entregá el marrón
Entregá el marrón,
entregalo de una vez.

Yo quisiera saber
Hasta cuándo, hasta cuándo
Con esta nueva moda
Nos seguirán torturando.
Mi cabeza no da más
No nos sigan provocando
Ya que tienen todo eso
Y no me alcanza con mirarlo.

Entregá el marrón...

primero, charlarlo con su psicóloga'. || sin. **enroscado, vueltero.**

enroscado, da. adj. **Enrollado.** || **dormir enroscado.** loc. ser una **víbora** 'Ojo que la Primera Dama duerme enroscada, eh'.

ensartar. tr. Atravesar algo con una cosa puntiaguda, penetrar. (*Dicho popular* 'Te voy a ensartar como a churrasco de croto.')

enterrar. tr. Introducir algo en la tierra. | 2. fig. Penetrar. | **Enterrar la batata.** loc. cojer (Bueno, Rodrigo *La batatita* 'No entierre una zanahoria, no vaya a enterrar la chaucha, para recuperar a su amor hay que enterrar la batata.')

entregar. tr. Ofrecer algo a alguien para que haga uso. | Construye insulto usado como invitación (Auténticos Decadentes, Los *Entregá el marrón* 'Entregá el marrón, entregalo de una vez') || **entregar el rosquete.** loc. Dejarse empomar, permitir que le rompan a uno el orto. Por extensión, en sentido figurado, claudicar 'Kirchner criticó las relaciones carnales con los Estados Unidos, pero no dudó en entregar el rosquete y ponerse taca-taca con el FMI'.

entrepierna. f. Eufemismo por genitales. | Empléase, mayormente, en insultos de invitación 'Sobame la entrepierna y abrí la boca para tomarte el jugo'.

escoria. f. fig. Sujeto repugnante cuya impureza es capaz de teñir hasta al más virtuoso de los hombres. (Sarkozy, Nicolás, ministro del Interior francés, 2006, 'Voy a limpiar los barrios de París de la escoria que genera disturbios.')

Escoria.

escorchar. tr. Molestar a otro. | Ú. c. insulto de apelación 'Dejá de escorchar' y de amenaza 'Si me seguís escorchando te voy a sacar chichones en el culo''.

escracho. m. Mujer fea 'Rajá, escracho, que si me ven cerca tuyo van a creer que me compré un circo'.

escroto. m. Porción de piel que contiene los testículos. Ú. mayormente en insultos de amenaza 'Te voy a patear los huevos hasta que el escroto se te ponga fucsia', 'Te voy a cortar las pelotas y te voy a poner el escroto como peluca'. || sin. **forro de las pelotas.**

esperpento. m. Persona de una fealdad tan notable que ni siquiera se puede rescatar su simpatía 'Andá a *Transformaciones* para que te pongan el culo en la cara a ver si mejorás un poco, esperpento'

esputza. f. Hedor. Ú. en insultos de descalificación 'Mejor no levantes los brazos que con la esputza que tenés vas a marchitar todas las flores'.

estólido, da. adj. El que carece de razón y discurso y hace alarde de su vacuidad 'No sea estólido, doctor Grondona, todo el mundo se da cuenta de que a usted en Harvard no lo conoce ni el pibe que reparte los folletos'.

estrecho, cha. adj. Corto de entendederas 'Usted es muy estrecho, ingeniero; no puede ser que no advierta la diferencia entre una soplapetes y una chupapijas'. | **2.** Mujer cuya vagina impide el acceso de penes o vibradores de tamaños estándar, ya sea por conflictos psicológicos o por características fisiológicas 'Tenías razón, tu mujer es estrecha, ayer desperdicié tres pomos de vaselina y no pude ni meterle el meñique'.

estrolar. tr. Estrellarse, hacerse mierda contra alguna cosa, reventarse. Ú. en insultos de amenaza. (Zorreguieta, Máxima, princesa de Holanda 'Si la pendeja me sale quilombera, la voy a estrolar contra la pared'.)

estronzo. m. Pedazo de mierda. Ú. t. c. adj. 'El estronzo del arquitecto calculó mal la cañería del baño y ahora estoy nadando en soretes'.

estropajo. m. Trapo. | Como insulto refiere a estar estropeado 'Esa puta se enganchó al viejo para sacarle la guita, porque a ese estropajo lo único que se le debe poner duro es el cuello'.

estúpido, da. adj. Grandemente torpe para comprender hasta las cosas más simples. (Perón, Juan Domingo, acto en Plaza de Mayo del 1º de mayo de 1974, al echar a los Montoneros, 'La calidad de la organización sindical se mantuvo a través de 20 años, pese a esos estúpidos que gritan... hoy resulta que algunos imberbes pretenden tener más mérito que los que lucharon durante 20 años')

eunuco. m. Castrado. | **2.** fig. Impotente 'El eunuco de tu marido me dijo que hoy estabas solita'.

fachista. adj. Fascista. | 2. Persona que, sin ser militante del movimiento creado por Benito Mussolini, tiene ideas racistas, reaccionarias o de ultraderecha. Ú. c. desp. tanto en personas de ideario conservadores 'La columna de viejo choto de Mariano Grondona en *La Nación* del domingo es más fachista que un camisa negra leyendo *Mi lucha*', como, por oposición, en gente de pensamiento progresista o de izquierda 'Elisa Carrió es una gorda del orto que se hace la progre pero es bastante fachista'.

facho, cha. adj. col. Persona con ideales volcados marcadamente hacia la derecha. Ú. c. desp. 'Radio 10 está llena de fachos', 'Los tacheros son todos fachos', 'Los porteros son todos fachos'.

fácil. adj. Aplícase a la mujer de vida disipada, accesible a la hora de concertar un encuentro amoroso 'A esta te la vas a garchar seguro por-

fajar

que es una mina fácil', 'Qué te hacés la brígida si sos más fácil que la tabla del 1'. || sin. **puta, trola, zorra, perra, viciosa**.

fajar. tr. Golpear a alguien 'Te viá fajá a vo' y todo lo puto' de tu barra'. | **2.** Cobrar en exceso una cosa o servicio 'Si me fajás en el arreglo, te hago saltar los dientes'.

falopa. fem. Compuesto químico que altera la conciencia, droga. | Ú. en insultos clasistas 'Estos negros de mierda se la pasan meta falopa y choreo y después se meten en la villa porque ahí la yuta no entra' y de invitación '¿Pero por qué no dejás de hacerte el poeta y seguís dándole a la falopa, que eso es lo tuyo, mamarracho?'.

falopa. adj. desp. De mala calidad 'Che, la próxima vez comprá Seven Up, y no esa gaseosa lima limón falopa que trajiste el otro día'. Ú. t. c. s. 'Me quiero cortar las pelotas, perdí todo lo que había anotado porque este cuaderno de mierda es una falopa y se le salieron todas las hojas'.

falopero, ra. adj, Consumidor compulsivo de sustancias que alteran la psiquis, generalmente drogas de comercialización ilegal. Ú. c. desp. 'La verdad que estamos quedando como el orto en todo el mundo con esto de que todos los tenistas argentinos son faloperos'. || sin. **drogadicto, drogón, fisura, fisurado, pipaso**.

falso, sa. adj. Hipócrita. | **2.** Engañoso, fingido, simulado, fal-

Falso.

to de veracidad. (Maradona, Diego A. 'Y qué querés si Havelange es más falso que dólar celeste'.) | **3.** Que hace de esas atribuciones un modus operandi y hasta un estilo de vida.

fanfa. adj. pop. Apócope de fanfarrón 'Pero miralo al fanfa ese, se cree Paulo Cohelo y ni siquiera puede plagiar a Bucay'.

fanfarrón, na. adj. Que se precia y hace alarde de lo que no es; en particular, de valiente 'Tu primo es un fanfarrón que se la pasó diciendo que iba a ir a la villa a pegar paco, pero al final arrugó el muy cagón'. Ú. t. c. s. 'Mirá al fanfarrón aquel, me parece que lo voy a cagar a trompadas por imbécil'. || sin. **agrandado, soberbio, engreído**.

fantoche. adj. Payaso, mamarracho. 'Al final, Bielsa resultó un fantoche'.

farsante. adj. Dícese de la persona que finge lo que no siente o

felpudo

pretende pasar por lo que no es 'Yo sé que la gente es muy boluda, pero para seguir votando a un farsante como Jorge Enríquez, además, hay que ser masoquista'.

fascineroso, sa. adj. Delincuente, que se rodea de gente de mal vivir. Ú. c. desp. 'Ayer lo escuché al fascineroso de Ruckauf y me dieron ganas de vomitar'.

fascista. adj. Partidario de la doctrina totalitaria creada en Italia por Benito Mussolini luego de la Primera Guerra Mundial, o de la de sus derivados en otros países. | **2.** Excesivamente autoritario. Ú. t. c. desp. 'El comportamiento del PC durante la dictadura fue fascista', 'Oriana Falacci era una mina inteligente, pero después se volvió fascista'. || **enano fascista.** loc. Suerte de alma ultraderechista de algunas personas que niegan tener esa pertenencia ideológica encarnada en un pequeño personaje fascista que habitaría dentro de ellas (Falacci, Oriana [a Bernardo Neustadt y Mariano Grondona en el programa de televisión *Tiempo nuevo*, 1982] 'Ustedes los argentinos tienen dentro un enano fascista'.)

Fascista.

fasero, ra. adj. Persona que consume marihuana. Ú. c. desp. '¿El fasero ése es neurocirujano? Pero no me hagás reír que se me cae la tuca'.

fato. m. Relación amorosa oculta o ilegal. Ú. c. desp. 'Che, a la fiesta, ¿el Cabezón viene con la jermu o con el fato?'.

fatu. adj. Persona de gustos populares chabacanos y de escasa reputación sociocultural. Ú. c. desp '¿Cómo que te compraste el disco de Leo Mattioli y la remera que dice «Siamo fuori de la copa»? ¡No podés ser tan fatu!' Ú. t. c. s. 'A esta hora los fatus ya están haciendo la cola en la puerta de Fantástico Bailable'. | Según Barrenechea es apócope de *fatura*, pronunciación vulgar de la palabra *factura*, masa dulce muy popular en la Argentina y en el Uruguay (donde se les dice *bizcocho*), hecha con harina, grasa, agua y azúcar, y a veces cubiertas o rellenas con dulce de leche, dulce de membrillo o crema pastelera. || sin. **Grasa, mersa.**

fayuto, ta (*tb* **falluto**). adj. Persona falsa, hipócrita 'No entiendo cómo podés seguir llamando a ese plomero que, encima que es un fayuto, labura mal y te arranca la cabeza con el precio'.

felpudo. m. Vagina, concha provista de una pilosidad apreciable. 'Andá a lavarte el felpudo, roño-

feto

sa, que me vas a estropear la gallina'. | **2.** m. fig. Servil, arrastrado. Ú. c. desp. 'Aníbal Fernández se cree un político de fuste, pero es el felpudo de Kirchner'. || **tener de felpudo.** loc. Maltratar a alguien 'Pobre Santo, la Carolina lo tiene de felpudo'.

feto. adj. Embrión. | **2.** Persona fea. Ú. c. desp. 'No podés ser tan hijo de puta de garcharte al feto ese'.

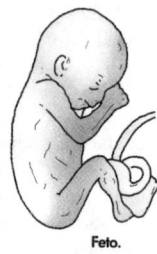

Feto.

fiambre. m. pop. Cuerpo sin vida de un ser humano 'Los canas hijos de remil putas tardaron en llegar y yo me tuve que comer como dos horas con el fiambre ahí, en el living'.

fiambre. adj. desp. fig. Persona que por algún motivo realiza sus tareas con poca pericia '¿Y a vos te parece que podemos ir al Mundial con esos fiambres como defensores centrales?'. || sin. **muerto, tomuer.**

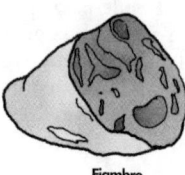

Fiambre.

fierro. m. vulg. Acto sexual, polvo. | Según Olsen de Serrano Redonnet, sólo debe constituir insultos vulgarísimos de invitación 'Vení nos echamos' un fierro, mamasa', de amenaza 'Cuando te agarre te voy a echar un fierrazo'.

fiestero, a. adj. Persona que frecuenta orgías (fiestas) y dada al sexo grupal 'Sí, ya sé que estás hecho mierda, pero vas a ver que es mejor que esa mina te haya dejado; tenía una cara de fiestera…'. Ú. t. c. s.

fifar. intr. vul. Realizar el acto sexual un hombre con una mujer 'Pero qué te hacés la recatada si a vos te fifó todo el barrio, tragaleche', una mujer con un hombre 'Si me quiero fifar a un tipo

Fiesteros

no voy a elegir a tragasables como vos, zoquete', una mujer con una mujer '¿Cómo que te contrataron para que cuides a la del 4º «C» que quedó cuadripléjica? ¡Con lo torta que sos seguro que te la vas a fifar!', un hombre con un hombre 'Si querés fifate al cura, pero no a los pendejos que se fifa el cura porque vas a ir en cana, bufarrón', un hombre con un animal '¿Qué pasa que grita la bataraza? ¿Se la anduvo fifando, don Zoilo?, una mujer con un animal 'Puta, tenés semejante cacerola que si te fifa el burro con el mástil que tiene, seguro que le baila ahí adentro' o, más infrecuentemente, un hombre o una mujer con un cadáver 'Vos la ponés en donde venga, así que, ahora que entraste a laburar en la morgue, seguro que no vas a parar de fifar'. || sin. **chingar** (*Méx.*), **coger**, **cojer**, **follar** (*Esp.*), **garchar**, **tirar** (*Amér. Lat.*), **singar** (*Cuba*).

fifí. adj. Persona que hace alarde de su delicadeza y que se ofende con el gusto vulgar 'Qué te hacés el fifí si andás chupando pijas de cartoneros'.

figureti. adj. Que pretende, ostentosamente estar en todas. 'Ese boludo es un figureti de primera B, ayer casi se mata por colarse en la conferencia de prensa de Sergio Denis'.

Figureti.

fiolo. m. Aféresis de **cafiolo**, proxeneta. Ú. c. desp. 'Mirá cómo se pintó y se vistió la yegua esa. Al final, el tipo más que el marido parece el fiolo'.

fisura. adj. Apócope de **fisurado**. 'Che, fisura, no te asomes al balcón a ver si hacés la Gran Juan Castro'.

fisurado, da. adj. Persona estragada por el consumo de drogas. Ú. c. desp. 'Sos un pelotudo fisurado, largá la merca o vas a quedar peor que Whitney Houston'.

flan. adj. de consistencia endeble, poco sólida 'La defensa de Racing es un flan'. Ú. t. c. s. | Observa De la Concha que como el flan es un postre hecho a base de huevos, leche y azúcar, cocinado a bañomaría, que cuando se desmolda, si bien se mantiene erguido, puede moverse con facilidad, por su aspecto fláccido, similar al de la gelatina, empléase esto en sentido fig. para definir a gente, grupos humanos o trabajos que tienen una estabilidad similar al de este plato.

Flan.

flecos. m. pl. Capilaridad que conforma la zona púbica que rodea la vagina. || **peinar los flecos.**

flor de

Fornicar, **cojer**. 'A vos lo que te está haciendo falta es que alguien te peine los flecos para adentro'.

flor de - + s. Construcción con la que se pondera la importancia de lo nombrado por el s. o la intensidad de la cualidad a la que se alude. Ú. acompañado de insultos para reforzar la afrenta 'flor de pavito', 'flor de mina', 'flor de pija', pero tb 'flor de hijo de puta', 'flor de nabo', 'flor de boludo', 'flor de pelotudo', 'flor de puto', 'flor de trolo', 'flor de hijo de puta', 'flor de garca', 'flor de turro', etc. 'Che, el otro día vi el programa de Guillermo Cherasny por la tele. Ese sí que es un flor de turro'.

fofo, fa. adj. Esponjoso, blando, gelatinoso, de poca consistencia. | **2.** Persona sedentaria y poco propensa al ejercicio físico, con las carnes blandas y una musculatura endeble y poco trabajada. Ú. c. desp. 'Gostanian es un gordo fofo que no puede correr ni el colectivo'. Ú. t. c. s. '¡Callate fofo del orto y andá al gimnasio!'.

forrear. tr. Tener a una persona de forro 'Sos un imbécil que se deja forrear por cualquier pelotudo'.| **2.** Menospreciar a alguien. 'Sos un forreado, te pueden estar haciendo el orto que vos sos capaz de acercarle la vaselina'.

forro. m. pop. Cobertura de látex que se utiliza para recubrir el pene durante las relaciones sexuales y de ese modo evitar que el semen se derrame en cavidades vaginales, anales, bucales o de otra índole. Fue creado como método anticonceptivo y para evitar enfermedades de transmisión sexual 'Ya sé que está el riesgo de contraer sida, pero qué querés que te diga, para mí coger con forro es como comer pizza con caja'. || **forro pinchado.** loc. hijo no deseado. Ú. c. desp. en personas cuyo comportamiento resulta irritante 'Decile al forro pinchado del jefe de prensa de Miguel Mateos que no me llame más, que me tiene las pelotas por el piso'. || **forro de las pelotas.** loc. Escroto 'Dejame de romper el forro de las pelotas'. || **tener de forro.** loc. Usar a alguien. || sin. **antichorro, condón, goma, látex, preservativo.**

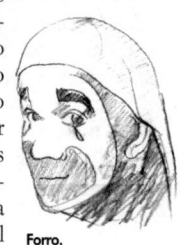

Forro.

francesa. f. pop. Fellatio. | Empléase en insultos de invitación 'Vení, haceme una francesa', despectivos '¿Qué te hacés la fina si vos co-

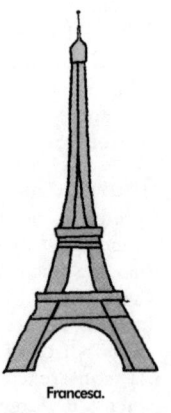

Francesa.

-90-

brás por francesa en el geriátrico' y dudosamente admirativos 'La Moria te hace una francesa que ni la Filarmónica de Viena'.

franelear. tr. pop. Acariciar. Ú. mayormente en insultos de invitación 'Vení, franeleame la repisita'.

franelero. adj. Que se esmera por halagar a otros 'Qué franelero insoportable que sos, por qué no te vas a sobar a la puta de tu vieja'.

fraude. m. Engaño, y por extensión, persona que lo realiza. Estafa, falsedad. Es insulto fuerte 'El hijo de puta de Lavagna es un fraude, prometió que no se iba hasta que la desocupación bajara al 1 por ciento; pero no cumplió con su palabra'.

frígida. adj. Mujer que no siente deseos sexuales. Ú. c. desp. 'Cómo me clavé con la hermana de Juan, parecía una puta soplapetes y resultó una frígida que me dejó mustio el amigazo'.

fruncido, a. adj. pop. Persona altanera, soberbia. 'Dejá de hacerte el fruncido que llegaste a jefe entregándole el culo al directorio entero'.

fruncir. intr. Acobardarse 'Qué vas a ser macho si a la hora de los pelpas fruncís', 'Históricamente, el PCA frunció siempre'. || sin. **arrugar**, **cagarse**.

fulana. f. Prostituta 'Guarda con esa fulana, mirá que la otra vez me eché un polvo con ella y me quedó ardiendo el ganso'.

fulero, ra. adj. Feo/a 'Si me batís fulería, te parto la cara de un tortazo'. | **2.** desp. Poco agraciado/a en sus rasgos faciales o en sus proporciones anatómicas 'No te digo que me presentes a Brad Pitt, pero no seas hija de puta, el tipo ese amigo de tu novio es más fulero que un mandril con hemorroides'.

fúlmine. adj. Que tiene el poder de provocar males en quienes lo rodean '¿Y cómo no se iba a romper la compactera si pusiste un disco de La Lluviosa? ¿No sabés que esa mina es fúlmine?'. | Bordelois fija el inicio de este término en la década del 40, cuando el dibujante Guillermo Divito creó para su revista *Rico Tipo* un personaje con tal nombre basándose en la superchería popular de atribuirle a cierta gente la capacidad de generar mala fortuna. Fúlmine era un hombre de levita, flaco y alto, que a su paso provocaba desgracias en los demás. En 1949, Luis Bayón Herrera hizo una película con este personaje, protagonizada por Pepe Arias.

Fúlmine.

fumanchero

> ### El fumanchero
> (Damas Gratis)
>
> Bailen cumbia cumbiamberos
> Que llegó el fumanchero
> Fumanchando de la cabeza
> Empinando una cerveza
> Nos pinta el indio fumanchero
> Estamos hechos unos pistoleros
>
> El fumanchero canta una cumbia
> Soy fumanchero y canto mi cumbia
> Yo tomo vino y tu cerveza ah ah
> Quiero bajar...
> De esta locura de mi cabeza ah ah
> No puedo parar...

fumanchero, ra. adj. **Fumón**.

fumón, na. adj. Que fuma regularmente marihuana o hachís 'Ayer fui a ver a los Wailers y estaba lleno de fumones'. Ú. t. c. desp. '¿Pero cómo se te ocurre dejar a nuestra hija en lo del fumón de tu hermano?'. || sin. **fumanchero, fumanchú, fumeto**.

gagá. adj. Persona que no toma conciencia de su vejez. Decadente. 'Gustavo Cerati está gagá y se cree que es moderno'.

gallego, ga. (*tb* **yoyega**). adj. Nativo de la comunidad autónoma española de Galicia y, por extensión, en cualquier lugar del Estado Español. Ú. t. c. s. | Señala Gancedo que conforma insultos discriminatorios '¿Cómo te va a gustar Alejandro Sanz, si es un gallego imbécil?'. | **2.** Ignorante, asno, bruto, inculto, grosero '¿Cómo te va a gustar Alejandro Sanz, si es un gallego imbécil?'.

gallina. f. Pene. Ú. en insultos de invitación '¿Pero por qué no me acariciás la gallina, la puta que te parió?'. | **2.** Cobarde 'Vení a decírmelo en la cara si tenés huevos, gallina'.| **3.** Simpatizante de River 'Gallina puta, en la Libertadores arrugás siempre'.

gamba. f. Pierna. Ú. en insultos de admiración 'Entre esas gambas enterraría un millón de zana-

gamberro

horias'. || **abrirse de gambas.** loc. Eludir una responsabilidad 'El Gato siempre se abre de gambas y el diccionario lo termino escribiendo todo yo'.

gamberro. adj. *Esp.* Grosero, de modales incivilizados 'Después de ver cómo se limpiaba el vómito, advertí que Alberto Samid es un gamberro'.

ganapán. adj. desp. *Esp.* Persona que hace un trabajo despreciable y mal remunerado '¿A quién le quieres pegar, ganapán de McDonald's?'.

gandul. adj. Vagabundo, holgazán 'Verón, gandul, corré que nos quedamos afuera del Mundial'.

gángster. m. y f. Miembro de una banda u organización criminal que actúa en negocios clandestinos '«Papá, ¿Yabrán era un gángster?» «Lo sigue siendo, hijo»'.

ganso. m. Pene, miembro viril. '¿Por qué no me lamés el ganso, ganso?'.

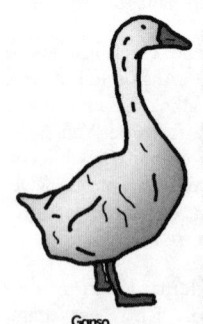

ganso, sa. adj. Persona lenta, perezosa o indolente 'Es tan ganso que declara el estado de sitio y millones de personas salen a la calle'. | **2.** Persona rústica, malcriada o torpe '¿Cómo pudimos haber votado a semejante ganso?'. | **3.** Persona que presume de chistosa y aguda, sin serlo. 'Luis Rubio es un ganso importante'.

Ganso.

garca. adj. Aféresis de oligarca. Ú. t. c. s. | **2.** Apócope de **garcador.** | Bien señala Saussure que existe una tendencia a confundir ("fundir en una") ambas acepciones 'Mauricio Macri es el garca number one'. | **3.** Persona de clase alta que jamás trabajó en su vida 'Mauricio Macri es el garca number one'. | **4.** Traidor, que no cumple con lo pactado 'El garca de Borocotó lo garcó al garca de Mauricio Macri'.

Garca.

garcador, ra. adj. Persona que se aprovecha de los demás, explotador. Ú. c. desc.

garcha. f. Miembro viril, pene. Ú. en insultos de invitación 'Sobame la garcha, putete'. | **2.** De mala calidad 'Los programas de Nicolás Repetto son una garcha'.

garchar (*tb* **garchonear**). intr. Copular, **cojer**. Ú. en insultos de amenaza 'Hoy nos vamos a garchar a los putos de Morón'.

garompa. f. De mala calidad. '*CQC* es una garompa'. | **2.** Pene, miembro viril. 'Mamame la garompa, forro; vos que tenés boca grande'. || sin. **choto, ganso, nabo, pija, poronga.**

garrapata. adj. pop. Que se aferra a las personas y no las suelta 'Rajá de ahí, garrapata'.

garronero, ra. adj. desc. Persona que en forma constante pide préstamos, convites y dádivas. 'Salí, garronero, si querés ponerla pagate tu propio travesti'. || sin. **luqueador, manguero.** | **2.** Mezquino, miserable 'El garronero de Martín Seefeld no se pierde un solo evento en el que regalen pulseritas'. || sin. **ratón, ratonazo.**

gárrulo, la. adj. Charlatán 'Callate, gárrulo, que andás diciendo que te moviste a Pampita y a Pamela David en una misma partusa'.

gasoline. (*tb* **gaysoline**). m. angl. Hombre homosexual, **tragasables**. | Apunta Aguinis que cobra forma de insulto a partir de la similitud de la pronunciación en inglés de su primera sílaba, con la palabra 'gay'.

gasterópodo, da. adj. Lento y cornudo a la vez 'El Cholito es un gasterópodo'.

gaterío. m. Lugar nocturno donde se dan cita mujeres que ejercen la prostitución. Ú. c. desc. 'El Faena Hotel es un gaterío'.

gatero, ra. adj. Que es aficionado a tener o criar gatos 'Dicen que Gerardo es el mayor gatero de la Argentina'. Ú. t. c. s. | **2.** Usuario regular de los servicios de **gatos** o prostitutas. Ú. t. c. s.

gatienzo. adj. desp. Persona que ejerce la prostitución 'Ese gatienzo de cuarta se cree que es una estrella porque actúa en la revista de Sofovich'.

gato. indef. Persona que ejerce la prostitución 'Si le caés bien, ese gato capaz que no te cobra'. | **2.** desp. En la jerga carcelaria, persona que le hace las tareas a otro u otros 'Qué balazo que es el gato del Gordo Valor'. | **3.** desp. En el mundo homosexual, hombre que paga o mantiene a un muchacho 'Salí, gato viejo, que vos durante años le diste de comer en la boca a Rock Hudson'.

Gato.

gay. adj. angl. desc. **Puto**, morfón 'Sos tan gay que cuando vas a la

gaviota

carnicería lo único que te interesa es el peceto'. Ú. t. c. s.

gaviota. f. fig. **Pija.** Ú. en insultos de invitación 'Ya que te gusta la naturaleza, ¿por qué no me acariciás la gaviota?'. (Auténticos Decadentes, Los *La marca de la gorra* 'Si no se me da, me corto la gaviota'.)

Gaviota.

gaznápiro, ra. adj. Tonto, pelotudazo 'Vamos, gaznápiro, no me hagas reír que me entra viento en la muela'.

genuflexo, xa. adj. Obsecuente con la autoridad, carente de personalidad propia 'El muy genuflexo estaba dispuesto a hipotecar el país si Cavallo se lo pedía'.

gigoló. (*tb* yigoló). m. Hombre que vende su cuerpo a clientes del sexo femenino, en especial a viejas chotas de buen pasar económico. Es insulto leve 'Dale, gigoló, si te seguís culeando a ancianas se te va a jubilar la poronga'.

gil, la. adj. Tonto, de escasas facultades mentales, boludo, estúpido, ingenuo 'Seguí comprando Sea Monkeys, gil'. Es insulto leve. Ú. t. c. s. || **gil a cuadros, gil de estopa, gil de goma, gil de miga.** loc. Muy gil. || sin. **perejil.**

gilada. f. Conjunto de giles 'El Presidente hace anuncios vacíos, para alegrar a la gilada'. | **2.** Cosa tonta o ingenua, de gil. Ú. c. desc. 'La verdad que babearme así la oreja es una gilada de tu parte'.

gilazo, za. adj. desc. Flor de pelotudo 'Yo creía que tu marido era un tontuelo, pero ahora pienso que es un soberano gilazo'. | Destaca Pierri que resulta insulto sensiblemente más fuerte que **gil**.

gilipollas. adj. *Esp.* Estúpido, de pocas luces 'El gilipollas se gastó mil euros por una platea para ver a Joaquín Sabina'.

gilún, na. adj. Boludón. Es insulto leve 'Ese payaso todo pintarrajeado no es gracioso, mami, es un gilún'.

gitano, na. adj. desc. **Ratero,** carterista, ladrón de poca monta 'Seguro que fue el gitano de tu amigo Alan el que se choreó el frasco de mermelada de la heladera'. Ú. t. c. s. || **vivir como un gitano.** loc. Ser desaseado, informal y desprolijo, o residir en un sitio que lo es 'Contrariamente a lo que presupone su fortuna desco-

Gitano.

munal, Hadad vive como un gitano'. | Destaca Landriscina que tanto el insulto como la locución provienen de algunas de las características (el afán delictivo, la falta de higiene) que el vulgo atribuye al pueblo centroeuropeo de los gitanos.

globo. adj. Gordo. 'No señor, usted no puede ingresar a nuestro bar porque es un globo que nos va a reventar las sillas'. | **2.** f. Teta. 'Loca, antes de reírte de mi ñoqui porque no te vas a la gomería a que te inflen un poco esos globos caídos'.

golfa. f. **Puta** 'No es que mi madre sea una golfa: lo que pasa es que mira mucho el canal Cosmopolitan'.

goma. f. Pene. || ti-

Gil
(Attaque 77, *Dulce Navidad*, 1989)

Te fuiste a trabajar sin más
    preocupación
dejando a tu mujer con la televisión
Puso Telejuegos y alguien anunció
que iban a dar Los Pitufos en
    acción
Todo transcurría sin ninguna
    novedad
hasta que la pantalla se rajó a la
    mitad
Salieron los pitufos y con mucha
    corrupción
el más grande de ellos a tu mujer
    violó

¡Gil!
Tu mujer se encamó con un pitufo
¡Gil!
Tu mujer se encamó con un pitufo

Como le había gustado ni se puso
    a gritar
y esperó tu regreso para luego
    inventar
que a la televisión se le dio por
    reventar
Vos te la creíste y te fuiste a
    descansar

Con el correr del tiempo tu mujer
    se embarazó
Tuvieron seis pitufos y tu mente no
    entendió
Encima ella te dijo que nada
    comprendió
Vos te la creíste, ella te engañó

¡Gil!
Tu mujer se encamó con un pitufo
¡Sos un Gil!
Tu mujer se encamó con un pitufo

Vas a hacer horas extras para poder
    ganar
un poco más de plata, si no, no va a
    alcanzar
para darle de comer a cada uno de
    los seis
a cada uno de los seis, tu mujer se
    dio el lujo
¡hey hey! de tener hijos pitufos

¡Gil!
Tu mujer se encamó con un pitufo
¡Gil!
Tu mujer se encamó con un pitufo
¡Gil!

gomazo

rar la goma. loc. Practicar sexo oral 'Pero tirame la goma, boludazo'. | **2.** Teta. Ú. en insultos de admiración 'Esas gomas me hacen pensar en una dupla de cachalotes' o de amenaza 'Te voy a recubrir las gomas con una película de saliva y leche'. | **3.** De escasa o nula importancia 'Tu enfermedad terminal me importa una goma'.

gomazo. adj. Tinellismo por **tonto** 'Gomazo, súbete, muévete, pum para arriba y otra vez'.

gordo, da. adj. Obeso 'Gordo, largá los postres si querés jugar el Mundial'. | **2.** pop. Pene, miembro viril, ganso, pija 'Agarrame la gorda, gordo puto'. || **gordo puto.** loc. Obeso y gay.

gorila. adj. *Arg.* Antiperonista 'El gorila de Eduardo Aliverti dice que los peronistas nos afanamos hasta el agua de los floreros'.

gorilón. adj. *Arg.* Muy antiperonista 'Es verdad, el almirante Rojas era un gorilón; pero lo cierto es que si el tipo te tenía que fusilar, te lo decía en la cara'.

Gorilón.

gorra, la. loc. desp. La policía 'Y estabamo' ahí con lo' vago' pintó la gorra y se pudrió todo'.

gorreado, da. (*tb.* gorriau) *Cba.* adj. Cornudo 'Qué hacei, gorreado culiau'.

gran fariseo. loc. El mayor de los hipócritas 'El gran fariseo me

---

La Gorda
(Rodolfo Zapata, 1965)

Señores yo soy muy flaco,
pero de corazón tierno,
y tengo una novia gorda
para pasar el invierno.

Pesa ciento ochenta kilos,
se come un lechón entero,
qué me importa que sea gorda
si pa' correr no la quiero.

Qué lástima, che compadre,
la chacarera se acaba,
y entre empanadas y vino
se viene la madrugada.

Anoche la llevé a un baile
a mi novia la Ruperta,
pa' que ella pudiera entrar,
hubo que ensanchar la puerta...

La bajaron del camión
rodeaba gente mirona
y un estanciero gritaba...
yo compro esa vaquillona...

No cabe en ningún sillón,
se sienta sobre la mesa.
Quien tuviera un litro 'e vino
por cada kilo que pesa.

prometió que iba a cuidar a la nena y mirala ahora con el bombo'.

granuja. adj. Persona que engaña, comete fraudes 'El muy granuja dijo que se iba a acabar el hambre en el Brasil y la gilada se lo creyó'.

grasa. adj. De mal gusto, vulgar y desagradable a la vez 'Es un grasa, ¿no ves que escucha a La Mosca?' || sin. **berreta.**

Grasa.

grasa, bola de. loc. Gordo 'Pese a que lo operaron para sacarle una bola de grasa, La Tota Santillán sigue siendo una bola de grasa'.

grasada. f. Cosa o acción de mal gusto, demagógica y desagradable 'Salí con esa grasada de La Mosca, que se vayan a robar a Ramallo'. | **2.** f. Lugar lleno de grasas 'Los restaurantes de Flores son todos una grasada'.

grasún. adj. Muy grasa 'Es tan grasún que a la hora de los valses puso a Damas Gratis'.

gringo, ga. adj. Norteamericano, y por extensión, europeo, australiano o persona angloparlante de cualquier origen. Ú. c. desp. 'Hablame en cristiano, gringa petera'. Ú. t. c. s.

groncho, cha. adj. Negro. Por extensión, ordinario. Ú. c. desp. 'Desde que se metieron esos gronchos, el country ya no es lo que era'. Ú. t. c. s.

grone. m. **Negro** (de alma, no de piel) 'Por culpa de esos grones que votan al peronismo estamos como estamos'.

grosero, ra. adj. Maleducado, que ignora cómo se trata a una dama (Bersuit Vergarabat *Grasún* 'Yo seré grasún, pero no soy grosero, señor'.)

grotesco polichinela. loc. Payaso ridículo 'Bajate del escenario, grotesco polichinela'.

groupie. m. y f. angl. Admirador de cierta persona, tan fanático como para estar dispuesto a ofrecerle favores sexuales a toda hora 'Callate, vos, groupie de Mambrú'.

guacho, cha. (*tb.* **huacho, cha**) adj. Persona que comete malas acciones 'El guacho me dejó en la vía y se quedó con todos mis ahorros'. Ú. en insultos de amenaza 'Eh, guacho, dame toda la merca que te quemo'. Ú. t. c. s. | **2.** desc. Huérfano, persona carente de todo progenitor o tutor 'Salí, guacho, que a vos en la mamadera te ponían agua de la zanja'. Ú. t. c. s.

guampudo, da. (*del quichua 'wampa', cuerno*) adj. Cornudo 'Callate, guampudo, vos no podés hablar de minas'.

guanaco. m. Aquel que reúne algunas de las condiciones que se le atribuyen al camélido sudamericano del mismo nombre: ser asqueroso, poco refinado y malicioso 'Luis Beldi es un guanaco'. | 2. Persona que, al hablar, escupe involuntariamente a sus interlocutores 'Mex Urtizberea es un guanaco, por cada consonante que pronuncia, te rocía con baba'.

guarango, ga. adj. Malhablado, maleducado, grosero, puteador empedernido. Que abusa de gestos e inflexiones soeces 'Este diccionario es muy guarango, en cada página aparecen varias menciones a pijas, conchas y ojetes llenos de cacona'.

guarro, rra. adj. Sucio, asqueroso 'Cuando me vomitó la alfombra le pedí que no fuera guarro, y ahí nomás se puso a cagar'.

guasca. (*tb.* **huasca**) f. Semen. Ú. en insultos de amenaza 'Te voy a meter tanta guasca en el ano que cuando te vayas vas a ir dejando una estela alba en el piso' o de invitación '¿Por qué no abrís la boca así paladeás un chaparrón de guasca?'.

güey (*tb* **buey**). m. fig. *Méx.* Tonto. || **álzalas, guey.** loc. ('alza las patas', cuando alguien se tropieza.) No seas torpe.

gusano, na. Pija 'Lustrame el gusano'. | Subraya Bergoglio que el diminutivo 'gusanito' implica dimensiones bien pequeñas para el miembro en cuestión 'Esperaba ver un matafuegos, pero Arnold apenas si peló un gusanito raquítico'.

gusano, na. adj. Canalla, persona ruin 'Lustrame el gusano, gusano'. | 2. *Cub.* Opositor político a la revolución cubana y al gobierno de Fidel Castro; y por extensión, garca, vendepatria y lamebotas de los yanquis 'Celia Cruz y Gloria Estefan son un par de gusanas despreciables'. 'Che, Emilio Estefan, gusano del orto, lustrame el gusano'.

Gusano.

hacerse el (o la). Expresión que sumada a un s. o a un adj. delata que el injuriado está fingiendo algo que no es 'No te hagás el langa, mamarracho', 'No te hagás el vivo que te parto la cara, te parto', 'Qué te hacés la nena si ya tenés las tetas por la cintura', etc. || **hacer el culo.** loc. Penetrar analmente. Ú. t. en sentido fig. 'Les vamos a hacer el culo a todos los presentes'.

hachazo. m. pop. Vagina que se insinúa debajo de un pantalón excesivamente ajustado. Es despectivo 'Es tan puta que se esfuerza porque se le note el hachazo hasta cuando usa jogging'.

hampón. m. Mafioso. Gángster. Propenso a cometer delitos '¿Así que tenés la guita en las islas Caimán, hamponazo?'.

haragán, na. adj. Que rehúye el trabajo (Cervantes Saavedra, Miguel de *El Ingenioso Hidalgo Don Quijote de la Mancha* '...sería harto mejor y más acertado vol-

harapiento

verme yo a mi casa y quitarme de aquestos cuentos, pues ha que salí della cerca de seis meses, andándome hecho un haragán tras de mi señor don Quijote por unos tristes nueve reales de salario cada mes...').

harapiento, ta. adj. Vestido/a con harapos. | **2.** Fig. Mal vestido, vestido de manera poco acorde a las circunstancias 'Esa harapienta de Vanesa se fue al casamiento con la misma ropa que usa para ir al almacén de la esquina'.

hazmerreír. m. Persona o cosa que despierta a la burla 'Karina, dejá de venir a los desfiles de Giordano con los libros de Sartre ¿no ves que sos el hazmerreír de tus compañeras?'.

hediondo, a. adj. Persona que despide hedor. |**2.** Sucio, repugnante y obsceno. (Edwars, Jorge *La mujer imaginaria* 'A la señora Inés le provocaba ira, ¡y a sabiendas de que se la provocaba! En cuanto a Benedicto, lo encontraría, sin ninguna duda, afeminado y **hediondo**, porque era, había que convenir, bastante afeminado, y porque despedía un olor desagradable a vino y a ropa desaseada'.)

heladera. f. fig. Persona fría. | **2.** Mujer frígida 'Anoche me acosté con tu jermu. Es una heladera'.

hijaputez. f. Acción mala, que causa daño o pena a otras personas.

hijo, ja de la chingada. adj.

Grandes hijos de puta de la Argentina

Grandísimos hijos de puta de la Argentina

Méx. Hijo de puta.

hijo, ja de la pavota. loc. Persona que es estúpida, o bien que aún no siéndolo, es tratada por otros como si lo fuera '¿Sabés por qué te pegaron en la espalda un cartel que decía 'rómpanme el culo que no duele'? Porque creen que sos el hijo de la pavota, perejil'.

hijo, ja de puta. loc. Mala persona (Cortázar, Julio *Rayuela* 'Era el momento justo de decirle a Oliveira lo de inquisidor, de afirmar lacrimosamente que en su perra vida había conocido a alguien más infame, desalmado, hijo de puta, sádico, maligno, verdugo, racista, incapaz de la menor decencia, basura, podrido, montón de mierda, asqueroso y sifilítico'). | **hijo, ja de mil putas.** loc. Muy mala persona. | **hijo, ja de remil putas.** loc. Muy, pero muy mala persona. | **hijo, ja de una gran puta.** adj. Persona malísima.

hijos nuestros. (*tb* hijo mío). loc. Adversario deportivo al que se atribuye la condición de ser siempre derrotado por un mismo rival del que es partidario quien profiere la expresión 'Gallinas cagonas, son hijos nuestros; aguante Boca'. | **tener de hijo.** loc. Menéndez y Pelayo precisa que si bien el significado es el mismo, cuando toma esta forma permite su uso no sólo en la primera persona, sino también en la segunda y tercera '¿Cuánto hace que San Lorenzo tiene de hijo a Boca?'.

Grandes hijos de puta del Mundo

Grandísimos hijos de puta del Mundo

hincha. adj. Persona muy molesta y fastidiosa.

hinchabolas. adj. Hincha, que hincha las bolas 'Sos un hinchabolas, otra vez pidiéndome que te limpie el culo'. || sin. hinchacocos, hinchaflecos, hinchaguindas, hinchahuevos, hinchapelotas, hinchaquinotos.

hipopótamo. m. fig. Persona voluminosa. | Observa Kovacci que, si bien existe un femenino, la tendencia es usar el masculino para ambos casos. 'Susana está hecha un hipopótamo'.

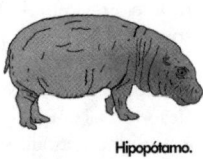

Hipopótamo.

hippie. (*tb* **hippón**) m. Partidario o simpatizante del movimiento contracultural juvenil surgido en los Estados Unidos de América en la década de 1960, o que adopta alguna de las actividades que le son propias. Ú. t. c. adj. | Destaca Saussure que su uso como despectivo significa "sucio", "desprolijo", "poco serio". | **2**. Colgado, que se quedó en los 60. Ú. c. desp. 'Qué hippie que sos, a ver cuándo te ponés corbata y te comprás una laptop, pedazo de mugriento'.

histérico, ca. adj.pop. Persona que amaga concederle a su compañero/a una noche de sexo y termina desairándolo 'Cuando se puso en bolas, pensé que íbamos a coger, pero la histérica me dijo que una cosa es tener calor y otra muy distinta es tener ganas de cojer'.

holgazán, na. adj. Persona vagabunda y ociosa, que no quiere trabajar. U. t. c. s. (Rojas, Fernando de *La Celestina* '...aquella tierra donde se gana el sueldo dormiendo, mucho haría por yr allá, que no daría ventaja a ninguno; tanto ganaría como otro qualquiera. ¿Y cómo holgazán, descuydado, fuiste para no tomar? No sé qué crea de tu tardança, sino que [te] quedaste a escalentar la vieja esta noche...').

horrendo, da. adj. Qué provoca horror. Muy feo 'La ex mujer de Palermo es horrenda pero se cree una diosa'. | **2**. Aplícase a cosas de mala calidad, pésimas, una mierda 'Ayer fui a ver *Iluminados por el fuego*. Por más premios que le hayan dado, me pareció horrenda'.

horrible. adj. Feo, espantoso, horrendo 'Obvio que yo te doy igual; pero tené en cuenta que sigo pensando que sos horrible'. | **2**. Que carece de las mínimas capacidades requeridas para desempeñar cierta tarea 'El árbitro Giménez no sólo es facho y milico, también es horrible dirigiendo'. | Indica Barthes que es de uso frecuente en cánticos y comentarios futbolísticos

'¡Oh, son horribles, oh, son horribles de verdad' (dedicado al equipo rival). '¿Cómo puede ser que un arquero tan horrible como Abbondanzieri juegue el Mundial?'.

horripilante. adj. Que eriza los pelos, que causa horror y espanto. 'Mientras tu mujer estaba vestida, más o menos zafaba. Cuando se puso en bolas, me pareció horripilante'.

horroroso, sa. adj. Feo, espantoso, que provoca horror, que da miedo 'El lobby de Blumberg me parecía horroroso, pero los familiares de Cromañón le mataron el punto'.

hortera. adj. *Esp.* Ordinario, vulgar, de mal gusto 'Camilo, tío, tus canciones sí que son horteras', 'Vosotros, los españoles, tendréis muchos euros, pero vuestra cultura, tío, es bien hortera'. (Cortázar, Julio *Rayuela* 'Una foto de Mondrian, igualito a un director de orquesta típica (¡Julio de Caro, ecco!), con lentes y el pelo planchado y cuello duro, un aire de hortera abominable, bailando con una piba diquera. ¿Qué clase de presente sentía Mondrian mientras bailaba?')||sin. **charro** (*Col.*), **cutre** (*Esp.*), **grasa** (*Arg.*), **naco** (*Méx.*), **niche** (*Ven.*), **rasca** (*Chile*).

hoyo. m. Orificio anal. Ú. en insultos de amenaza 'Te voy a hacer el hoyo'.

hueco, ca. adj. De pocas luces, poco cerebro, superficial y pelotudo 'No hay nada más hueco que *La resistencia* de Sabato'. | **2.** Imbécil, que carece de masa encefálica y, por tanto, de toda forma de inteligencia 'Nazarena es tan hueca como Karina'.|| **cabeza hueca.** loc. Que tiene la cavidad craneana totalmente vacía, y por tanto, que es un idiota.

huesos, llenar de. loc. Dejar embarazada a una mujer. Es despectivo fuerte 'El hijo de puta de tu marido la llenó de huesos a la embajadora'. ||sin. **llenar la cocina de humo, llenar el bombo, dejar con el bombo, dejar un esqueleto.**

Hueso.

huevada. f. Cosa intrascendente o estúpida 'Tu inminente deceso es una huevada; si igual a vos nadie te quiere'.||sin. boludez, forrada, idiotez, pavada, pelotudez.

huevo duro. loc. Persona estéril o biológicamente impedida de tener hijos (Maradona, Diego, 'Rial es un huevo duro'). | Apunta Pierri que suele referir a hombres, mientras que su uso en mujeres es excepcional.

huevo, hacer. loc. Holgazanear, perder el tiempo en tareas sin importancia 'El país se hunde y los garcas del Ministerio están todos haciendo huevo en las Islas Caimán'.||sin. **Estar al pedo.**

huevón, a. adj. Que tiene los huevos grandes. | **2.** fig. Que ya no es un niño '¿No estás un poco huevón para meterte en las maquinitas?' | **3.** fig. pop. Persona lenta, ingenua, boluda.

huevos. m. pl. Testículos, genitales masculinos generadores de la secreción de espermatozoos. Ú. en insultos de invitación 'Chupame bien los huevos' o de amenaza 'Te voy a cortar los huevos'. | Señala Pierri que da lugar expresiones como 'hinchahuevos', 'infla-huevos', 'rompehuevos'. || **tener los huevos de adorno.** loc. Ser cobarde o poco viril. ||sin. **bolas, guindas, pelotas, tarlipes, testículos.**

Huevos.

humo, llenar la cocina de. loc. Dejar embarazada a una mujer. Es despectivo (Brandoni, Luis, *Cien veces no debo*, 'Le llenaron el bombo a la nena; le llenaron la cocina de humo').

humorista. m. y. f. Persona que busca hacer reír, en algunos casos, profesionalmente. Ú. en insultos con sentido irónico 'No me quejo del sexo con vos, yo sé que sos un humorista'.

idiota. adj. Que no posee inteligencia. | **2.** Deficiente mental. | Señala Barrenechea que en los insultos la delgada línea entre una y otra acepción tiende a confundirse 'Marley es un idiota'.

ignorante. adj. Persona que carece de conocimientos sobre alguna materia específica; y por extensión, sobre cualquier área de la praxis humana 'Nicolás es un ignorante, todo lo que sabe de Geografía dónde queda el clubhouse de su country'. Ú. t. c. s. || sin. asno, bruto, gallego.

imbancable. adj. indef. Insoportable, que no se aguanta. 'Tomatelás, sos más imbancable que el último disco de Lito Vitale'.

imbécil. adj. **Idiota**. Ú. t. c. s. | **2.** Deficiente mental con imposibilidad de adquirir ciertas habilidades. | En su utilización como insulto suelen confundirse ambas acepciones o no quedar claro el límite entre éstas 'Callate, imbécil', 'El imbécil del Presidente

imberbe

nos va a llevar a la ruina'.

imberbe. adj. m. Que no tiene barba. | 2. Inmaduro. Ú. c. despect. | Construye el insulto apoyado en la falacia de la sabiduría que otorgan la edad 'Callate, imberbe, no sabés nada', 'Qué puede saber el imberbe de Einstein sobre la electrodinámica de los cuerpos en movimiento si tiene apenas 26 años', '*Otras voces, otros ámbitos* no puede ser un gran libro, lo escribió un imberbe de 19 años', etc. (Perón, General 1/5/74 a los militantes montoneros en la Plaza de Mayo 'Esos estúpidos imberbes que gritan'.)

Imberbe.

impotente. adj. Dícese de aquel que no consigue una erección. Carente de vigor sexual. Ú. t. c. s. m. 'El impotente de tu marido me dijo que te llamara'.

impresentable. adj. Que no puede ser presentado. Que provoca vergüenza ajena 'Cuando nos hizo un gol el impresentable de Takahara, dije «Cartón lleno»'.

incapaz. adj. Inútil, inhábil, persona que carece de las facultades mínimas imprescindibles como para hacer algo 'El titular del Palacio de Economía y Hacienda es un tremendo incapaz'. Ú. t. c. s.

indio. m. Salvaje, bestial. Persona que pertenece a un grupo étnico o nacionalidad al que se le atribuyen rasgos o costumbres incultas y brutales. Es despectivo fuerte 'Las autoridades de la ONU consideraron

Indio.

Impotentes

-108-

que la población africana es, en su mayoría, una manga de indios mugrientos'.

indocumentado, da. m. Extranjero que no está registrado legalmente. 'Rajá, indocumentado, andá a robar trabajo a otro país'.

infecto, ta. adj. Que provoca asco por su físico o su conducta pestilentes y corrompidos. | **2.** Infectado. | Ú. mayormente para reforzar sustantivos que ya son un insulto: 'gusano infecto', 'basura infecta', 'político infecto', etc.

infeliz. adj. Que tiene una vida de mierda. | **2.** Pobre tipo, basura. Ú. t. c. s. | Cuando no se emplea solo, existe una tendencia a que cumpla la función de vocativo 'Fijate, infeliz, sos cornudo y no te das cuenta', 'Sabés qué, infeliz, me pueden chupar bien la pija vos y todos los mamertos que trabajan en tu empresa'.

infradotado, da. adj. Que sus aptitudes están por debajo de la media normal, idiota. Es insulto fuerte.

inmamable. adj. *Col.* Insoportable 'Ay, mi hermano, tú sí que eres inmamable'. || sin. **fome** (*Chile*), **hinchapelotas** (*Arg.*), **ladilla** (*Ven.*), **pedado** (*Méx.*), **plasta** (*Esp.*).

inmundo, da. adj. Sucio, asqueroso, no sólo en el sentido literal, sino también figurado 'Malditos sean vos, tu sucia familia y toda tu inmunda vida'.

insecto. m. fig. Ser despreciable y/o repugnante 'Si no fuera que Patti es un reverendísimo hijo de una gran puta podríamos decir que es un insecto'.

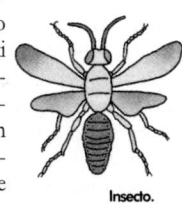

Insecto.

insoportable. adj. Que no se puede soportar 'El otro día conocí a tu hija. Si no fuera porque tiene muy buenas gomas y el felpudito depilado, me hubiera resultado insoportable'. || sin. **imbancable**, **insufrible**.

insufrible. adj. Que no se puede tolerar 'Que te pongo cremita, que te ponga cremita... ¡Cortala, insufrible!'.

insulso, sa. adj. Sin sabor. Por extensión, sin encanto 'El periodismo de *Barcelona* es insulso'.

intragable. adj. Que nadie lo traga. Persona o cosa que despierta deseos de huir, o de no tener nada que ver con ella 'Esta comida es intragable; hasta la mierda del perro debe ser más sabrosa'. || sin. **inaguantable, insoportable,** intolerable.

inútil. adj. Persona inservible o

irse al mazo

no capacitada para hacer nada. Ú. c. desp. 'A ver si alguien ayuda a ese inútil, que se cagó encima y no sabe cómo desenrollar el papel higiénico'. Ú. t. c. s.

invicto. adj. pop. Virgen 'No te hagas la frígida y vení que te rompo el invicto'. | **perder el invicto**. loc. ser desflorado 'Ese se hace el langa y el que se chamuya a las minitas, pero desde que perdió el invicto en los bosques de Palermo no para de sopletear garompas por las teteras de Isidro Casanova'.

irse al mazo (*tb* **comerse un mazo**). loc. Renunciar a un desafío o a una contienda por cobardía 'A esos hijos de puta los fuimos a buscar con cadenas y fierros, pero los muy cagones se fueron al mazo', 'El cagón de Menem no se presentó a la segunda vuelta, se fue al mazo'. || sin. **cagarse entre las patas, arrugar.**

jabru. f. pop. Esposa. Proviene de la inversión (vesre) de **bruja** 'Pero sos una jabru, ¿cómo vas a volverte antes de tu clase de Pilates justo el día que los muchachos me traen un travesaño de regalo?'.

jamones. m. Muslos voluminosos y/o celulíticos y/o flojos 'Más que correr por Palermo, para bajar esos jamones tendrías que aflojar con los postres'. | Destaca O'Donnell que en ciertos casos, también Ú. c. admirativo 'Con esos jamones podés sacarle el hambre a todo el plantel de Aldosivi, mamita'.

japi. f. pop. Inversión (verse) de pija, miembro viril. Ú. en insultos de invitación '¿Por qué no venís y me sobás la japi así de paso tenés una alegría, putazo relajado?'.

jeringa. adj. Persona molesta y/o inoportuna 'Cuando el jeringa de tu viejo se vaya a dormir, te juro que te voy a coger tanto que mañana vas a tener que viajar parada'.

jeropa

jeropa. m. pop. Inversión (vesre) de **pajero**, que se prodiga placer sexual por mano propia. | **2.** fig. Hombre vago, con poco afición al trabajo. Ú. t. c. adj. 'Dale, no seas jeropa y ponete a escribir el diccionario que tenemos que cerrar'.

jettatore. adj. Aplícase a las personas que atraen la desgracia. Mufa. Ú. t. c. s. 'Rajá de acá, **hijo de puta**, que vos sos más jettatore que Elio Piedra, la Lluviosa, Juan Corazón, Robert Mitchum y Nico Repettido juntos'.

jetón, na. adj. pop. De boca grande o desproporcionada. Ú. c. desp. '¿Te acordás de Ismael Echavarría, el de los Bombos Tehuelches? Ése sí que era jetón'. | **2.** Caradura, atrevido 'Lo encontré garchándose a mi hija en el living, y encima, antes de irse, el muy jetón me pidió cambio para el bondi'.

jinetera. f. pop. *Caribe* Prostituta. Ú. c. desp. 'Con esas calzas fucsia y tu **culazo** biplaza, más que socia de Megatlón, parecés una jinetera que sale a levantar gringos por el Malecón'.

joder. tr. vulg. Molestar, hinchar las pelotas. | **2.** Dañar o damnificar a alguien. | **3.** *Esp.* y parte de *Amér. lat.* Tener relaciones sexuales, **cojer**. | **3.** *Esp.* Expresión que acentúa la sorpresa o aprobación 'Joder, qué par de tetas tienes, chiquilla, que se me ha puesto la polla como un avión'. | En su primera acepción Ú. en insultos suaves 'Andá a joder a otro lado', imperativos '¡Dejate de joder!' y de amenaza 'Si me seguís jodiendo te vua llenar la cara de dedos, **culiau**'. En tanto que en su segunda acepción, ú. en insultos de amenaza 'Acá tienen que volver los milicos y se acaba la joda', y de resignación 'Con el *fucking* corralito, Cavallo nos jodió bien jodidos'. | **4.** Ú. tb c. vb. refl. Llamar al otro a la resignación por considerar que el mal padecido por el interlocutor es producto de una

Jettatores

mala conducta 'Vos te la buscaste, jodete', impericia 'Y, si no sabés manejar no podés salir a hacer picadas por Libertador; si ahora estás en coma cuatro, jodete', o de desgracia 'Nos agarró el tsunami, hay que joderse'.

jodido, da. adj. Mala persona, con malas intenciones. | **2.** Difícil, complicado. Ú. t. para personas. Observa Grondona que en la primera acepción ú. como insulto acusatorio '¡Cómo vas a darle al pobre pibe sin piernas dos monedas de medio cenavo de austral! No ves que sos jodido...', en tanto que en la segunda, ú. menos como desc. que como compasivo '¿Tenés cáncer? Y sí, estás jodido'.

jodón, na. adj. Poco serio, **hinchapelotas**, dado por demás a la pavada 'Luciana, coges divino y sos muy jodona, pero ni en pedo me caso con vos porque te gusta demasiado la japi'. | **2. Boludo**, que hace bromas **boludas** 'Los movileros del programa de Ma-tías Martin son unos jodones bárbaros'.

joputas (*tb* **juepucha**). adj. pop. Contracción de **hijo de puta**. Ú. mayormente c. interjección '¡Ah, joputas, te garchaste a la Pradón!'.

jorobado, da. adj. desp. Encorvado, que tiene una giba. Por extensión, que luce una apreciable deformidad física 'Salí de acá, jo-

Jorobeta
(Frollo, Magaldi, Noda)
(fragmento)

Lustraba los botines, estaban las propinas, un peso nunca dos.
Dejábanle ganarse la vida más o menos
de lástima, decía, hipócrita, el patrón.
Lo cierto que el muchacho,
mascota de la casa,
poeta y jorobado, llamaba
la atención.
Al verlo en los umbrales, el trapo
sobre el hombro,
«¡La Grande!» pregonaba a fuerza
de pulmón.

Aumentaba la clientela,
se vendían las decenas
sin cesar,
daba gusto aquel negocio,
cuya suerte residía en la giba
del muchacho nada más.
Menudearon las propinas y
el paciente jorobeta
se prestaba dócilmente y sin doblez
a que algún supersticioso le pasara
por el lomo
aquel número elegido por
la humana estupidez.
(...)
El pobre jorobeta,
ante el asombro unánime y
el lógico estupor
después de ahorrar juicioso
moneda tras moneda,
al frente del negocio de dueño
apareció.

juntado

robado, andá a vender billetes de la Lotería Solidaria', 'Volvete a jugar al Corinthians, jorobado', 'Abdul, ¿tu novia es jorobada o te viniste en dromedario?' || sin. cuasimodo, jorobeta. | **2.** fig. Jodido. Persona molesta o malintencionada 'Cuidado que el nuevo ministro es muy jorobado'. | **estar jorobado.** loc. Estar severamente dañado, **hecho mierda.**

jovato, ta. adj. pop. Viejo, añoso. | Señala De la Concha que 'Después de todo, no está tan mal la jovata' es elogioso; en cambio, 'Me parece que estás un poco jovata para esas calzas' es descalificatorio.

judas. m. Malvado, traidor 'Simeone es un judas, vino a Racing para mandarnos al descenso'. | Afirma Bergoglio que proviene de la interpretación más difundida sobre el personaje bíblico del mismo nombre, a quien se atribuye haber traicionado a Jesús. | Pierri indica como ejemplo paradigmático de su uso como insulto "el grito proferido por un fanático de Bob Dylan ('Judas') cuando el músico abandonó la música country y adoptó la guitarra eléctrica distorsionada". | **ser la piel de Judas.** loc. Persona malvada y ruin 'Ruckauf es la piel de Judas'. Es insulto grave.

judío, a. adj. Descendiente de una de las doce tribus de Israel, así viva en la Tierra Prometida o en la dura diáspora. | **2.** Amarrete, pijotero 'Comprate un desodorante, **roñoso**, no podés ser tan judío...'. | Observa Landriscina que al referirse a las mujeres de origen judío, la connotación de la palabra no debe ser leída necesariamente como discriminatoria 'Las judías son las que mejor cojen'.

jueputas. adj. pop. Contracción de **hijo de puta** 'El coronel Cañones es flor de jueputas'.

juntado, da. adj. Que vive en pareja sin la aprobación de la religión o el Estado. Ú. c. desp. '¡Qué vergüenza, qué va a decir el barrio! Que la hija del escribano está juntada con un villero drogadicto...', 'No te hagás la santurrona, juntada'.

lacra. f. Deformación moral o física. Ú. t. en sentido fig. 'Los milicos son una lacra, pero los curas no se quedan atrás'.

la del mono. loc. vulg. Masturbación 'Pero por qué no te vas a hacer la del mono, **baboso**'. | Indica Bergoglio que es locución hipócrita ya que, excepto en los casos de insultos de invitación, se apoya en el hecho falso de que sólo los que no tienen sexo se ven obligados a masturbarse 'Qué te hacés el langa si vos vivís haciéndote la del mono'.

ladilla. f. Insecto anopluro que habita en las vellosidades humanas cuando estas no acostumbran recibir la visita del jabón u otros elementos de limpieza. | **2.** fig. Molesto. || **Pegado como ladilla.** loc. Estar adosado a alguien causándole molestias.

ladillar. tr. *Caribe*. Molestar 'Vete ya, pana, no ladilles'.

ladri. m. pop. Ladrón 'Ese ladri

de Lunatti llegó a la cancha con el presidente de Defensores y ya tenía arreglado todo para cagarnos el ascenso'.

ladrillo. adj. pop. duro de entendederas, adoquín, zopenco.

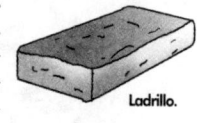

Ladrillo.

ladrón. adj. Aplícase a quien se apodera de lo que no es propio. Ú. t. c. s. | Ú. en insultos de acusación 'Sos un ladrón', de apelación 'No seas ladrón', de sorpresa '¡Qué ladronazo!'. (Batlle, Jorge, presidente uruguayo, 4/6/2002, 'Los argentinos son una manga de ladrones, del primero al último'.) || **ladrón de gallinas.** loc. Persona que lucra con menudencias, para obtener una ganancia pequeña, aunque abultada para el poco o nulo trabajo que le costó conseguir esa ganancia '¿Cómo que hiciste un libro con los e-mails que cruzaste con un ex directivo del FMI? Vos sí que sos un ladrón de gallinas'.

lamebotas. adj. Persona que se muestra servil ante quien ostenta algún poder. (Castro, Fidel 5/2/2001 'El gobierno argentino es un lamebotas de los yanquis'.)

lameculos. adj. desp. Aplícase a quien es servil y adulador en extremo 'Ese hijo de puta va a hacer carrera, es el lameculos más arrastrado que conocí'. || **Lameculos de mierda.** loc. Redundancia coprofágica.

lameortos. adj. desp. **Lameculos.**

lancero. adj. pop. **Baboso** 'Martín cómo podés ser tan lancero, le tiraste los galgos hasta al patovica de la entrada'.

langa. adj. Inversión (vesre) de galán. | Ú. c. insulto irónico hacia quienes presumen de ser elegantes y ganadores 'Estás hecho un langa, Martín, esta noche la vas a romper

Ladrones

y si no te lo van a romper a vos'.

larva. f. pop. fig. Sujeto falto de voluntad. | **2. Vago** 'Vos sos una larva que no levanta el culo del asiento ni para tirarse un pedo'.

lastrar. intr. vulg. Comer. | **2.** fig. Tener relaciones homosexuales 'Me parece que tu amigo no es delicado sino que se la lastra y le pasa la lengua al plato'. || sin. **comerse la galletita, llevar los cubiertos, manducar.**

lastre. m. Carga, peso. Por extensión designa a un sujeto pesado y latoso 'Paula, menos mal que dejaste a Roberto, era un verdadero lastre'.

latoso. adj. Pesado, molesto, que no tiene sentido de la oportunidad y desconoce la autocrítica 'El único que habló en la fiesta fue el latoso de Roberto, que quería convencernos a todos de que compremos terrenos en Fray Bentos'.

laucha. (*del araucano 'llaucha'*) adj. indef. Ratón 'Ese es un laucha que sigue vivo porque no tiene dónde caerse muerto'.

lavar. tr. Limpiar. | Verbo rey en los insultos de invitación, convida al insultado, sin ninguna intención ulterior, a higienizarse alguna de sus partes de un modo más o menos imaginativo; observa Moliner desde el ascético 'Andá la lavarte el orto (la concha, las tetas, el upite, etc)' hasta los más elaborados 'Por qué no te lavás la argolla con soda cáustica', 'Andá a lavarte el culo y con el agua después hacete gárgaras', etc.

lavataper. adj. En la cárcel, forma despectiva de referirse a quien realiza las tareas de otro u otros. Ú. t. c. s. 'Rajá de ahí, lavataper buchón.' || sin. **gato, mulo.**

leche. f. fig. Semen 'Te voy a llenar el culo de leche hasta que cagues crema pastelera, hijo de puta'.| **2.** fig. pop. Excitación, calentura 'Tengo tanta leche que cuando te agarre te voy a hacer mierda'. | **3.** fig. pop. Furia 'Tengo tanta leche que cuando te agarre te voy a hacer mierda'. || **darle la lechita al gato.** loc. Coger, en particular cuando se paga para hacerlo. || **mala leche.** loc. Malintencionado.

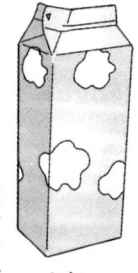

lechón, na. adj. desp. Gordo, rollizo. Ú. t. c. s. | Ú. en insultos directos 'Qué hacés, lechón, largá la manteca y los ravioles que si seguís así te vamos a hacer al horno

lechuza

para Semana Santa' e indirectos 'Mirá esa lechona, si se te llega a subir cuando te la estás garchando, te arruina el **bicho**'.

lechuza. adj. indef. Persona de mal agüero 'Tocate los huevos que ahí pasa esa cantante que es una lechuza'. || sin. **fúlmine, jetattore.**

Lechuza.

lelo, la. adj. De pocas luces, bobo. | Ú. como insulto descriptivo 'Tevez tiene cara de lelo' y de recriminación 'Cómo te ponés el forro sin sacarte el slip, ¿sos lelo vos?'. || sin. **tonto, opa, gil, pelotudo.**

lengua sucia. loc. Que dice groserías 'Estuve leyendo un diccionario de puteadas que debe estar hecho por una manga de lenguas sucias'.

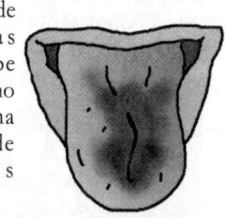

Lengua sucia.

lenteja. adj. pop. Dícese de aquellas personas quedadas, lentas, de quienes se suele sospechar que no reciben suficiente oxígeno en el cerebro 'Mirándote con un solo ojo, vos sos medio lenteja'.

leproso, sa. adj. Qué tiene lepra. Ú. c. desc. | **2.** Simpatizante del club de fúbol Newell's Old Boys. | En su primera acepción, según Bordelois, pertenece al grupo de adjetivos que construyen la descalificación en el prejuicio y la intolerancia frente a las enfermedades contagiosas (sida, sífilis, etc.) atribuyéndole a alguien una aunque no la padezca.

levantar. tr. Seducir 'A quién querés levantar con esa cara de infeliz'. | **2.** Reprender. Ú en insultos de amenaza 'Te voy a levantar como a sorete en pala'.

ley del embudo. loc. pop. Expresión en forma de axioma que se utiliza para subrayar la incongruencia de que "la mejor mina" forme pareja "con el más boludo". | Sostiene Marrone que la pretensión de enunciado reglamentario de esta *ley* queda desdibujada ante el uso del vocablo "embudo" sólo justificable como rima de "boludo", del mismo modo que podrían haberse usado términos como "porrudo" o "ludo".

limado, da. adj. En estado mental cuasi vegetativo a causa del consumo de drogas. Ú. c. desp. 'Ese pendejo está tan limado que se inyecta hasta café con leche'. || sin. **quemado.**

linyera. m. Vagabundo. Ú. también en sentido fig. 'No seas linyera y ponete algo que por lo menos esté limpio'.

liquidar. tr. Matar. | Empléase en insultos de amenaza, según Barthes, con más eficacia o rotundidad que matar 'Te voy a liquidar, degenerado sexual, ¿te creés que no me di cuenta de que te empomaste a mi perro?'.

lisa. adj. Flaca, descarnada '¿Vedette vos? No me hagás reír, si sos más lisa que tabla de planchar'.

llenar. tr. Hacer que algo complete su límite de capacidad. | **2.** fig. Fastidiar 'Me tenés lleno'. || **llenar las bolas, llenar los coquitos, llenar las gónadas, llenar las pelotas.** locs. fig. Saturar 'No me llenes más las bolas que ya me salieron callos de tanto arrastrarlas'.

llorón, na. adj. Persona quejosa, que no deja de lamentarse. U. c. desc. 'No sean llorones que el ciego de Pezzotta no nos cobró dos penales y la sacaron barata con el empate'.

loco, ca. adj. Falto de razón. Ú. fig. c. desp. y desc. 'Rajá, loquito, qué me importa que te llames Einstein'. | Observa Bordelois que, sin embargo, "en las últimas décadas el vocablo ha ido vaciándose de sentido pasando del insulto al vocativo neutro". "Es curioso", acota Kovacci, "cómo los vocativos amistosos, en la Argentina, han derivado de la apelación afectiva que refirmaba la virilidad del apelado ('macho') a una figura neutra ('flaco') hasta llegar a una descalificación presuntamente simpática ('loco') que terminó derivando en el inclasificable 'boludo'".

loca. f. Mujer demente, fronteriza | **2.** pop. **Puta** 'Hijo, dejá a esa loca, que ya se la pasó toda la línea 60'.

logi. adj. Inversión (vesre) de gil 'Rajá, logi, quién te juna'.

loma del orto. loc. desp. Lugar remoto 'Mudate a la civilización que ya estoy harto de viajar tres horas hasta la loma del orto para acompañarte y que no te violen'. || sin. **loma del culo, loma de los quinotos.**

lorenzo. m. pop. Mujer fea. 'Che, paspao, por qué no largai ese lorenzo que te va a agarrar Fauna Silvestre'. | Explica Saussure que se trata de un derivado de **loro**.

loro. f. Mujer fea. || sin. **aborto, bagarto, bagayo, espanto, feto.**

lumpen. m. Integrante del proletariado sin conciencia de clase, que no produce y vive del robo o la mendicidad. | Observa Brizuela Méndez que el vocablo construye insulto desde el prejuicio de una

Loro.

lustrar

sociedad "que no sólo se organiza en escalones sino que precisa que los del escalón superior vean como enemigos a los de los escalones inferiores" 'Vos sólo sabés fumar paco y escuchar cumbia villera, lumpen'.

lustrar. tr. Dar brillo a algo frotándolo. | Ú. en insultos de invitación 'Por qué no me lustrás la garcha con la lengua hasta que te encandile' y de amenaza 'Te voy a cepillar tanto que el orto te va a quedar lustradito'.

macaco. m. Ciudadano brasileño; en especial, de tez morena. Ú. c. desp. (Diario *Olé*, agosto de 1996, en ocasión de un partido de fútbol entre la Argentina y el Brasil, 'Que vengan los macacos'.)

macaneador, ra. adj. Que falta a la verdad y dice macanas (mentiras) 'Es un macaneador, me dijo que fuera totalmente sincero con él, que no iba a molestarse, y cuando le conté que me había garchado a su mujer, me cagó a trompadas'. | **2.** Que realiza macanas (acciones nocivas) 'Vos violaste a su mujer y a su hija, le robaste todos los ahorros y, lo peor de todo, le mataste al perro. Es lógico que te guarde rencor, hiciste muchas macanas'.

maceta. adj. f. Persona que, merced a su avanzada edad, a su torpeza corporal o a algún deterioro físico, se desplaza con lentitud 'Y..., don Zoilo, ya está medio maceta como para garcharse ovejas'. | **2.** Piernas y/o tobillos antiestéticos por ser demasiado gruesos 'Tiene buenas gomas y es muy puta, pero con esas macetas no me la garcho ni pasado de tetra brick'.

machona. adj. f. Mujer de aspecto rudo y varonil. | Señala Pigna que en la mayoría de los casos es sinónimo de lesbiana 'Che, tu cuñada es más machona que Martina Navratilova y encima, cuando habla, parece el Coco Basile'. Pero Moliner aclara que no necesariamente denota homosexualidad, pues el término se refiere más al porte y a la apariencia que a la condición sexual 'Por más que la produzcan de perra y me juren que no es torta, Luciana Aymar sigue teniendo pinta de machona'. Ú. c. desp.

Machona.

madera. m. y f. Inhábil, inútil para realizar cierta disciplina específica 'Bailando sos de madera; todavía no llegamos al estribillo y ya me pisaste seis veces'.| **ser de madera.** loc. Ser muy torpe.

mafioso, sa. adj. Delincuente que integra una organización criminal 'Ex Presidente, yo sabía que usted era un mafioso, pero no que era el máximo jefe de la mafia argentina'. | Aclara Pierri que "no alude a rateros ni ladrones de poca monta, sino, en general, a criminales de fuste, especializados en hechos delictivos grandes y, a menudo, cometidos con complicidad del poder".

Mafioso.

majadero, ra. adj. *Esp.* Tonto, estúpido 'Oye, chiquillo majadero, quítate esa butifarra del culo que la he comprado para preparar unos pinchos'.

majara. m. y f. *Esp.* Apócope de **majareta.**

majareta. m. y f. *Esp.* Que padece algún tipo de alteración psíquica importante (Goscinny, René y Uderzo, Albert, en boca del personaje Obelix, 'Estos romanos están majaretas'). Ú. c. desp. en personas que no padecen realmente ese tipo de males, pero actúan reñidos con la conducta que su interlocutor espera de ellos. || sin. **chiflado, colifa, loco, piantado, pirucho.**

malandra. m. Delincuente, malviviente; persona que inspira poca confianza 'No te me acerques, malandra, que tenés peores intenciones que Videla'. (Escáriz Méndez, Eduardo y Vaccaro, Nicolás, *Barajando* 'Con las cartas de la vida por mitad bien maquilladas,/ como guillan los malandras carpeteros de cartel'). Ú. t. c. s.

malandraca. m. **Malandra**. (*Malandraca* es el nombre de un tango de Osvaldo Pugliese, 1948, pero no puede aparecer como cita porque es instrumental).

malandrín, na. adj. **Malandra** (Discépolo, Enrique Santos *Chorra* 'Está en cana prontuariado como agente 'e la Camorra/ profesor de cachiporra, malandrín y estafador). | Seco explica que, en lugar de malandrín, también suele utilizarse como sinónimo el término malandrino (Sandrini, Luis *La danza de la fortuna* 'No conviene ponerse a mal a esos malandrinos'.) Ú. t. c. s.

malcogido, da. adj. Que tiene coitos de bajísima calidad que no le proporcionan placer alguno, o que directamente tiene poquísimas o nulas relaciones sexuales. Ú. c. desp. 'Y cómo no me va a bochar el profesor de química, si es un garca y un malcogido'. Ú. t. c. s. 'A esa malcogida lo que le está haciendo falta es una buena dosis de vitamina P'. | **2.** adj. Malhumorado, antipático, irascible 'Chiche siempre le contesta mal a los periodistas, es una tremenda malcogida'. | Bergoglio recomienda su uso como insulto para mujeres.

maldito, ta (*tb* **mardito, ta**) adj. Persona a la que se la injuria y se le desean las peores cosas 'Mardito seas tú, tu mare, tu pare, tus hijo', tu' bastardo', tu abuelo y tu perro'.

maleducado, da. adj. Persona de malos modales domésticos. | Bordelois señala que se trata de un insulto leve, correspondiente al habla de las personas de edad avanzada o de trato muy formal 'Esto no puede ser, Matías, hoy llegaste del club, no saludaste a nadie, ni siquiera dijiste «buenos días», abriste la heladera sin pedir permiso, te pusiste a exigir cosas a los gritos con la boca llena, eructaste, te tiraste un pedo y finalmente me mandaste a la recalcada concha de mi puta madre; realmente, no te ofendas, pero creo que sos un maleducado.' | Pigna sostiene algo similar, y agrega que ú. generalmente por parte de los mayores hacia los niños, adolescentes o jóvenes 'Ese chico no es un maleducado, es un mal aprendido, porque sus padres y los maestros lo educaron bien'.

maleta. m. y f. Torpe, falto de habilidad y destreza para realizar su profesión,

Maleta.

malhablado

oficio o actividad.| Explica Saussure que el término que suele usarse en España para designar al mal torero. Y es de esta acepción que se generalizó su uso para todo quehacer realizado con impericia. Ú. c. desp. 'Sí, el ocho que trajo San Lorenzo es un pibe, pero es medio maleta'.

malhablado, da. adj. Que utiliza muchas malas palabras, insultos y términos escatológicos en su expresión cotidiana. | Landriscina indica que se trata de un insulto leve, correspondiente al habla de las personas de edad avanzada o de trato muy formal 'Mi hija no dice cosas como poronga, ojete, chupapijas, sorete, porque ella no es ninguna malhablada'. || sin. **bocasucia**.

Malhablado.

malnacido, da. adj. **Malparido.** | Existen, sin embargo, divergencias respecto del hecho de que realmente *malparido* y *malnacido* sean sinónimos. Para O'Donnell malparido es más insultante que malnacido, pues un malnacido refiere a una malformación genética, mientras que un malparido tiene como inicio de su mal el momento del parto, hecho que ayuda a gestar a un individuo más resentido. Pero Brizuela Méndez disiente y afirma que "las dos palabras quieren decir exactamente lo mismo, y que simplemente el término malparido es más violento porque suena más violento al oído".

malparido, da. adj. Persona que tuvo problemas durante la gestación y en el momento en que su madre lo parió. Ú. para destacar el carácter irreversible de la baja condición de un individuo, subrayando el hecho de que sus problemas comenzaron cuando nació y, por lo tanto, la imposibilidad de cambiar su conducta por cualquier clase de desvío, curación o redención 'Sólo un malparido como tu vecino puede cortarte la transmisión trucha al cable justo dos días antes de que empiece el Mundial', (*Cancionero popular*, 'Milicos, muy mal paridos, qué es lo que han hecho con los desaparecidos.') | **2.** Aplícase al asunto de difícil concreción por las dificultades que acarrea desde su gestación 'El acuerdo de paz entre Israel y Palestina ya vino malparido'.

malpensado, da. adj. Que abunda en pensamientos de baja calaña. | Para Menéndez y Pelayo "el término malpensado no debería estar incluido en un diccionario pues no es necesariamente un insulto, sino que se sirve para definir a personas que siempre están buscándole un carácter insultante a expresiones que, aunque remotamente, pueden ser leídas con doble sentido" 'Loco, sos un malpensado, cuando te dije que me comería un chorizo es porque quiero que me traigas uno de la parrilla para hacerme un choripán, no porque tenga intenciones de chuparte la pija'. Sin embargo, Marrone cree que su inclusión es válida, "porque, aunque como insulto es leve, puede expresar la síntesis de una situación insultante" 'Mirá, Carlos, nosotros nos conocemos de toda la vida, hicimos la primaria, la secundaria, la universidad juntos, desde hace veinte años somos socios, veraneamos juntos todos los años, nuestras mujeres son amigas, nuestros hijos son amigos, incluso mi hija Valeria y la tuya, Romina, cursan juntas tercer año del secundario, así que no seas mal pensado, pero justamente de eso quería hablarte: me estoy garchando a Romi'.

maloliente. m. y f. Poco dado al aseo personal. Ú. c. desp. '¿Y quién es ese negro maloliente para venir a decirme a quién puedo violar y a quién no?'.

mamado, da. adj. Que tiene alteradas sus facultades mentales, provisoriamente, a causa del efecto del alcohol. Ú. c. desp. '¿Pero vos te pensás que te voy a pasar a buscar por tu casa a las cinco de la mañana, estás mamado?' 'Yo al ARI no lo voto ni mamado'. Ú. t. c. s. 'Sí, a mí también me parece deplorable ver a ese mamado, pero ojo, porque ese mamado, así como lo ves todo rotoso, sarnoso, lleno de piojos y con aliento a momia, es una de las glorias del rock nacional'.

Mamado.

mamar. intr. Acción de succionar el pene. Ú. en insultos de invitación '¿Pero por qué no me mamás la verga acá, delante de tu vieja, de tu abuela, del perro y de la urna con las cenizas de tu abuelo, conchuda?'. (Segura, Santiago *Fragmento del dibujo animado "Heidi", doblado por éste* 'Vamos, Heidi, ven aquí, arrodíllate, que el abuelito necesita una buena mamada'.)

mamarracho. m. Dibujo mal hecho o figura mal pintada. Por extensión, cosa mal hecha 'Ya sé que tiene apenas cuatro años, pero mirá el mamarracho que hizo el hijo de puta de tu hijo', 'La verdad, prefiero que los frentes de las casas estén sin pintar, y no hacer el mamarracho edilicio que es el pasaje Lanín en Barracas'. | **2.** Persona de aspecto ridículo y/o extrava-

Mamarracho.

gante 'Estaban todos bien vestidos, excepto Marta Minujín que, como siempre, estaba hecha un mamarracho'.

mamavergas. adj. Que se introduce con cierta frecuencia penes en su boca para realizar fellatios. Ú. c. desp. en personas que no necesariamente responden a esa definición 'Decile al mamavergas de tu hermano que se vaya a la puta que lo parió'. || sin. **chupapijas**, **chupavergas**, **mamón**, **tragaleche**.

mambo. m. Estado de desorientación producido por el consumo de drogas. Ú. en insultos. desp. 'Tomatelás que te clavaste cinco roinoles con ginebra y tenés un mambo encima'. | **2.** Relato farragoso e irritante, difícil de digerir '¿Otra vez con ese mambo? Pero callate y no me rompas más las pelotas'.

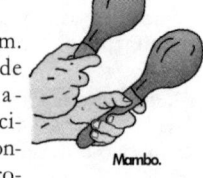

Mambo.

mamerto. m. Persona con pocas luces, tonto 'Y, sí, cuando escribís algo siempre viene un mamerto a decirte que le encantó y es ahí cuando te preguntás, «¿no estaré meando fuera del tarro?»'. | Recuerda Bordelois que también es usado el aumentativo 'mamertón' 'Dale, mamertón, acelerá, la concha de tu madre'. || **2.** *Cba.* Borracho '¡Qué hacei, vago!, ¿tai mamerto? ¿No vei que m'estai miando l'alpargata'.

mamón, na. adj. **Mamavergas**. Ú. t. c. s.

mamotreto. m. Cosa grande y difícil de manejar. Ú. c. desp. 'Vos estarás muy orgullosa de tu novio patova, pero a mí me parece un mamotreto'.

mamut. m. fig. Ser humano de enormes dimensiones, generalmente obeso, con movilidad reducida, torpeza motriz y que, físicamente, se parece al extinto antecesor de los modernos elefantes 'El otro día lo vi, reptando por Palermo, al ex ministro Cavallo; está hecho un mamut'.

Mamut.

mandaparte. adj. m. y f. Exagerado, pedante, mentiroso 'El ministro es un mandaparte, dijo que sólo tiene relaciones sexuales con modelos top, pero yo lo he visto trincándose un fox-terrier y jurándole amor eterno'.

manducar. tr. pop. Acción de succionar el pene. Ú. en insultos de invitación 'Vení negra villera, manducate esta tararira, que vos sos una flor de trola'. | Bergoglio destaca que, por extensión, alude a todo homosexual pasivo, independientemente del orificio con que ejerza con mayor frecuencia su condición. Ú. c. desp. 'Ese si no se la manduca, lleva el tenedor en el bolsillo'. || sin. **comer**.

manflorita (de hermafrodita). m. **Manfloro**.

manfloro. m. Hombre que mantiene relaciones sexuales con otros hombres. Ú. c. desp. y en insultos de invitación '¿Pero por qué no te hacés una enema de carne, manfloro?'. | Sebreli consigna que "la palabra se utilizaba en la época de la colonia para denominar a los homosexuales. Surge de la deformación del término **manflorita**, que a su vez es deformación del término *hermafrodita*". Según Brizuela Méndez, la palabra cayó en desuso muchos años, hasta que en 1983 apareció en la revista *Humor*, de la Argentina, la historieta *Manfloro*, con guiones de Aquiles Fabregat (Fabre) y dibujos de Tabaré, ambos uruguayos. Esta historieta se autodefinía como "poema épico por entregas", pues tenía forma de cuartetas, octosilábicas y con rima consonante en los versos 1 y 3, y 2 y 4. Para Bordelois el concepto "por entregas" admitía una doble lectura: por un lado, la entrega de cada uno de los capítulos de la saga; por otro, la buena predisposición de Man-floro para "entregar" (el orto, el ojete, el marrón, el upite, etc). De la Concha recuerda que el personaje central, el que daba nombre a la historieta, era un homosexual muy afectado y dado a relacionarse con todos los demás hombres que aparecían en el relato, sin distinción de raza, credo, religión, belleza o contextura física, y que esto último podría resultar insultante hacia los homosexuales. || sin. **comilón, puto, trolo, tragasables**.

manga. f. Grupo de personas unidas por una condición despreciable. El insulto se construye con **de** + s. plural 'manga de soretes', 'manga de hijos de puta', 'manga de trolos', 'manga de pelotudos', 'manga de conchudos', 'Los que trabajan en el Ministerio de Economía son todos una manga de garcas.'

Manga.

manguera. f. fig. pop. Miembro viril. Ú. en insultos de invitación 'Te noto re-caliente, negra trola, agarrá esta manguera para apagar ese incendio'. ||sin. **poronga, verga, pija**.

Manguera.

manguero, ra. adj. Que tiene como hábito el hecho de pedir cosas a los demás. | Señala Pigna que generalmente las demandas del

maní

manguero son en pequeñas cantidades, pero lo que resulta irritante es la frecuencia con la que pide (o manguea). Además, agrega Bordelois, generalmente el individuo no sufre penuria que lo incapacite para acceder al objeto demandado (o mangueado) y lo más probable es que lo haga de avaro 'Loco, sos un manguero, ¿nunca te vas a comprar cigarrillos?'. || sin. **garronero, luqueador.**

maní. m. Miembro viril de pequeño tamaño. Ú. c. desp. 'Con ese maní, a la trola fiestera de tu mujer no le debés hacer ni cosquillas'. || sin. **chizito.**

Maní.

maniático. adj. Que tiene muchas manías. Maníaco, enajenado, loco de mierda 'Pará maniático, ya violaste y mataste a dos viejas del barrio, ¿cómo que no vas a parar hasta haberlas violado y matado a todas?'.

manolarga. adj. m. y f. Ratero, ladrón de poca monta, cleptómano 'No dejes la cajita de fósforos a la vista, que el manolarga de Norberto es capaz de robarse cualquier cosa'. | **2.** Toquetón, persona que manosea cuerpos ajenos. | Según Barthes, sólo las mujeres lo utilizan como insulto '¿Qué prentende usted de mí, asqueroso, manolarga?'.

mantenido, da. adj. Persona que depende económicamente de otra, generalmente sus padres, su cónyuge o sus suegros. Ú. c. desp. '¡Andá a laburar, mantenido!'

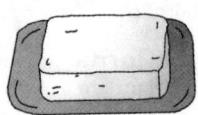

mantequita. Mantequita. m. y f. Blando, poco firme, genuflexo (Alfonsín, Raúl a Ubaldini, Saúl Edolver, 1985, 'Por más que un mantequita y llorón nos diga lo que tenemos que hacer...').

manuela. f. Masturbación. | Ú. en insultos de invitación '¿No te das cuenta de que sos más feo que pisar mierda descalzo? Tomatelás, dejá de chamuyarme y andate a dormir con manuela'. | Según indica Bergoglio, la similitud del nombre femenino Manuela con el término mano, permite un doble sentido ('Esta noche me quedo en casa con manuela') que lo diferencia de vocablos de igual significado como paja, puñeta, etc.

manyar *(del ital., 'mangiare').* Ingerir alimentos, comer. | Ú. en. Insultos de descalificación sumándole **la** como objeto directo, referido a pija, verga, poronga, banana, nutria, japi o tararira '¡Si vos te la manyás igual que todos los gallinas, tragasable!'. | **2.** Entender.

mariconada

Ú. como insulto por la negativa 'Estos burros de literatura no manyan un fulbo'.

manyahostias. m. y f. Persona católica, muy devota, que acude a la iglesia regularmente y con mucha frecuencia. Ú. c. desp. 'Este país no se arregla más: o lo manejan los negros peronistas o lo manejan los milicos manyahostias'. || sin. **chupacirios**.

marciano, na. adj. Improbable natural del planeta Marte. Por extensión, extraterreste. | 2. fig. De aspecto o actitudes extraños o estrafalarios. Ú. c. desp. 'Pero vos sos un marciano, ¿cómo vas a ahorrar en pesos uruguayos?'.

Marciano.

marcha atrás. loc. Hombre homosexual pasivo. Ú. c. desp. '¿Así que Rolo es peluquero, bailarín y modisto; pero no es marcha atrás? Creo que deberíamos anotarlo en el libro Guinness'.

maría. m. Hombre homosexual. Ú. c. desp. 'Seguro que al trolo de tu profesor de yoga le va a encantar ir a Sitges porque está lleno de marías'.

marica. m. y f. Hombre homosexual. Ú. c. desp. '¿Qué te creés, que porque sos marica vas a escribir como García Lorca?'. | 2. Cobarde, quejoso, débil 'Dejá de llorar y no seas marica; que después de que te amputen la pierna vas a poder hacer una vida casi normal'.

Marica.

maricón. m. **Marica, puto** (Fontova, Horacio *Homisida* 'Yo no soy marinero/ soy maricón').

mariconada. f. Acción, cosa o

Mantenidos

marimacho

lugar característica de individuos que son putos, parecen serlo o merecerían serlo. 'Qué mariconada que es la música de Miranda!'

marimacho. m. y f. Mujer que por su aspecto y modales es semejante a un hombre. Pop. ú. c. sinónimo de lesbiana aunque no lo sea 'Che, tu hija es un marimacho'.

mariposa. f. **Puto**.

mariposón. m. Hombre homosexual. Ú. c. desp. '¿Así que te gusta el tango? Bueno, entonces bai-late *El choclo* y después comete este mar-lo, mariposón'.

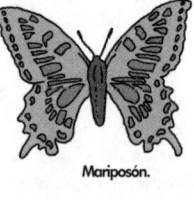

Mariposón.

mariquita. m. Hombre homosexual. Diminutivo de **marica** (Sometidos por Morgan *Cumbia del odontólogo* 'Te decían mariquita, te decían; te decían que no eras hombre').

marlo. m. pop. Pene '¿Así que te gusta el tango? Bueno, entonces bailate *El choclo* y después comete este marlo, mariposón'.

marmota. m. y f. fig. Persona atolondrada 'Che, marmota, fijate por dónde manejás'. | **2.** Estúpido, imbécil, persona con la misma inteligencia que la del mamífero del mismo nombre.

marrano, na. adj. Carente de buenos modales, ordinario 'Decile un piropo lindo, tipo «¿Qué habrá pasado en el Cielo que los ángeles andan por la ciudad?». Pero no le vayas a gritar «Decime quién te coje que le chupo la pija», como hacés siempre. No seas marrano'. | **2.** Que come con abundancia, haciendo ruidos desagradables y ademanes ordinarios 'Decile al marrano de tu hermano que si se quiere tirar un pedo mientras estamos cenando en lo de mamá y papá, que por favor vaya al baño'.

marrón. m. **Culo** 'Qué hablás, si vos tenés el marrón más abierto que el agujero de ozono' (Auténticos Decadentes, Los *Entregá el marrón* 'Entregá el marrón, entregalo de una vez') || sin. **ano, orto, ojete, pavito, rosquete, upite**.

masa (*tb* **masita**) loc. **dar +** Garchar. Ú. en insultos de amenaza 'Les vamos a dar masa a todos esos negros brasileros' | **2.** Paliza 'Fuimos al Morumbí y nos dieron masa: perdimos 6 a 1'. | Gancedo recomienda no confundir con el uso apreciativo que adopta 'masa' cuando lo antecede el artículo indeterminado **una** 'El orto de tu novia es una masa'.

Masita.

-130-

melón

masita. f. En fútbol y otros deportes, disparo débil y ejecutado con poca decisión 'Eso no fue un tiro penal, fue una masita propia de un puto cagón como siempre fue Donadoni'.

masticar. intr. pop. Indica la acción de introducirse el pene en la boca, felación en la construcción **+ se + la** 'Che, me contaron que el Negro González Oro se encierra en el baño de Radio 10 con el morocho de la limpieza y no para de masticársela'. | **2.** Por asociación metonímica, hombre que tiene relaciones sexuales con otros hombres, más allá del orificio puntual por donde se produzca la penetración peneana 'Che, me contaron que el Negro González Oro no para de masticársela'. || **se la mastica.** loc. Es homosexual 'Parece que sí, que el Negro González Oro se la mastica'. || **se la camasti.** Inversión (vesre) de **se la mastica** 'Che, no digan boludeces, el Negro González Oro no se la camasti'. || sin. **se la come, se la lastra, se la manduca, se la morfa.**

matungo. m. Caballo viejo y con poca movilidad. | Fig. pop. Persona vieja y de poca movilidad. Ú. c. desp. 'En la defensa, experiencia y maldad es lo que nos sobra, lo que necesitamos es algún pibe que juegue al lado de esos matungos'.

maula. adj. indef. Cobarde y/o despreciable (Flores, Celedonio; Gardel, Carlos y Razzano, José *Mano a mano* 'Los morlacos del otario los tirás a la marchanta, como juega el gato maula con el mísero ratón').

medir el aceite. loc. Acción de introducir el pene en la vagina de una mujer. 'Guacha, si me seguís mirando así te voy a sacar la remera de Rodrigo a mordiscones y te voy a medir el aceite'. | Según Bordelois, la clara analogía que existe entre la acción real que significa medir el aceite de un automóvil (introduciendo una vara para ver hasta dónde se impregna de líquido) con su posterior limpieza con un trapo, y los pasos a seguir en una cópula harían suponer que esta expresión popular podría provenir del ámbito de los especialistas en mecánica automotriz.

melón. m. Cabeza. Ú. c. desp. para indicar que se trata de una cabeza de gran tamaño 'Con

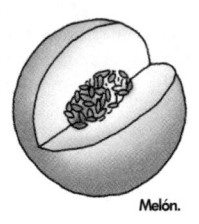

Melón.

ese melón vas a romper todos los sombreros, salamín'. | **2.** Persona de escasa inteligencia. Ú. t. el aument. **melonazo** 'Y el muy melonazo se la pasaba todo el día escuchando el tema *Que vuelva Carlos*'. | **3.** pl. Tetas. Ú. en insultos de amenaza 'Te voy a estrujar esos melones hasta que no le queden ni las semillas, putaza'.

memo. adj. *Esp.* Persona tontarrona, simple 'Que tu hijo es un memo, tío; ha cogío la plancha creyendo que era el teléfono'.

menche. m. Apócope de **mencheviche**, perteneciente al sector moderado del Partido Socialdemócrata ruso. | Según O'Donnell, la expresión apocopada es un rasgo característico de los militantes de izquierda hacia las distintas organizaciones 'Y aunque toda la vida fueron unos gorilas, en el '83 los menches llamaron a votar a Luder y a Herminio Iglesias'.

menchevique. m. Partidario de la revolución burguesa que hubo en Rusia pocos meses antes del triunfo de los bolcheviques y la instauración de la dictadura del proletariado. Ú. c. desp. hacia los comunistas muy ortodoxos, para marcar la contradicción entre adherir al comunismo y tener un modo de vida conservador 'El problema del PC argentino es que siempre estuvo conducido por mencheviques como Rubens Íscaro, Fernando Nadra o Patricio Etchegaray'.

menefreguista. adj. Persona a la que le nefrega todo; indiferente. Ú. c. desp. 'El menefreguista y pechofrío de Ayala dejó pasar a Bergkamp sin ni siquiera agarrarlo, y el chabón nos hizo el gol y nos eliminó del Mundial 98'.

menemista. adj. Partidario de las ideas políticas del ex presidente argentino Carlos Saúl Menem. Ú. c. desp. 'Al final, la Gorda Carrió veranea en Punta del Este; es una menemista progre'. | **2.** Nuevo rico, que consume cosas caras, ostentosas y de escaso valor intelectual. Que vive presumiendo de esos gastos 'Bow window, columnas doradas, el garaje para la cuatro por cuatro... ¡qué menemista te quedó la casa!'. | **3.** Vinculado con la corrupción '¿Cómo que facturaron dos millones de pesos

Menemistas

por comprar tizas para una escuelas de Santiago del Estero? ¡Pero eso es un presupuesto menemista!'

menso, sa. adj. *Mex.* Tonto (El personaje Quico en el show *Chespirito*: 'Ay, Chavo, qué menso eres').

menstruación. f. Eliminación de sangre procedente de la matriz que se produce en las hembras de algunos mamíferos. Construye el insulto en la certeza de que *esos días* las mujeres están insoportables 'Mirá, Cacho, no me hablés así. ¿Qué, te vino la menstruación?'

mentecato, ta. adj. Persona tonta o necia (desus.) 'Macri es un mentecato si piensa que va a llegar a Presidente sin aliarse con alguna corriente peronista'.

mentira. f. fig. pop. Persona, cosa, hecho, lugar o acontecimiento que, habiendo generado una alta expectativa previa, finalmente resulta decepcionante. Ú. c. desp. 'Che, el otro día la vi personalmente a Julieta Prandi y nada que ver con la que ves en la tele o en las revistas: flaquita, chiquita, no tiene tetas ni culo... No vale dos mangos, es una mentira total'.

Mentira.

mentiroso, sa. adj. Que dice algo que no es verdad con intención de engañar y, quizá, sacar partido de este engaño. Es insulto descalificador 'No me digás mentiroso que no soy ningún político'.

mercenario, ria. adj. Que por dinero es capaz de cometer un acto muy contrario a sus ideas 'El hijo de puta es un mercenario que ahora está laburando con Tinelli'. Ú. t. c. s.

merquero, ra. adj. Que consume a diario el alcaloide derivado de la hoja de coca 'Loco, son las siete de la mañana, yo me quiero ir a dormir, me parece que ir ahora a una fiesta en Chascomús es un planteo de merquero'. Ú. c. desp. Ú. t. c. s. || sin. **palero.**

mersa. f. Grupo de personas de baja ralea. Ú. c. desp. 'Mandale saludos a toda la mersa de BARCELONA.'

Mersa.

mersa. adj. Ordinario en grado sumo 'La presidenta de Chile es muy mersa, ¿cómo va a sacarse cera del oído con el meñique mientras pronuncia un discurso?'

mexicanear

mexicanear. tr. Despojar a los contrabandistas del botín obtenido 'Tenías que estar muy loco para mexicanearle las armas y la merca a los funcionarios mene-mistas en los 90', 'Los yutas hijos de puta me mexicanearon el faso que le robé a ese auto que venía de Paraguay'. Ú. c. desp. 'Loco, estoy laburando, no me mexicaniés'.

mezquino, na. adj. **Miserable**, avaro, **ratón** 'Tenés que ser muy mezquino para guardarte los forros usados y usarlos como trabas para las puertas'.

mierda. f. Detritus humano o animal. | **2.** interjección. Reproche profundo, generalmente auto-crítico '¡Mierda, qué pedazo de pelotudo, cómo no me di cuenta antes de que Menem no estaba gobernando bien sino que nos estaba rompiendo a todos el orto de parado y sin vaselina!', pero también hacia otros (Legrand, Mirtha: "¡Carajo, mierda!"). | **3.** s.

Mierda.

Sacate la mierda
(Carajo, *Carajo*, 2002)

Sin anestesia, la rebelion despierta,
en la calle se manifiesta,
la paciencia ya se acabó
y nace la violencia,
miro la t.v. y odio lo que veo,
hay que meterlos a todos presos,
tanta propaganda para la corrupción
asesinando al pueblo.

Mierda, todo se degenera,
la vieja trampa nos espera
y sea como sea hay que escaparle
a toda esta manga de charlatanes,
mierda, este caos apesta
y sólo nuestra muerte alimenta,
pumm pummm echando bala al
          que protesta
por sacar todo el dolor afuera,
sin vergüenza.

Dejando escapar todo el odio
que va pudriendo nuestra fe,
la sociedad es individual,
la libertad es condicional,
trabajar por una puta limosna,
la economía nos robó la vida.

Rota quedó nuestra historia,
se va con pena y sin gloria
y como cuesta mantener la esperanza
cuando la comida no alcanza,
ya no hay nada más que esperar,
la honestidad no existe más,
basta de cagarnos la cara,
salimos a buscar lo que nadie nos da
sin vergüenza, dejando escapar
todo el odio que va pudriendo
nuestra fe,
nuestra fe muerta nuestra fe, ¡no!
nada más, nada más queda por
          esperar.
dejando escapar todo el odio
que va pudriendo nuestra fe,
nuestra fe muerta,
nuestra fe, no.

Basta, sacate la mierda.
Basta, sacate la mierda.

mierda

o adj.+ **de mierda.** Que proviene de los excrementos, y eso lo hace de mala calidad material ('Pero qué silla de mierda, no tenemos que comprar más muebles en Easy'), espiritual ('López Murphy es un tipo de mierda) y/o de nulo valor estético ('la Bristol es una playa de mierda'). Ú. t. junto a características físicas para transformarlas en insultos ('gordo de mierda', 'flaco de mierda', 'sordo de mierda', 'ciego de mierda', 'rengo de mierda', 'manco de mierda', 'pelado de mierda', 'tuerto de mierda'), gentilicios ('tano de mierda', 'gallego de mierda', 'yanqui de mierda', 'bolita de mierda', 'brasuca de mierda', 'peruca de mierda', 'chilote de mierda'), grupos étnicos, ideológicos y/o religiosos ('turcos de mierda', 'gitanos de mierda', 'judíos de mierda' (*Torturador y judío torturado en 'La noche de los lápices,'* Héctor Olivera, *1986* 'Decí «Soy un judío de mierda». «Soy un judío de mierda»'), 'bolche de mierda', 'facho de mierda', 'budista de mierda'), y otros insultos, para reforzar más el carácter ofensivo ('boludo de mierda', 'pelotudo de mierda', 'nabo de mierda', 'forro de mierda', 'puto de mierda', 'trolo de mierda', 'puta de mierda', 'borracho de mierda' (Favio, Leonardo *Gatica, el Mono*, 1993 'Borracho de mierda, andá a dormir porque te mato') || **olor a mierda.** loc. Que huele mal, in-

---

Todo es una mierda
(Flema, 1999)

Cuando era niño sonreía con facilidad
Mientras crecía desbordaba felicidad
Mi confundidad adolescencia quedó atrás
Y ahora todo es una mierda y nada más
Me entretenían los dibujitos de la TV
También Piluso y Coquito, superhéroes
Ya con la cara con mil granos me fastidié
Y ahora todo es una mierda y nada más
Cuando subía a mi triciclo, yo estaba bien
Cuando salía a andar en bici, yo estaba bien
Como no pude tener auto, viajaba en tren
Y ahora todo es una mierda y nada más
Para mí es una mierda y nada más
Y ahora es una mierda y nada más
Para vos es una mierda y nada más
Para mí es una mierda y nada más
La política es una mierda y nada más
La vida es una mierda y nada más
El negocio es una mierda y nada más
Todo todo es una mierda y nada más.

mierda

dependientemente de que la fragancia sea o no de excrementos (cántico a la hinchada de Boca: "Ay ay ay ay/ qué olor a mierda/ no salten más"). || **gusto a mierda.** loc. Gusto desagradable '¿Qué le pusiste a la hamburguesa? Tiene un gusto a mierda…'. || **comer mierda.** loc. Ingerir alimentos de baja calidad o nulo valor nutritivo 'Tenés que comer más frutas y verduras, y no comer tanta mierda'. || **para la mierda.** loc. Que está mal 'No le hagas caso a lo que dice en ese reloj porque funciona para la mierda', 'Como un boludo abrí el horno antes de tiempo y el bizcochuelo me salió para la mierda'. || **hacer mierda.** loc. Poner en estado calamitoso 'Si vas a tomar vino, es mejor clavarte unos roinoles y fumar paco antes que comer sandía, porque la sandía con vino te hace mierda'. De acuerdo con Pigna, esa locución también puede utilizarse como insulto de amenaza 'Si me seguís jodiendo, te voy a hacer mierda'.|| **hecho mierda.** loc. En estado calamitoso 'Amelia, cuánto hace que no te veo… Estás hecha mierda'. || **ir a la mierda.** loc. Lugar físico remoto; y por extensión, incierto o equivocado ('Che mejor preguntemos dónde es, porque me parece que nos fuimos a la mierda') o conceptual ('El tema de la charla era «El concepto de anatema en Occidente», pero yo terminé hablando de cómo te chupa la verga la morocha del bar, me fui a la mierda').

mierda. adj. f. Persona, cosa, hecho o lugar que no resulta del gusto de quien la define 'No vayas a ver *El secreto de la montaña* que es una mierda'. | **2.** De escasa o nula calidad 'Mirá, ya se rompió, yo te dije que las sillas de Easy son una mierda'.

milico, ca.

adj. Militar. Aplícase también, por extensión, a uniformados de otras fuerzas y a cualquier persona rígida, conservadora, autoritaria y violenta. Según Gancedo, es una expresión apocopada del término cast. *miliciano*. Ú. c. desp. 'No te la puedo chupar aquí en mi cuarto porque si se llega a despertar mi viejo y nos ve me va a cagar a trompadas. Mi viejo es re milico'. Ú. t. c. s.

Milico.

minguito.

m. Sujeto con pocos recursos intelectuales, escasísimos conocimientos de cultura general, capacidad de habla muy básica y dicción poco clara. | Lan-

Minguito.

gen a Minguito Tinguitella, un personaje que reunía todos esos atributos, quien era interpretado por el actor Juan Carlos Altavista en el programa de televisión *Polémica en el bar* (Peralta Ramos, Federico Manuel 'Cómo estará la Argentina/ que por problemas de tela/ pasó de Guido Di Tella/ a Minguito Tinguitella').

mino. m. Hombre homosexual pasivo. | Para Seco, es la masculinización del término mina (mujer), y por lo tanto quien aporta la cavidad en una relación sexual. Aunque, a diferencia de las minas, los minos sí tienen pene, optan por no usarlo en el sexo de a dos, independientemente de que en otro momento sí lo utilicen para prácticas onanistas o urinarias. Ú. c. desp. '¿Te dijo que era el primo? Mentira, debe ser el mino…'. | Menéndez y Pelayo recuerda que el término admite una acepción que nada tiene que ver con la homosexualidad, y que no pocas veces mino se usa como masculino de mina, y simplemente quiere decir "hombre".

miserable. adj. f. y m. Tacaño 'No seás miserable y pagate unos vinos'. || sin. **amarrete, mezquino, ruso.**

Miserable.

moco. m. fig. pop. Persona u objeto desagradable o de consistencia entre viscosa y fláccida, similar a la de las secreciones nasales 'Prefiero no comer tus ñoquis, porque son un moco'. | **2.** Yerra o pifie grosero y evidente 'Quería grabarle a mi hija la película de los Teletubbies, pero me confundí al bajar el archivo y le grabé una porno; me mandé un moco tremendo'. || **hacerse moco.** loc. Destrozarse 'Se pegó un palo terrible con la moto. Se hizo moco y ahora van a tener que amputarle los dos brazos'. || **cucharada de moco, balde de moco.** loc. Persona a la que nadie traga.

mogólico, ca. (*tb* mongólico) adj. desc. Persona que sin tener síndrome de Down, se comporta socialmente como si lo tuviera '¿Pero vos sos mogólico? ¿Cómo vas a comerte una babosa?'.

moishe. adj. col. Judío. | **2.** Miserable 'Pagate unas birras, no seas moishe'.

momia. f. fig. Persona de avanzada edad. | **2.** Quien, pese a no tener muchos años, tiene poca movilidad física para la corta edad la actividad a la que se dedica. Para Moliner, esta acepción del término ha sido muy difundida en el fútbol 'No se en

Momia.

tiende cómo Boca pudo haber ganado la Libertadores con la momia de Schiavi de 2'. Kovacci coincide con esta apreciación y agrega que uno de los aportes fundamentales en la materia lo hizo el dibujante Miguel Rep al dibujar como una momia al volante central de la Selección Argentina en los Mundiales 1986 y 1990. El dibujo de Rep correspondía a la actuación de Sergio Batista en el Mundial 90. | **3.** Persona que, a pesar de no tener muchos años, tiene gustos e ideas conservadores 'Adrián Menem no es viejo, pero es una momia'. || **aliento a momia.** loc. Mal aliento 'El hijo de puta de Adrián Menem no se lava nunca los dientes y tiene un aliento a momia…'.

mongui. m. Que padece síndrome de Down o que tiene rasgos físicos e intelectuales propios de ese mal. | Según Pigna, es una deformación del término castellano mongólico, que es quien padece mongolismo o síndrome de Down. Ú. c. desp. 'No, a Rodríguez Larreta no lo voto ni mamado. Porque yo podré votar a un chorro, a un facho, a un garca o a un flor de hijo de puta, pero jamás votaría a un tipo con esa cara de mongui'.

Mongui.

monguito. m. Hombre feo, de baja contextura física y de aspecto border. | Señala Kovacci que el término se utilizó mucho a comienzos de los 80 porque Monguito (una evidente deformación de **mongui**) era el nombre de un personaje de *Los extraterrestres*, una película argentina muy taquillera. Monguito era un ser de otro planeta poco agraciado pero de buen corazón. Pigna recuerda que *Los extraterrestres* (1983, dirigida por Enrique Carreras y protagonizada por Alberto Olmedo y Jorge Porcel) es una sátira del popular film de Steven Spielberg, *ET, el extraterrestre.* Ú. c. desp. 'El rocanrol es muy generoso. Vos fijate que a Adrián Dargelos cuando era chico, en Lanús, le decían monguito, pero desde que armó Babasónicos no para de garcharse chetas de Belgrano y Olivos'.

monigote. m. Pintura o escultura mal hecha, o muy básica, que asemeja al dibujo de la primera infancia. Ú. c. descalificador 'Últimamente, a la Bienal de Venecia están mandando cualquier monigote'. | **2.** Persona de aspecto desagradable '¿Cómo que el monigote ese es el novio del bomboncito de tu prima? Nunca había visto que la Ley del Embudo se cumpliera de un modo tan brutal'. || sin. **mamarracho**.

monja. f. fig. De costumbres ortodoxas y aspecto mojigato. Mujer que utiliza vestimentas amplias y abundantes, que impiden siquiera insinuar sus partes más sensuales. Ú. como insulto por oposición 'Así como la ves tan mosquita muerta, tan monja, me contaron que es la mayor petera de toda la zona Oeste'.

Monja.

mono, na. Persona fea, de rasgos simiescos 'Tu marido me recuerda a un mono muerto'. | **2.** Persona peluda, o reacia a depilarse o afeitarse 'Tu mujer me recuerda a un mono muerto'

Mono.

monto. adj. Militante o simpatizante del Movimiento Peronista Montonero. Ú. c. desp. en personas contrarias a este ideario 'Ahí vienen los montos de Elena Cruz y Fernando Siro'.

morcilla. f. pop. fig. Miembro viril de los hombres de color y, como en la mayoría de los de origen afro, de gran tamaño. Ú. en insultos de invitación 'Mono y la concha de tu madre, andá a comerte la morcilla del negro Tchami'.

mosquita muerta. loc. Persona cándida, inocente y poco perspicaz. Ú. como insulto por oposición 'Esta se hace la mosquita muerta, pero cuando el novio la deja en la casa se la clavan entre cuatro o cinco'.

muerto, ta. adj. fig. Persona que, aunque viva, muestra pocas condiciones para realizar las tareas que le son propias. Ú. c. desp. '¿Cómo le vamos a ganar a Brasil con estos once muertos?'. Ú. t. c. s. || sin. **fiambre, tomuer**.

mufa. m. Persona que atrae desgracias y mala suerte a quienes lo conocen, lo ven, lo nombran o lo tocan 'Si aparece el que te jedi a saludar, no le des la mano que el último que lo tocó murió a los 15 segundos presa de un ataque virósico aún no clasificado por la ciencia occidental'. | Aporta Desábato que su da lugar a numerosas expresiones similares, como 'mufardi' o 'mufardo'. || sin. **fúlmine, yetatore**.

mugriento, ta. adj. Desaseado. Ú. c. desp. Ú. t. c. s. | **2.** fig. Tramposo, desleal 'Tal vez porque, por edad, no alcancé a ver el Estudiantes de Zubeldía; el equipo más mugriento que vi fue el Boca del Toto Lorenzo'.

mujerzuela. f. Prostituta. Ú. c. desp. '¿Piensas ir así vestida al velorio de mi tía? Te has emperifollado tanto y llevas una falda tan corta que pareces una mujerzuela'. || sin. **golfa**, putilla.

murciélago. m. Persona que ha perdido la capacidad de la vista o que ha nacido sin ella. Ciego. Ú. c. desp. en personas que poseen el sentido de la vista, pero tienen una visión de ciertas cosas contraria a quien usa el término 'Uy, cagamos, otra vez nos va a dirigir el murciélago de Ángel Sánchez'.

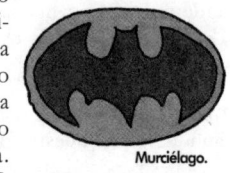

murga. f. Conjunto de cantantes y bailarines de Carnaval, compuesto por una percusión básica de bombo, tambores y platillos, cantantes y cuerpo de baile, todos con trajes de colores vivos y brillantes. En sentido figurado Ú. c. desp. 'Fui al Colón a escuchar la Quinta Sinfonía de Beethoven y la Orquesta Estable parecía la murga Los Mocosos de Liniers'. | **2.** Conjunto de personas que realizan una tarea con escaso talento, fundamentalmente por la nula coordinación para ensamblar las individualidades en función del proyecto colectivo 'Yo no voy más a ver a Central porque el equipo es una murga'.

nabo, ba. adj. Tonto, boludazo 'Es tan nabo que todavía no se dio cuenta que este es un diccionario de insultos'. | **2.** m. Miembro viril. **Pija**. '¿Así que tu viejo es verdulero? A que nunca viste un nabo como este.' | Observa De la Concha (h) una tendencia a emplearlo principalmente en insultos de invitación '¿Por qué mejor no me agarrás el nabo y me lo chupás hasta que te quedes sin saliva?'.

nabolín. adj. m. Persona tonta pero no al punto de alcanzar el nivel de nabo 'No le des bola a ese nabolín, que quiere comer asado de tira con una cuchara'. | Observa Brizuela Méndez que, "la forma diminutiva de **nabo**, puede encubrir un tono afectivo" 'Vení, nabolín, que te explico cómo se usa la cuchara'.

nalga. f. Cada uno de los cachetes del culo. | Ú. principalmente en insultos de amenaza 'Te voy a dejar las nalgas tan separadas que una no va a poder ver a la otra a simple vista'. || **nalgas anchas**. loc. Gordo 'El nalgas anchas de Cavenaghi da lástima en Rusia'. || **mové esas nalgas anchas.** loc. Trabajá, ponete las pilas, abandoná la vagancia que te caracteriza 'Dale, Capria, mové esas nalgas anchas que nos vamos a la B'. || sin. **cachas, glúteos, libros**.

nardo. adj. m. Estúpido, nabo (desus.) 'Es tan nardo que se quiso comprar el disco de Almendra y le metieron adentro uno de La Joven Guardia'.

narigón, na. adj. Que tiene un apéndice nasal prominente. Ú. c. desp.

nauseabundo, da. adj. Que provoca náuseas a causa de su olor o de su indisimulable desconocimiento del concepto de higiene personal. 'Bañate, nauseabundo'. | **2.** fig. Asqueroso, que causa repulsión '¿No es nauseabundo que los milicos se hagan los arrepentidos?'.

Nauseabundo.

nazi. adj. Nacionalsocialista, seguidor de Adolfo Hitler y de su doctrina; y por extensión, antisemita, xenófobo, discriminador 'Estos nazis ahora se vienen a hacer los arrepentidos y Nilda Garré dice que les cree'. | Pierri destaca que no constituye insulto, sino mero calificativo, cuando es destinado a un seguidor confeso e inequívoco del nazismo 'Biondini es un nazi bárbaro', '¡Qué caro vende *Mi lucha* el gordo nazi de Parque Rivadavia!'.

necio, cia. adj. Persona terca, que niega la realidad 'Sos tan necio que seguís diciendo que la desocupación disminuyó'.

negado, da. adj. Inhábil para una determinada actividad 'Peteco Carabajal es un negado para el violín y sin embargo es tan necio que sigue tocándolo.'

negro, gra (*tb* **nero, ra**) adj. Persona de tez y cabellos oscuros. Es despectivo fuerte. 'Fuimos a la tribuna de Almirante Brown y no había sino negros'. Ú. t. c. s. | **2.** Persona de tez y cabellos oscuros, que además es de condición pobre, desocupado o de clase trabajadora. | **3.** Persona de tez y cabellos oscuros, de condición pobre, desocupado o de clase trabajadora; y que además es sucia, desaliñada e inculta 'El país está lleno de negros'. | Señala Bergoglio que cuando invierte el

Negro.

orden de sus sílabas adopta la forma **grone**. || **negro cabeza**. loc. (*véase* **cabeza**.) || **negro de mierda**. loc. Negro detestable 'Esos negros de mierda se ganan la vida haciendo piquetes'. || **negro puto**. loc. Negro sospechado de ser homosexual 'Ese negro puto tendría que estar en cana, con todos los pibes que se comió...'. || **cosa de negros**. loc. **Negrada**. || **alma de negro, negro de alma, negro de la cabeza, negro de adentro**. loc. Persona que no es negra pero que luce o se comporta como si lo fuera.

negrada. f. Cosa propia de negros. Ú. c. desp. 'Las piletas de Villa Albertina son una negrada.'| **2**. f. Conjunto de negros 'El público de Fantástico es una negrada'.

negrero, ra. adj. fig. Empresario o capataz que explota (negrea) a sus trabajadores 'Los negreros del ingenio te hacen laburar dieciocho horas por día y no te pagan horas extras'.

nerd. adj. pop. desc. angl. Joven que posee muchos conocimientos académicos y/o tecnológicos, pero muy poca calle en su relación con el sexo opuesto

Nerd.

y otros quehaceres de la vida. | Destaca Aguinis que se lo representa habitualmente con lentes y flequillo 'Bill Gates la juntó con pala; pero bien que fue, es y será un nerd y un boludazo'.

niñato. adj. desp. Inmaduro, inexperto 'Niñato, tienes que tomar mucha sopa para trincarte a mi novia'.

nísperos. m. pop. Testículos. | Subraya Pigna que conforma insultos de igual modo que **pelotas** 'Sos una máquina de romper los nísperos'. || sin. **bolas, coquitos, huevos, guindas**.

ninfómana. adj. f. Mujer que tiene un deseo irrefrenable de practicar el sexo con cualquiera, a toda hora y en cualquier circunstancia. Ú. c. desc. 'Pará, pedazo de ninfómana, no ves que tiene 85 años y está con respiración asistida?'. | **2**. f. **Puta**.

no da el cuero, no da el pinet, no da el naipe. loc. Que no alcanza a complir con los requisitos que se precisan para una tarea o cometido. Conforma el insulto con el añadido de acusativo más la actividad denegada 'Nicole, la cara de chupapijas te ayuda, pero con esas gomitas no te da el pinet para ser vedette'. (Lanusse, Alejandro Agustín 'A Perón no le da el cuero para volver al país'.)

nutria

nutria. f. pop. fig. Pene. | Conforma insultos de invitación 'Agarrame la nutria, querés', 'Por qué no me sobás un poco la nutria', etc. || **engrasar la nutria.** loc. **garchar**. || **mojar la nutria.** loc. **cojer**. || **bañar la nutria.** loc. **empomar**.

Nutria.

ñaca-ñaca. fig. pop. *Esp.* Cópula, relación sexual. Ú. en insultos de amenaza 'Te voy a dar a elegir hijo de puta: o ñaca-ñaca o frike-firke o dunga-dunga, pero te juro que no te salvás de que te parta bien el culo'.

ñata. f. Nariz. | Suele emplearse en insultos de amenaza 'Si me seguís jodiendo, te voy a romper la ñata, te voy'.

ñato, ta. adj. Persona con el apéndice nasal muy pequeño. | **2.** Irónicamente, persona con el apéndice nasal enorme. | Subraya Seco que en ambas acepciones es despectivo leve 'El otro día escuché que Niembro pedía al ñato Bilardo para que vuelva a dirigir la Selección y me quise cortar las pelotas con una cortadora de fiambre'.

ñañoso, sa. adj. desp. Persona melindrosa o remilgada 'Qué te hacés el ñañoso si te la comés embarrada'.

ñaupa, del tiempo de. loc.

ñoqui

Cosa hecho o modalidad antiguos.| Ú. como despectivo 'No vengas a hacerte la pendeja que sos una vieja del tiempo de ñaupa que le chupaba la pija a Sarmiento'.

ñoño, ña. adj. Persona de escaso ánimo y corto ingenio '¿Te prometió un piso en Libertador y el viaje al Caribe y vos le creíste? Mirá que sos ñoña, eh'. | **2.** Niño rico con pocas luces, sumamente consentido y obeso. Subraya Aguinis que esta segunda acepción del término surge con la aparición del personaje Noño, de la telecomedia mexicana *La vecindad del Chavo*. Lévy-Strauss consigna que Ñoño era el hijo del Señor Barriga, y uno de los niños que, junto con Quico y la Chilindrina, entre otros, jugaban en la vecindad y, además, asistían juntos a la escuela, a las clases del Profesor Jirafales. Tanto Ñoño como el Señor Barriga eran interpretados por un mismo actor, Edgar Vivar. 'A este ñoño no lo invitemos al asalto porque las chicas van a salir corriendo.'

ñoqui. m. vulg. Miembro viril de pequeño tamaño. Ú. c. desp. 'En la tapa del disco *Tres huevos bajo tierra*, de Pachuco Cadáver, se ve claramente que Pettinato tiene un ñoqui'. || sin. **chizito, maní.** | **2.** m. pop. Golpe dado con un puño. Ú. en insultos de amenaza 'Si me seguís rompiendo las pelotas te voy a dar un ñoqui que te va a dejar de culo al Norte'. || sin. **piña, trompada.**

ñoqui. (*del italiano 'gnocchi'*) adj. desp. Persona con un puesto laboral, generalmente en la función pública, donde rara vez trabaja, pero que cobra puntualmente todos los fines de mes. | Explica O'Donnell que la tradición en el Río de la Plata de, los días 29, comer ñoquis (una pasta hecha con papa, huevo y harina y cortada en bocados del tamaño de una uva) generó el llamar "ñoquis", en sentido figurado, a las personas que sólo asisten ese día a su lugar de trabajo para cobrar 'La Legislatura Porteña está llena de ñoquis, no hay mucha diferencia con el viejo Concejo Deliberante'.

Ñoqui.

obcecado, da. adj. Persona terca, testaruda '¿Cómo podés insistir con eso de que Kirchner es de centroizquierda, pedazo de obcecado?'.

obeso, sa. adj. Persona gorda o muy gorda. Ú. c. desp.

obsceno, na. adj. Indecente, ofensivo a la moral en cuestiones relacionadas con el sexo 'Dale, Bernardo, no seas obsceno, tapate ese huevo'. | **2.** Ofensivo a la moral en cualquier aspecto 'Para mí, Nazarena haciendo un cunnilingus no es obscena: el obsceno es George W. Bush cuando bombardea Tikrit'.

obstinado, da. adj. Persona terca, testaruda 'La obstinada quiere que le den la medalla a la más puta del barrio'.

obseso, sa. adj. Que padece obsesión '¿Cómo te la vas a garchar, obseso?, ¿no ves que está muerta?'.

obtuso, sa. adj. Persona que no comprende o que comprende sólo lo que quiere. | **2. Terco**, que no es amplio en sus pensamientos.

ocote. m. *NOA.* **Culo** 'Oleme el ocote'.

odioso, sa. adj. Que merece ser odiado 'No seas odioso, entregá a la nena'.

odioso, sa. (*tb odiosom, sam*) adj. Que provoca odio. | Observa Aguinis que "hoy es sólo insulto de minitas" 'Salí, odiosam'.

ogro. m. Persona cruel o de carácter agresivo. Ú. t. c. s. 'El Chaqueño parece muy simpático pero es un ogro con sus músicos'.

ojalá. Interjección con la que se manifiesta el deseo intenso de que suceda una cosa que se expresó o que se expresará a continuación. En insultos ú. esta última modalidad creando lo que Kovacci y Barrenechea denominan "insultos de deseo" p. e. 'Ojalá se te enreden los pelos del culo, te quedes manco y te den ganas de cagar'.

ojete. m. pop. Orificio terminal del aparato digestivo, **ano**, **orto** 'Si me seguís jodiendo con que me gusta la carne por popa, te voy a romper el ojete'. || **como el ojete**,

---

Ojalá
(Los Auténticos Decadentes, *Cualquiera puede cantar*, 1997)

Cruzando el desierto
una lampara encontré,
yo le dije a mi camello
pará un poco, vamo' a ver
Enterrada en la arena
estaba ahí esperandome
un oasis de ilusiones
que apagara esta sed.

A la lampara froté
con un genio me encontré
y me hizo un gesto extraño
que no pude comprender.

Hace miles de años
que estoy esperándote
en esta maldita lámpara...
sin ver una mujer
si querés los tres deseos
yo te los concederé

pero esto no es tan fácil
yo algo a cambio pediré
yo le pedí que me dé
un tesoro y un harem
y él cantando me decía
lo que nunca imaginé...

Ojala, ojala,
ojala melamamara.
Ojala, ojala,
ojala melamamara.

Él me dio lo que pedí
yo después me arrepentí
porque este genio trolo
no me para de decir...

Ojala, ojala,
ojala melamamara
Ojala, ojala,
ojala melamamara

para el ojete. loc. Mal, como el culo 'Este diccionario quedó como el ojete'.

olfa. (*apócope de olfachón*) m. Persona obsecuente, **lameculos** 'Felipe, ahora no te hagás el kirchnerista que hace cinco años eras el olfa de Duhalde'

oligarca. f. Miembro de la oligarquía, **garca**. Ú. c. desp. 'Sólo a un oligarca como vos se le puede ocurrir usar esos bigotes de estanciero y seguir diciendo que sos progresista'.

Oligarca.

oligofrénico, ca. Débil mental, que padece síndrome de Down. Ú. c. desp. en personas que, sin padecer esta enfermedad, actúan como si la tuvieran. '*ShowMatch* es un programa de, por y para oligofrénicos'.| **2.** Muy estúpido, tarado, boludazo. '« Dicen que soy aburrido» «No, lo que dicen es que sos un oligofrénico y un hijo de puta»'.

opa. (*del quechua 'upa', bobo, sordo*) adj. Tonto, idiota. Ú. t. c. s. 'Al final, sos un opa, ¿cómo vas a llamar a tu amante con el celular que usaste para robar el banco'. (Viñas, David *Hombres de a caballo* 'Bohemio con chambergo y corbata Lavalière, demasiado mimado por el padre y ahí tiene lo que nos salió, paranoico, borrón, no jode a nadie, opa, terminó en peronista y qué le vamos a hacer, tipo pintoresco, aventurero, diablo montado en una caña, play-boy avant la lettre, degenerado...'.)

opertuso. (*tb* **opertucho**) m. Culo.

opio. m. Aburrimiento 'Qué querés que te diga, gorda, las películas de la Borges siempre me parecieron un opio, che'.

ordinario, ria. adj. Vulgar y de poca estimación 'Mirá, Geraldine, vos garchás como los dioses, pero sos más ordinaria que sushi de bagre'. Ú. t. c. s. | **2.** Cosa plebeya en contraposición a cosa noble 'Sos tan ordinario que cuando estás caliente, en vez de tener queso tenés fiambrín'.

oreja. m. Adulador, olfa 'Callate que éste es flor de oreja y después va y le cuenta todo al chancho', 'Que te hacés el que tiene contacto en los medios, si lo máximo que hiciste en la tele fue ser el oreja de Lanchita Bissio en el año 93'.

orejón, na. adj. desp. Persona con orejas grandes 'Con lo de a tablita el orejón sí que nos cagó a todos'. |**último orejón del tarro**. loc. desp. Relegado, poca cosa 'Qué vas a conseguir vos, si sos el

ortiva. (*tb* **ortiba**) adj. Malhumorado, mal dispuesto, gruñón.

ortivar(se). Enojarse, enfurruñarse, convertirse en un **ortiva**.

orto. m. Trasero humano o animal, **culo, ojete**. 'Si me seguís pidiendo que traiga los fondos de Suiza, te voy a partir el orto en gajos'. || **como el orto, para el orto.** loc. Mal hecho. Ú. c. desc. Quisiste filmar la versión argentina de *El Ciudadano* y te salió para el orto, 'No me invités más a comer, cocinás como el orto'. || **cerrar el orto.** loc. Callarse la boca. Ú. en insultos imperativos 'No aguanto un segundo más tu voz, cerrá el orto'. | **2.** Suerte, fortuna. Ú. como insulto para relativizar la inteligencia, sabiduría o talento de las personas para obtener un objetivo 'Qué orto que tuvieron, no les pudimos hacer un gol', 'Te recibiste de abogado de orto', '*La historia oficial* ganó un Oscar de puro orto', 'Gaudio, ganaste Roland Garros y te culiás a la Klosterboer, vos sí que tenés orto'.

otario, ria. adj. Tonto, fácil de engañar.

ovarios. m. pl. pop. Coraje en la mujeres 'Porque a vos te faltan ovarios para cojerte a un langa como yo'.

pacotilla. adj. col. De baja calidad. Ú. c. desc. 'Este es un diccionario de pacotilla'.

paja. f. vulg. Masturbación. Ú. en insultos de invitación tanto imperativos 'Andá a hacerte la paja' e imperativos reflexivos de invitación 'Vení haceme una paja', como condicionales de invitación 'Por qué no me hacés la paja', 'Haceme la paja, querés'. | **2.** Sin sustancia 'El discurso del Presidente es pura paja'. || **hacerse la paja.** loc. No hacer un carajo. || **hablar paja.** *Caribe.* loc. Hablar al **pedo**.

pajarón, na. adj. Tonto (desus). 'El pajarón llama todas las semanas a *Operación Triunfo* y le llegó una boleta de una luca y media'.

pajear. intr. y tr. Estimular o estimularse los órganos sexuales para provocar o provocarse placer sin necesidad del coito. | Ú. en insultos de invitación transitivos 'Andá a pajear a tu hermana' y condicionales de invitación 'Por qué no te hacés

pajero

pajear por Freddy Krueger'.

pajero, ra. adj. Persona que gusta y abusa del vicio de Onán. | **2.** Vago. | **3.** Inútil. | Es insulto descalificador en sendas acepciones '¡A quién vas cojer vos, pajero!' [**1**], 'El pajero de tu socio no hace nada en todo el día.' [**2.**], 'No servís para un carajo, pajero' [**3.**].

pajuerano, na. adj. pop. Forastero, campesino. Ú. c. desc. 'Dale, pajuerano, aprendé a usar los semáforos o volvete a la tapera'.

palanca. f. fig. Poronga. Ú. c. insulto de invitación '¿Así que querés introducir un cambio en tu vida? Entonces agarrá esta palanca de cambios, pedazo de puta'. || sin. **manija**.

Palanca.

palero, ra. adj. vulg. Consumidor compulsivo de pala (clorhidrato de cocaína) 'El ortiva del Kaiser me mandó a hacerme una rinoscopia, pero bien que cuando él jugaba, era más palero que el Diego'. Ú. t. c. s. || sin. **merquero**.

paliza. f. Castigo. Ú. en insultos de amenaza 'Te voy a dar una paliza'. | **2.** fig. Derrota vergonzante 'La del partido de anoche fue una paliza bárbara'.

palo. m. **Pija**. Ú. en insultos de invitación 'Subite a este palo que está bien enjabonado'. || **estar al palo**. loc. Tener el pene erecto; urgencia del varón por saciar su apetito sexual. | Aclara Bordelois que, si bien no constituye insulto, ú. para ilustrar ciertos insultos de invitación 'Dejá de echarme los galgos, jeropa. Si estás al palo, ¿por qué no te vas a dormir con manuela' y de amenaza leve 'Negra, estoy tan al palo que si te agarro te voy a dejar la cacerola como las Torres Gemelas'.

pancho. m. pop. Tontuelo, **bobalicón**, boludito. Precisa Pierri que es insulto leve 'Los conductores de *Puntodoc* eran unos panchos'.

Pancho.

pandulce. m. fig. pop. Posaderas femeninas ostentosas. | Ú. más en elogios, sin embargo, insiste Pigna, la línea entre éstos y el insulto es muy sutil 'Mamita, qué pandulce', 'Cómo me gustaría mojar ese pandulce en leche'.

pánfilo. (*del griego 'panphilos', que ama a todos*) adj. m. Tonto. 'El pánfilo de Hipólito otra vez volvió a meter los dedos en la máquina'.

panqueque. adj. fig. pop. Persona que se da vuelta, que cambia de opinión, veleta. Ú. c. desp. 'Borocotó es un panqueque'.

papafrita. adj. indef. pop. Aplícase a la persona boba. Es forma infantil de decir **pelotudo** 'Papafrita, tenés todas repetidas'.

papanatas. adj. m. pop. Tonto, torpe. Es forma infantil de decir **boludón** '¿Te acordás los personajes de Pepe Biondi? Resultaban papanatas, pero eran muy simpáticos'.

La Papafrita (fragmento)
(Leo Masliah, *Leo Masliah y pico*, 1999)

La conocí por la gracia del hada
                      de las casualidades
me deslumbró con su charla signada
por las frivolidades
con su creencia en las astrologías
de turno en esos días
y con su culto a los dioses
                      paganos
como Elsa Serrano
pero una duda me chisporroteaba
y yo me preguntaba
si no estaría arreglando una cita
con una pa
con una papafrita

En un principio ella fue de
                      madera,
después siguió con fuego,
y que me vieran con esa fachera
me levantaba el ego;
así que yo le metí p'adelante
en actitud triunfante
hasta que vi que mi presentimiento
tenía fundamento:
cuando me dijo con voz regalona
de ir hasta McDonald's
yo me avivé de que la señorita
era una pa
era una papafrita.

(...)

Yo le decía que no me importaba,
que cada cual su papo,
y si algún día de pronto
                      pensaba
"socorro, yo me escapo"
al rato estaba de nuevo con ella
y su prosopopeya.
Hoy ya no entiendo ese flash
que me daba
cuando ella me miraba:
aunque estudiada con ojo objetivo
tenía su atractivo,
ella era rubia, delgada y larguita
como una pa
como una papa frita.

La relación con el tiempo se iba
poniendo muy espesa;
yo no podía dejar a la piba:
estaba en mi cabeza.
Ella tenía el sartén por el mango
yo bailaba su mambo
y mis intentos de darle a su
                      mundo
un giro más profundo
fueron en vano, y te digo una
                      cosa:
que me cavé la fosa,
porque al final ella fue tan infame
que me dejó y se fue con un
                      salame.

Papafrita... salamín.

paparulo

paparulo, la. adj. Persona tonta o despistada Ú. t. c. s. 'Ese paparulo va todos los 9 de Julio a ver el desfile y a tomar chocolate'.

papa y huevo. loc. **Tortillera.**

papelonero, ra. adj. Que tiene tendencia a hacer el ridículo públicamente (hacer papelones) 'Por favor, Ricardo, deje de sacudirle el pito a los transeúntes, no sea papelonero'. | Explica McLuhan que se trata de un insulto leve, generalmente utilizado por personas mayores de 60 años.

papirola. f. pop. **Garompa**. Ú. en insultos imperativos 'Sacudime la papirola y andá poniéndote vase-lina, putarraca'.

papo. m. vulg. *Cba.* Vulva 'Decile a tu señora que se lave el papo que ya huele como arroyo estancao'.

paquete. adj. pop. Crédulo. Ú. c. desp. 'Andá, paquete, si vos te comés cualquiera.' | 2. Torpe en algún deporte 'Maxi López es un paquete'. | 3. m. pop. Conjunto que conforman el pene y los testículos. Ú. en insultos imperativos 'Ya que tenés brazos musculosos, agarrá este paquete'. || sin. **bulto.**

Paquete.

paqui. adj. En la jerga del mundo homosexual, heterosexual. Ú. c. desp. 'El Negro debería dejar de hacerse el paqui'.

paragua. adj. m. Hermano de la vecina República del Paraguay. Ú. c. desp. 'Paragua de mierda, metete un kilo de naranjas en el orto que ponemos un stand de Cepita, la concha de tu madre', 'Al principio era un restaurante fino, pero después se llenó de paraguas'.

parásito. m. Que no se vale de sus propios medios para subsistir, pero se las ingenia para vivir del esfuerzo ajeno 'Mauricio, vos viste toda tu vida de los contratos que hacía tu viejo con el Estado, eso no es ser un empresario, eso es ser un parásito'.

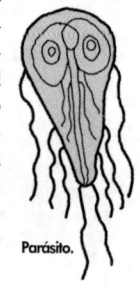

Parásito.

partir. tr. vulg. Romper. | Ú. en insultos de amenaza 'Te voy a partir la cara', 'Te voy a partir el culo', 'Te voy a partir en dos a pijazos', etc.

partusero, ra. adj. Persona que gusta del sexo con más de dos a la vez (partusa). Advierte Gancedo que, curiosamente, no es despectivo en su forma masculina pero sí en la femenina. 'Con esa mina hay que usar forros de amianto porque es una partusera infernal'.

pasivo, va. adj. Dícese del integrante receptor en una relación homosexual. Ú. c. desc. 'La Antonio es más pasiva que una puerta'.

paspado, da. [paspau] adj. *Cba.* Persona remilgada o melindrosa.

pastenaca. adj. m. desus. **Gil.**

patadura. adj. com. pop. Que carece de habilidad para jugar al fútbol 'Andate Molina, sos un patadura'. Según Kovadloff, forma parte del lenguaje de personas mayores, que lo prefieren por ser un insulto mucho más leve que sinónimos más violentos, como **tronco**, **paquete**, **burro** o **muerto**.

patán. m. desp. Individuo grosero, de modales nulos 'Joven, dele el asiento a la embarazada, no sea patán'.

pato criollo. loc. Torpe, inútil. | Explica Bordelois que esta loc. tiene "un origen metafórico, ya que el simpático palmípedo hace a cada paso una cagada".

patotero, ra. adj. Provocador que se apoya en que tiene un grupo (la patota) detrás 'Qué venís a amenazar a la revista, patotero'.

patova. adj. m. desp. **Patovica.**

patovica. m. Sujeto de músculos hipertrofiados por el gimnasio y los anabólicos. | **2.** Gorila de músculos hipertrofiados por el gimnasio y los anabólicos que ponen a cargo de la seguridad de una discoteca, pub, etc. Ú. c. desp.

pavito. m. pop. Culo bonito. | Participa de insultos admirativos 'Mamita, qué pavito para rellenar de morcilla', condicionales 'Si entregás ese pavito yo te hago de spiedo' y de amenaza envidiosa 'Vos, que te comés ese pavito, cuidate de la gripe aviar'. Señala Saussure que 'Nena, qué pavito' es elogioso, pero 'Ese pavito parece una alcancía' resulta insultante.

pavo, va. adj. Tonto y, a veces, sin gracia 'Marley es un pavo'. | **2.** m. Ojete. Ú. en insultos de amenaza 'Te voy a rellenar el pavo con carne de poronga'.

Pavo.

pavote, ta. adj. **Pavo.** 'Marley es un pavote'.

payaso. m. Persona que no infunde seriedad con sus actos o dichos '¿A qué otro payaso me hacía acordar Bucaram?'.

pazguato, ta. adj. Bobalicón, que se deslumbra con cualquier cosa (desus.) 'Al pazguato le das

pedazo

jugo de uva y se cree que es Borgoña'.

pedazo. m. pop. Pene. | Ú. en insultos tanto de invitación imperativos 'Agarrame el pedazo', como de descalificación 'Qué hablá' vo', si te gusta el pedazo'. | **2. – de** + s. Construcción que subraya la importancia de lo designado por el nombre o la intensidad de la cualidad a la que se refiere 'pedazo de animal', 'pedazo de bestia', 'pedazo de pelotudo', 'pedazo de hijo de puta', etc.

pedo. m. Flato, ventosidad anal. | Ú. en insultos de descalificación 'Sos nada más que un pedo hediondo', 'Tirate un pedo', etc. || **estar al pedo.** loc. estar sin sentido, no hacer un carajo '¿No ves que en la vida vos estás al pedo?'. || **estar en pedo.** loc. Estar borracho o drogado '¿Vos estás en pedo, cómo vas a rechazar ese ojete?'. || **cagar a pedos.** loc. Amonestar fuertemente a alguien 'Forro pelotudo y la puta que te parió, si no hacés eso te voy a cagar a pedos'. || **hablar al pedo.** loc. Hablar sin sentido u objeto 'Dejá de hablar al pedo, querés'.

pedorro, ra. adj. Que es dado a soltar abundantes ventosidades 'Callate, gordo pedorro'. | **2.** De escasa o nula calidad 'Por culpa de ese diccionario pedorro me la paso puteando todo el día; ayer mandé a la concha de su madre al CEO de la empresa y me echaron del laburo de una patada en el orto'.

pechofrío. adj. Aplícase al deportista que siempre muestra una súbita reticencia (arruga) frente a los grandes desafíos 'Gimnasia es un equipo pechofrío', 'El Mago Capria juega bien, pero es muy pechofrío'.

pegajoso, sa. adj. Persona de presencia constante y no del todo bienvenida. || sin. **plomo**.

peinar. tr. vul. Darle alguna forma al cabello. | Observa De la Concha (h) que construye insulto de amenaza "inseparablemente unido a las pilosidades de los orificios sexuales" 'Te voy a peinar los pelos del orto', 'Como me gustaría engominarte y peinarte el arbustito', etc. || **peinar para adentro.** loc. Penetrar el orificio vaginal o anal.

Peinar.

pejerto. adj. pop. Dícese de la persona torpe y algo tonta. || sin. **nabo**.

pelado. m. pop. Pene. | Se observa una tendencia a utilizarlo preferentemente en insultos de invitación 'Vení, sentate en el pelado'; 'Por qué no le ponés la **peluquita** al pelado', etc. (Damas Gratis 'Si querés te saco a bailar/ si querés te doy de tomar/ primero... oh oh oh.../ sentate en el pelado'.)

pelado. adj. m. Que carece de cabello. Ú c. desp. Ú. t. c. s. (Fabulosos Cadillacs, Los *Yo te avisé* 'Pelado, sé que soy un pelado botón')

pelafustán. (*de 'pelar' y 'fustán', cierto tejido*) adj. m. desus. **Boludo.**

pelagatos. m. Pobre infeliz, ser insignificante o mediocre sin figuración alguna.

pelandrún, na. adj. pop. desus. Tonto. Ú. c. desp. (Flores, Celedonio *Margot* "Se te embroca desde lejos, pelandruna abacanada/ que naciste en la miseria de un convento de arrabal".| **2. Haragán.**

pelar. tr. Sacar. Es verbo infrecuente en insultos de invitación 'Pelame la chaucha', pero sí, en cambio, actúa como desafío 'A ver, pelala'.

pelmazo. adj. m. (no se observa la forma femenina) Dícese del que es pesado y molesto. Ú. t. c. s.

pelotas. f. pl. Testículos. | Ú. en insultos de amenaza 'Te voy a cortar las pelotas', 'Te voy a colgar de las pelotas', 'Te voy a patear las pelotas hasta que se pongan como dos pelotas de fútbol'. Pigna desaconseja este último por la repetición. || **dejame de romper las pelotas.** loc. No molestes. || **no me hinches las pelotas.** loc. No molestes. || **me tenés las pelotas por el suelo.** loc. Me tenés harto. || **cantar las pelotas.** loc. Hacer algo porque sí o porque se le da la gana 'Te voy a partir la cara porque se me cantan las pelotas'. || **pelotas tristes.** loc. Infeliz, pobre diablo.|| sin. **bolas, cocos, coquitos, huevos, mellizos, tarlipes.**

pelotas. adj. **Boludo.** Ú. t. c. s. | Es insulto leve empleado principalmente como vocativo 'Che, pelotas, pagate unos tragos'.

pelotudear. intr. Hacer o decir pelotudeces. | Ú. principalmente

Pelotudos

pelotudez

en insultos de amenaza 'Dejá de pelotudear', 'Andá a pelotudear a otro lado', 'Cortala de pelotudear que te voy a romper el culo'.

pelotudez. f. Tontería. Ú. c. desc., '*El noticiero de Santo* es una pelotudez', y también como refuerzo en insultos de amenaza directos 'Parás de escribir pelotudeces o te hago cagar, hijo de puta' o condicionales 'Si no parás de decir pelotudeces te voy a cortar las pelotas y te las voy a hacer tragar una por una'. || sin. **boludez.**

pelotudo, da. adj. Tonto, estúpido. Ú. t. c. s. Ú en insultos afirmativos 'Sos un pelotudo', falsos negativos 'No se puede ser más pelotudo' e interrogativos '¿No ves que sos un pelotudo?'. | Como s. suele cumplir la función de vocativo reforzando el insulto principal 'Mirá, pelotudo, por qué no me chupás la pija vos, tu hermana y toda tu familia del orto', 'Sabés qué, pelotudo, no puedo seguir mirando un minuto más a un infeliz como vos'. | En la construcción **más – que**, suele dar curiosos resultados 'Más pelotudo que las palomas', 'Más pelotudo que el agua de los fideos', etc.

peluca, peluquita. f. pop. Vulva no afeitada (véase **pelado**).

pendejada. f. Relativo o referente a los pendejos.

Perra
(Viejas Locas, *Hermanos de sangre*, 1997)

Me dejaste en la ruina
no en la ruina material
ahora tengo un problema
un problema mental.
Sos una Perra... Perra...
Perra... Perra... uau...

Me tuviste tanto tiempo
pusiste dulce en mi boca,
yo me estaba prendiendo fuego
y vos no me ibas a apagar, ¡no!
Sos una Perra... Perra...
Perra... Perra...
Sos una Perra... Perra...
Perra... Perra...

Siempre fuiste una gran perra
mi amor...
Siempre fuiste la más... perra.

Pusiste clavos a mis zapatos
no me dejabas ver el sol,
no me gusta que me grites, nena;
por qué no te buscás otro novio
si sos una Perra... Perra...
Perra... Perra... Perra...
Perra... Perra... Perra...

Sos una Perra... Perra...
Perra... Perra... Perra...
Perra... Perra... Perra...
Sos una Perra...
como una Perra...
como una Perra...
como una Perra...

Siempre fuiste
una gran Perra mi amor...
¡Siempre fuiste la más..! Perra.

pendejo. m. Cabello del pubis. | Ú. en insultos de invitación 'Salivame los pendejos' y de amenaza 'Te voy a rempujar los pendejos del orto'. | Observa Menéndez y Pelayo una marcada tendencia a elidir la s en los plurales 'Por qué no me lamés un poco los pendejo' hasta dejarme lisitas las pelotas'.

pendejo, ja. adj. *Arg.* Que está en la niñez. Ú. t. c. s. | **2.** *Arg.* Inmaduro. 'Matías Martin se hace el pendejo pero ya tiene como 40 años', 'San Lorenzo tiene que colgar de una vez a José Saturnino Cardozo y dejar que jueguen los pendejos'.

perdedor, ra. adj. Persona con facilidad para el fracaso. Inútil. Ú. c. desp. | Empléase como copia del *loser* inglés, que a veces lo remplaza 'Callate, perdedor', 'La izquierda argentina tiene vocación de *loser*'.

perejil. adj. m. pop. **Gil**.

perra. adj. f. Puta.

Perejil.

perro. adj. m. Califica a alguien sin dotes para aquello que desempeña. Ú. t. c. s. 'Tom Cruise es un perro como actor', 'Enrique Iglesias es un perro', 'Che, perro, ¿por qué no te dedicás a otra cosa?'.

Perro.

pesado, da. adj. Insoportable Ú. t. c. s. 'Me chupa un huevo cual es la propuesta del Partido Obrero, tomatelás, pesado'.

pescado. adj. com. Designa a la persona estúpida 'Tu novio [o novia] es un pescado'. | **2.** Designa a la persona fea y estúpida 'Tu novio [o novia] es un pescado'.

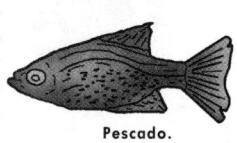

Pescado.

pesebre. m. vulg. Zona pélvica. | **bajar al pesebre.** loc. Agacharse para realizar sexo oral. Ú. en insultos de descalificación 'Ese no espera que sea Navidad para bajar al pesebre'.

petaca. adj. indef. pop. **Petiso**. Ú. t. c. s. Es despectivo 'A Verónica Castro se la garcharon tanto que ya parece una petaca de leche'.

petacona. adj. f. *Méx*. Culona.

petardista. adj. Que anuncia grandes acontecimientos, descubrimientos, noticias o tiene ínfulas de provocador, pero en verdad no tiene ningún argumento ni solidez intelectual para sostener sus enunciados 'Pasé por la marcha por la libertad de los presos de Guantánamo y sólo estaban Gerardo Romagnoli, Héctor Bidonde, Patricia Walsh y un par de petardistas más'.

pete. vulg. Succión amorosa del miembro viril. | Ú. t. en insultos de invitación reflexivos 'Por qué no me hacés un pete'.

petero, ra. adj. Que es dado a o gusta de succionar el miembro viril. Ú. t. c. s. 'Esa mina es tan petera que todas las noches se pone ratisalil en los labios, de tanto que le duelen'.

petiso, sa. (*tb* petizo, za) adj. De escasa estatura. Ú. t. c. s. Es despectivo, pero algunas veces afectivo.

piantado, da. adj. pop. Colifa. Ú. c. desp. y descalificador '¡Vos estás piantado!'.

piantavotos. adj. com. Persona que en una elección inclina la decisión de voto hacia el bando contrario al suyo. Ú. c. desp. 'De la Rúa es un piantavotos'.

picha. f. Pija, poronga.

pichi. (*del araucano 'pichi', pequeño*) adj. m. Aplícase a la persona de escasa o nula importancia. Ú c. desp. 'Sos un pichi', 'Un pichi como vos no me va a venir a decir lo que tengo que hacer'.

pichula. (*tb.* pichulín) f. Órgano sexual masculino, **garompa**.

pichulero, ra. (tb. **pichuleador, ra**). Persona que busca ventajas o ganancias pequeñas en compras o negocios 'No podés ser tan pichulero y decirle a la puta que te cobre menos sólo porque se le escapó un pedo cuando te estaba haciendo un pete'.

pico. m. *Chile*. Poronga 'La polola de Patricio es tan puta que ya le sobó el pico a todo Valparaíso'.

piedra. adj. Fúlmine, que trae desdichas o mala suerte 'En cuanto la piedra de James Cheek apareció en la tribuna, nos hicieron el gol'. || sin. **mufa**, roca.

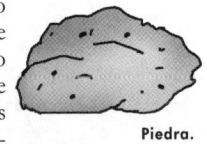

Piedra.

pija. vulg. Pene. | Ú. en insultos de invitación tanto imperativos 'Chupame la pija', 'Agarrame la pija', 'Sobame la pija', 'Sopapeame la pija', como condicionales reflexivos 'Por qué no me chupás un poco la pija'. || **pija de soga.** loc. Impotente. || sin. **banana, chorizo, chota, choto, ganso, garcha, garompa, herramienta, instrumento, japi, nabo, palanca, papirola, pedazo, pico, pinchila** (*Cba.*)**, pinga, pirulín, pistola, pitito, pitulín, pomo, poronga, serpentina, serpiente, sogán, tararira, tronco, verga, zodape.**

pijotero, ra. adj. Avaro, mezquino. Ú. c. desp. 'La vieja del ruso era tan pijotera que salía a planchar en el palier para gastar la luz del consorcio y no la de su casa'.

pillado, da. adj. Persona engreída 'Ese pillado de Vilas se cree que sigue siendo el número uno'.

pinchaglobo. adj. Aplícase a la persona que destruye esperanzas o genera anticlímax. || sin. **cortamambo.**

pincharrata. adj. pop. Estudiante de medicina. Ú. c. desp. | 2. Seguidor del club de fútbol Estudiantes de la Plata. Ú. c. desp.

pinche. adj. *Méx*. Trucho o de escaso valor. | 2. - + s. Construcción que refuerza la importancia de lo designado por el sustantivo o la intensidad de la cualidad a la que se refiere; es equivalente al bruto + s. de los argentinos. p. e. pinche desmadre = bruto desmadre. 'Pinche **cabrón**', 'pinche mamón' y 'pinche güey' son insultos muy fuertes.

pinchila. f. *Cba*. Miembro viril (Casero, Alfredo 'Hay uno que se toca mucho: tiene la pinchila que parece un pucho').

pindonga. f. Pene. | 2. pop. De escasa valía 'La pindonga de mi novio es una pindonga'.

piojo. adj. Diminuto. Ser insignificante. | 2. De escasos o nulos recursos económicos. Ser insignificante. || **piojo resucitado.** loc. Persona que recuperó un estándar de vida razonable después de haber atravesado malos momentos económicos 'Desde que vendieron al pibe por no sé cuántos palos verdes a un club de Rusia, los piojos resucitados de la villa de enfrente andan en BMW y usan zapatillas de 400 mangos'.

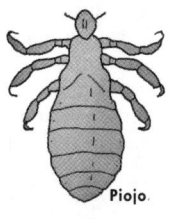

piojoso, sa. adj. Miserable. (Pierri, Alberto 1994 'Román Lejtman es un judío piojoso'.)

piola. (*tb* **piolín, piolón**) f. Miembro viril. Ú. en insultos de invitación 'Te invito a que te cuelgues de mi piola'. || sin. soga.

pipaso. adj. Persona que se droga con pasta base. Ú. c. desp.

piraña. f. Mujer que succiona el miembro viril con arte 'Perdóname, Carlos, yo sé que esto no se le hace a un amigo, pero la verdad es que tu vieja es una piraña que no te larga la poronga hasta que no se traga la última gota'.

piraña. adj. Que, como el pez amazónico del mismo nombre, devora violentamente todo lo que se le pone a su paso. Explica Lévy-Strauss que sirve tanto para defi-

piringundín

nir a quienes comen en demasía 'Loco, son unas pirañas, yo pensé que con cinco kilos de asado para tres íbamos a andar fenómeno y nos quedamos cortos', 'Con la guita que sale mantener a la piraña de tu hijo ya nos hubiéramos comprado Loma Negra con Amalita adentro', como a quienes tienen compulsión por obtener ganancias pingües haciendo daño al prójimo '¿Así que vos formaste parte del Exxel Group, piraña?'.

piringundín. (*tb* **peringundín**) m. Establecimiento de escasos méritos. | **2.** Prostíbulo. Ú. c. desp. 'Nunca voy a Pachá, es un piringundín'.

pirobar. intr. Practicar el coito. | Advierte Gancedo que su uso es tanto para insultos de amenaza 'Te voy a pirobar hasta que te dehidrates' como de invitación 'Vamos a pirobar que ando con ganas de darle masa a algún mamífero feo'.

pito. m. miembro viril. Ú. en insulto de invitación 'Soplame el pito, que esos no parecen labios de profesional del clarinete'. | **2.** Nadería. |Asegura Pigna que, por razones que la historia oculta, la locución 'me importa un bledo' derivó en 'me importa un pito', resignificando el término, que posteriormente fue todavía más devaluado con la expresión 'me importa tres pitos'. || **no ves un pito a la vela.** loc. No ves un carajo, cegato.

pitulín. m. Infantilismo por **chota, poronga, verga**. | **2. Chota, verga** o **poronga** de dimensiones ínfimas. | Apunta Olsen de Serrano Redonnet que construye el insulto por descalificación del insultado; 'Algunas veces", agrega, "de manera metonímica" 'Qué te hacés el John Holmes, pitulín'.

plomo, ma. adj. Insoportable, tedioso, que no se tolera 'Los discos de Lito Vitale son un plomo', 'La obra de Pink Floyd es muy ploma'.

pobre. adj. Persona que tiene menos que lo justo para vivir o carece completamente de ello. Ú. c. despect. | + s. Ú. para reforzar los despreciable del sustantivo 'pobre tipo', 'pobre infeliz', 'pobre pelotudo', 'pobre pelagatos', 'pobre juez de línea'.

pocilga. f. Hogar, oficina o habitación de pésimas condiciones de aseo y orden.

policía. com. Servidor público que impone el orden y hace valer la ley. Ú. c. desp. (Todos Tus Muertos, *Gente que no* '¿Querés ser policía?/ ¿querés ser policía?/ ¡¿querés ser

Policía.

policía?!/ Yo no.') | **2. Buchón, ortiva.**

polla. f. *Esp.* **Poronga, pindonga, pija.**

pollerudo. adj. m. Aplícase a aquel que se ampara en las mujeres o es propenso al siquerida. Es despectivo fuerte.

polvo. m. Coito. | Ú. en insultos de amenaza 'Te voy a echar un polvo que te va a dejar como Marcel Marceau'.

poner. tr. Introducir el miembro viril en algún orificio perteneciente a otro ser vivo 'Agachate que te la pongo y te dejo el culo como un mandril'. | **2.** Pegar, dar una piña 'Si no parás de insultarme, te voy a poner y te voy a dejar la cara morada'. | Para Barthes, el verbo también se utiliza en insultos de invitación 'Ponete en cuatro que te parto el orto en cuatro'.

ponja. adj. pop. Japonés. Es afectivo que disfraza un despectivo. (Tinelli, Marcelo *VideoMatch* 'Miralo al ponja cómo se cae'.)

ponzoñoso, sa. adj. Venenoso, que siembra cizaña. 'Rial es un ponzoñoso'.

poronga. (*del quechua 'purunkko' calabaza*) f. vulg. Pene. Ú. en insultos de invitación (véase **pija**). || **no hay poronga que te venga bien.** loc. Nada te conforma.

poronga. adj. f. De escaso o nulo valor, malo '*CQC* es una poronga'.

¿por qué no + -? Fórmula que invita a realizar la acción que se indica a continuación 'Por qué no me acariciás gentilmente la chota?'. Constituye la base de los insultos de invitación que Barthes cataloga como "condicionales" por distinguirlos de otros, como 'Andá a lavarte el orto', donde no hay tal condición. Posición de la que disiente Kovacci por entender a estos últimos como una mera orden, llamándolos, así, "insultos de mandato".

poto. m. *Cuyo.* **Culo.** Ú. mayormente en insultos de descalificación 'Callate, vos, si ni te sabés limpiar el poto'.

potz. m. *iddish.* **Pija, poronga.** | **2. Boludo** 'Ya sé mamá que es un buen chico, de buena familia, que es de la cole, que es socio de Hebraica y que pasó los últimos dos años como voluntario de un kibutz, pero qué querés que te diga, no me gusta, y encima es un potz'. Destaca Aguinis que el doble significado de este término se debe a que la traducción literaria del iddish es "pene o glande", pero

Potz.

pringoso

se popularizó en la colectividad judía argentina como sinónimo de "boludo"

pringoso, sa. adj. Pegajoso, sucio de alguna sustancia pegajosa. | Observa Barrenechea que se utiliza tanto en insultos literales 'Salí, manos pringosas' como figurados 'Las mujeres peronistas son como pringosas ¿viste?'.

profiláctico. adj. m. Es forma sutil de decir **forro** 'Che, profiláctico, pagate unos tragos'.

pucha. Forma eufemística de **puta**. Ú. mayormente como interjección '¡La pucha!'. | **jué pucha.** loc. Hijo de puta (Patoruzú, indio 'Ya te viá a agarrar, jué pucha'.)

puchero. adj. *Cba.* Puto '¿Qué mirai, pucherazo?'. | **2.** Por extensión, cobarde 'Salile ahí, puchero'.

punga. m. Descuidista, ladrón de poca monta. | Construye el insulto por descalificación 'Devolveme la guita que te presté, punga'.

Putita
(Babasónicos, Infame, 2003)

Sin piedad dejás atrás
un séquito de vana idolatría
sos tan espectacular
que no podés ser mía nada más
tenés que ser de todos.

La piel, los labios
donde roza la bambula
serán mi prado, mi vergel.

Ya sé
el camino a la fama no significa nada
si no hay una misión
¿cuál es?
hacerte muy putita, probar tu galletita
con toda devoción.

Ya sé, ya sé
cuál es... Ya sé

Derramás esa impresión de ser
la acción que encarna la ternura
a tu alrededor no hay humildad,
la venus es caricatura
tenés que ser de todos.

La piel, los labios
donde roza la bambula
serán mi prado, mi vergel.

Ya sé
el camino a la fama no significa nada
si no hay una misión
¿cuál es?
hacerte muy putita, probar tu galletita
con toda devoción.

Ya sé, ya sé
cuál es... Ya sé

Ya sé, ya sé
cuál es... Ya sé

Ya sé, ya sé
cuál es...

puñetero, ra. adj. pop. *Esp.* Persona fastidiosa. | **2.** *Arg.* Que se entrega conspicuamente al vicio de Onán. || sin. **pajero**.

pusilánime. adj. Persona carente de ánimo y coraje 'Nos llevó a la ruina, se rajó en un helicóptero, y el muy pusilánime quiere tener todavía figuración pública'.

puta. f. Mujer profesional del sexo. | **2.** Aplícase también a la mujer lasciva. Ú. t. c. adj. | Como insulto ú. en su forma sustantiva 'Salí, puta arrastrada', como loc. aludiendo a la madre del insultado 'hijo de puta' o adjetivando a algún pariente femenino de éste 'Tu vieja es reputa', 'Tu hermana es una vieja puta', 'tu novia es más puta que las gallinas'. Obsérvase una tendencia al empleo adjetivado 'puta barata', 'puta arrastrada', 'puta vieja', 'putón patrio', etc. Sólo en contadas ocasiones adjetiva algo diferente de mujeres 'Me cago en tu puta vida'. Pigna observa que entre estos ejemplos no debe incluirse 'Me cago en la reputa concha de tu madre muerta' ya que se trata de una clara metonimia. | Suele emplearse en fórmulas interjectivas 'La puta madre', 'Me cago en tu puta madre', etc. (Luppi, Federico *Plata dulce* 'Arteche y la puta madre que te parió'.) | Antepuesto al s. tb en su forma m. ú. c. desp. genérico 'No tenés puta idea de qué estás diciendo', 'Qué decís si no te tocó qué un puto pelo'. | De la Concha subraya que da lugar a numerosos derivados, como putaina, putarraca, putilla, putón o putona; aunque el significado prácticamente no varía. || **hijo de remil putas.** loc. Mal bicho.

putín. adj. *Mex.* **Cagón.** Ú. t. c. s. Persona falta de coraje. 'El subcomandante Marcos se hace el revolucionario pero al final es un putín que se la pasa chateando con Joaquín Sabina'.

puto. m. Hombre que tiene trato sexual con los de su propio sexo por placer o dinero. Ú. t. c. adj. | (*Refranero popular* 'Ya todos saben que La Boca está de luto/ son todos negros, son todos putos'.) || sin. **afeminado, amoral, apio, bala, balazo, balín, balinazo, bufa, bufanda, bufarrón, bujarrón, catador de porongas, coliza** (Chile), **colizón** (Chile), **comilón, gaisoline, gay** (angl.), **homosexual, invertido, joto** (Méx.), **loca, manflorita, manfloro, maraca, marica, mariconazo, maricuela, mariposa, mariposón, mariquita, morfeta, morfón, pájaro** (Cuba), **putete, sarasa** (desus.), **sodomita,**

Putín.

Puto
(Molotov, *¿Dónde jugarán las niñas?*, 1997)

Que muy machín, ¿no?
Ah, muy machín, ¿no?
Marica nena más bien putín,
¿no?

Que muy machín, ¿no?
Ah, muy machín, ¿no?
Marica nena, más bien putín,
¿no?

Puto, Puto, Puto, Puto, Puto,
Puto, Puto, Puto

Que muy machín, ¿no?
Ah muy machín, ¿no?
Marica nena más bien putín,
¿no?

Que muy machín, ¿no?
Ah muy machín, ¿no?
Marica nena más bien putín,
¿no?

¡Puto!
El que no brinque y que no
                    salte.
¡Puto!
El que no grite y eche desmadre.
¡Puto!
El güey que quedó conforme.
¡Puto!
El que creyó lo del informe.

¡Puto!
El que nos quita la papa.
¡Puto!
También todo que lo tapa.
¡Puto!
El que no hace lo que quiere.
¡Puto!
Puto nace, puto se muere.

Amo a matón
matarile al maricón
¡¿y qué quiere este hijo de puta?!
quiere llorar,
quiere llorar.

Este es un son dedicado a
Mickey y a toda su familia y a
Iñaki su hermano.

¡Puto le faltan tanates al puto!
¡Le faltan topiates, puto!
¡Le faltan tanates al puto puto!

Amo a matón
matarile al maricón
¡¿y qué quiere este hocicón?!

Quiere llorar,
quiere llorar.

puto,
puto.

soplapetes, tragaleche, traga- sable, trolebús, trolo, uranista.

quebrado, da. adj. Políticamente hablando, que cambió radicalmente de posición y adhesión política. Por extensión, traidor 'El libro de Galimba es una mierda porque lo presenta como un quebrado pero con onda'.

quedado, da. adj. Lento, de poca iniciativa 'Si seguís así de quedado, no la vas a poner en tu puta vida'. | Destaca Gancedo que, sin dejar de significar lo señalado, ú. t. para acusar al insultado de duro de mollera 'No hace falta que se ponga un helado en la frente para darse cuenta de que Karina es un poco quedada'.

quejoso, sa. adj. Que protesta por todo 'El Melli la mueve, pero también es un quejoso insoportable'.

quemado, da. adj. desc. Que tiene sus facultades mentales disminuidas por el excesivo consumo de drogas 'El Pity es un talento, lástima que está medio quemado'.

quemero, ra. Vecino de la quema. | **2.** Simpatizante de Huracán de Parque Patricios (*Cancionero popular* 'Vamos San Lorenzo/ pongamos más huevos/ que este campeonato, si alentamos todo se queda en Boedo./ Pobres los quemeros,/ se van al descenso'.)

quena. f. Instrumento musical de viento originario del noroeste argentino hecho a base de caña. | **2.** fig. Miembro viril, **poronga**. Ú. mayormente en insultos de invitación '¡Cortala con el charango, coya del orto. ¿Por qué no venís y me soplás bien la quena, la reconcha de tu hermana muerta, hijo de remilreputas?'.

querida. f. Amante no oficializada. '...y, desde que es la querida de Adri, la muy **putita** consigue papeles en todas las novelas del 13'.

queso. adj. Persona blanda, de actitud desganada 'Y qué querés con Racing, si los jugadores son todos unos quesos'.

quilombero, ra. adj. Que suele hacer quilombo, bullanguero, ruidoso. Ú. c. desc. 'Cortala con el chingui chingi, quilombero, o te apago el equipo a patadas'. (*Cancionero popular* Mundial de 1978 'Vamo', vamo', Argentina/ vamo', vamo' a ganar/ que esta barra quilombera / no te deja, no te deja de alentar'.) | **2.** Persona que acostumbra meterse en problemas. Ú. c. desc. '¿Otra vez te metieron en cana? No ves que seguís siendo el mismo quilombero de siempre...'.

quincho. m. pop. Aplique capilar 'Che, llegó Silvio... A ver, traigan el asado que ya tenemos el quincho'.

quinotos. m. pl. pop. Testículos 'Me tenés con los quinotos por el suelo pidiéndome insultos originales'.

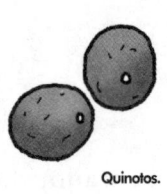

Quinotos.

rábano. m. Planta de raíz carnosa que se emplea como alimento. | **2.** Fig. miembro viril, **garompa**, **verga**. U. en insultos de amenaza 'Si no cerrás la boca, te la voy a tapar con mi rábano picante'. | **3.** Menor, de poca importancia, intrascendente 'Lo que tengas para decir acerca de mi flamante afición por el sexo anal me importa un rábano'.

rabo. m. Cola de algunos animales. | **2.** Extremidad alargada que cuelga o sobresale. Por extensión, miembro viril, **garcha**, **zodape**. | En su primera acepción tiende a usarse en expresiones admirativas vagamente insultantes 'Mamita, cómo movés el rabito' y en la segunda ú. mayormente en insultos de invitación 'Vení y lameme el rabo' o amenaza 'Rajá de acá si no querés que te engarce el rabo entre las nalgas, conchudo'.

racista. adj. Que desprecia a las personas de otra raza 'Radio 10 es un nido de **fachos** racistas', 'Todos los taxistas son racistas', 'Todos los patovicas son racistas'. | "¿Ofende a un racista que le digan 'racista'?", se pregunta Bordelois. "Evidentemente no", se contesta. "Lo cual convierte a este adjetivo en un insulto sólo efectivo cuando la apreciación es escuchada por terceros. Pero, entonces, ¿sigue siendo un insulto?".

Racista.

radicha. (*tb* **radicheta**) adj. pop. Que pertenece a con la Unión Cívica Radical o simpatiza con este partido. Ú. c. desp. | Puntualiza O'Donnell que es un insulto caído en desuso en tanto caído en desuso está el radicalismo 'Al pobre de Quique Dapiaggi lo **garcaron** los radichas de la patota cultural', 'Los milicos nunca jodieron a Balbín porque el viejo siempre fue un tibio radicheta del orto'.

raja. f. pop. Parte baja de la espalda, línea más o menos estrecha que divide una nalga de otra, raya 'Te voy a dar tantas patas en el orto que se te va a borrar la raja', 'Cada vez que se agacha, al gordo Dany se le ve la raja'. | 2. **Concha**, vagina.

rajar. intr. Huir, escapar, tomarse el buque. | Ú. en insultos de amenaza 'Mejor rajá antes de que te surta, hijo de una gran puta', desprecio 'Los putos de Racing se rajaron antes de que termine el partido' o maldición 'Los hijos de puta de los bancos se pusieron de acuerdo con Cavallo y se rajaron con todos los depósitos'. (Arlt, Roberto *Los siete locos* 'El farmacéutico se levantó, extendió el brazo y haciendo chasquear la yema de los dedos, exclamó ante el mozo del café que miraba asombrado la escena: «Rajá, turrito, rajá»').

ramera. f. Puta, prostituta 'Sacate esa bombacha con el culo al aire que parecés una ramera'.

ramplón, ona. adj. fig. Vulgar, chabacano; de trazo grueso o nada refinado 'Samid es un ramplón; lo vi sonándose la nariz con su corbata'. || sin. **grasa**.

rana. adj. Canchero, vivo, banana. | Observa Moliner que "el vocablo deviene insulto cuando es empleado con ironía" 'Vos sos un rana bárbaro' (Los Twist *S. O. S. Sos una rica banana* 'Sos un fresco, sos un rana, sos una rica banana, sos un buen chocolatín').

Rana.

rancho. m. desp. Vivienda pobre, rudimentaria y que carece de todo confort 'Desde que se retiró, el Chanchi vive en una choza de ramas, sólo ornamentada con vinchucas y vidrios rotos'. || sin. cueva, pocilga, **sucucho, tapera.**

rápida. adj. f. pop. Veloz, accesible, que no ofrece falsas excusas ni da rodeos a la hora del garche 'Alguien debería decirle al tío Juan Carlos que su nueva novia no sólo es 30 años más joven que la tía Norma, sino también 100 veces más rápida que Tracy Lords'. || sin. **puta, putona, atorranta, fácil, facilonga.**

rápido, da. adj. Aplícase a quien es provechador, poco fiable. | Ú. en insultos de comparación 'Yo no le confiaría la caja chica a tu cuñado; ese chabón es más rápido que Kohan y Corach juntos'. || **rápido para los mandados.** loc. Persona que, a partir de una consigna dada, obtiene algún rédito personal, generalmente económico. || sin. **garca.**

raquítico, ca. adj. Que padece de raquitismo, enfermedad infantil que se manifiesta por un retraso en el desarrollo óseo. Por extensión, persona subalimentada, desnutrida o que presenta un físico excesivamente flaco y débil. Ú. c. insulto despectivo o descalificativo 'Los genitales de Astiz son raquíticos'. || sin. **alfeñique,** cagadita, enclenque, esmirriado. | **2.** fig. Exiguo, mezquino, miserable 'El sueldo que nos pagan acá en la Side es raquítico; menos mal que zafamos gracias a los extras que provienen de los delitos más variados'.

rarito. adj. m. Que no se le conocen novias. De sexualidad indefinida, ambiguo, que parece puto o se hace el puto '¿No te parece que el hijo de Charly es medio rarito?'.

raro, ra. adj. Extraño, poco común. | Señala Olsen de Serrano Redonnet que la tendencia a usar el vocablo en insultos de descalificación ('Tu novia es más rara que un avestruz sin plumas') a dejado a un empleo intensivo en insinuaciones veladas 'No te hagas el raro que vos en el barrio te ponías contento cuando pintaba un morcipán'.

Raro.

rasca. adj. Barato, de mala calidad, berreta 'Es productor artístico que la compañía discográfica les contrató a los Fantasmas del Caribe es muy rasca para el nivel que ya tiene el grupo'. | **2. Pijotero**, amarrete 'No podés ser tan rasca, dale una moneda a ese mugriento y desdentado mendigo, ¿no ves que no tiene ni para rascarse porque, en efecto, le faltan los brazos?', 'Si vas a venir de nuevo a

rascada

casa a fumar porro de arriba, no seas rasca y por lo menos traete unos bonobón para el bajón'.

rascada. f. Despectivamente, cosa de escaso valor o que da poco rédito 'Ofreceme un laburo, eso es una rascada'. | **2.** De poca calidad o improvisado. Ú. c. desp. 'Este diccionario es una rascada total'.

rascar. intr. Mimar, prodigarse cariño en pareja (o en grupo) a través de caricias. Manosear, meter mano 'Decile a la atorranta de tu hermana que deje de rascar en el zaguán con el del puesto de flores de la esquina que el novio la llama por teléfono'. || **rascarse las bolas (los huevos, las tarlipes, las pelotas)** loc. Estar entregado al ocio. Ú. c. desp. 'Por qué no dejás de rascarte las bolas y te ponés a pensar cosas para el diccionario'.

rasposo, sa. adj. Tacaño, miserable 'Dale, rasposo, pagate una vuelta de merca para todos'. | **2.** Humilde, pobre 'Por qué no dejás los pic-nics en Ezeiza con el rasposo de tu novio y su Fitito modelo 68 y venís a acariciarle la palanca de cambios a mi Mini Cooper, putita, si a vos te gusta más la guita que el dulce de leche'.

rastacuero. adj. desp. Nuevo rico. Ú. t. c. s. 'El menemismo nos dejó una cultura de rastacueros que nos va a llevar más de una generación sacudirnos de encima'.

rastrero, ra. adj. Que se arras-

Rajá rata
(Los Caballeros de la Quema, *La paciencia de la araña*, 1998)

Don Señor ministro del orto
                eunuco mental
¿cómo dice que le va a usted
                y a sus chanchitos?
no sé si le cuentan
anda suelta la rabia
y yo que usted me cuido
                la busarda
Rajá Rata
Rata Raja
porque suena y suena el río
y se viene el agua
viene el agua
Calentita la rosada
¿no señor sultán?
qué bien que la lustran sus
                hipopotamitos
no sé si llega el tufo a goma
                quemada
yo que usted me cuido la ñata

Rajá Rata
Rata Rajá

Capitán hijo de perra
lavá la escarapela
que vas chorreando sangre
y no se seca
y no se seca
se juna fácil en Madero o en La Biela
yo que vos me cuido las medias
Rajá Rata
Rata Rajá
porque suena y suena el río
se viene el agua
se viene el agua

tra, que no alcanza más altura que la de un ofidio muerto. Ú. c. desc. | **2**. fig. Bajo, indigno, vil. 'Sus propuestas, licenciado, son rastreras; esperaba de usted algo más que un "juntemos soretes de perro y arrojémosnoslos por la cabeza"'.

rata. adj. Persona rastrera, vil. | **2**. Pobre, de escasos recursos | Observa Gancedo que "trátase de un insulto de rango amplio por su ubicuidad y su modesto pero definitivo efecto ofensivo, en tanto define a quien se comporta literalmente como un roedor, sobreviviendo de la carroña y nutriéndose de los desechos 'Los abogados son todos unas ratas'; así como también a aquel que se desenvuelve en medios humildes 'Vos decile rata todo lo que quieras, pero tiene la verga más grande que me cogió en mi vida'. || **rata cruel.** loc. falsa víctima 'No te hagas la rata cruel que con la convertibilidad bien que fuiste cuatro veces a Miami y dos veces a Cancún'.

rati. m. y f. Policía. Es despectivo fuerte. 'Salí, rati puto, que te vamos a sacar la gorra y la vamos a usar de forro para romperte bien el ojete'. | Observa Landriscina que proviene de la inversión de las sílabas (vesre) de **tira**, que alude a las tiras o charreteras de los uniformes con las que los miembros de las fuerzas de seguridad identifican su rango. || sin. azul, **cana, yuta.**

ratón. m. Pobre, de escasos recursos. | Según advierte Bor-

Ratón.

Rata de dos patas
(Paquita la del Barrio)

Rata inmunda, animal rastrero,
escoria de la vida,
adefesio mal hecho,
infrahumano, espectro del
infierno, maldita sabandija
cuánto daño me has hecho.

Alimaña, culebra ponzoñoza,
deshecho de la vida
te odio y te desprecio,
rata de dos patas
te estoy hablando a ti,
porque un bicho rastrero,
aún siendo el más maldito,
comparado contigo

se queda muy chiquito.
Maldita sanguijuela,
maldita cucaracha,
que infectas donde picas,
que hieres y que matas.

Alimaña, culebra ponzoñosa,
deshecho de la vida
te odio y te desprecio,
rata de dos patas
te estoy hablando a ti,
porque un bicho rastrero,
aún siendo el más maldito,
Comparado contigo
se queda muy chiquito

delois, "es importante la distinción que existe entre dos términos en apariencia similares como **rata** y **ratón**, porque mientras el primero denota codicia, malas intenciones y malas artes 'Menem es una rata', el segundo exalta su condición humilde 'En cuanto me haga las lolas, vas a ver que voy a empezar a tener clientes mucho menos ratones'.

ratonazo. m. pobre, de escasos recursos, **ratón.** | Es insulto leve 'Che, ratonazo, cambiale las cubiertas al Dodge que están más lisas que la bocha de Kojak'.

ratonear (se). intr. Fantasear, ilusionarse, **hacerse los ratones.** | Aplícase, por lo habitual, en relación con lo sexual, fantasear con empernar o ser empernado '¡Cómo me ratonea Violeta Rivas!' | Ú. en insultos de evocación '¡Era tan jeropa que se ratoneaba hasta con Nené Cascallar!'.

ratones, hacerse los. loc. Ilusionarse, fantasear 'Dejá de hacerte los ratones con el televisor de plasma que que ni rompiéndote literalmente el culo trabajando de puta podrías comprártelo'. | Por extensión, imaginar acercamientos o contactos sexuales 'Sos de la clase de pajero que se hace los ratones hasta cuando ve una monja'

raya. f. fig. pop. Espacio ubicado creado por la separación de ambas nalgas. |**2.** Límite, frontera. Ú. en insultos de amenaza 'No te pasés de la raya, forro, porque te emboco acá mismo'. |

Raya.

Raya del culo (del orto, etc.). loc. Ú. mayormente en insultos de amenaza 'Te voy a cagar tanto a patadas que te voy a borrar la raya del orto'.

rayado, da. adj. Loco, demente '¿Otra vez tuviste que garparle el aborto a la rayada de tu novia porque no te avisó que había dejado de cuidarse?'. | **2.** Enojado, malhumorado 'Tomátelas, rayada, pará de gritar boludeces y dejame ver el partido'.

Rayado.

re. pref. col. Indica intensidad cuando se antepone tanto a un adjetivo 'reboludo', 'reforro', 'repelotudo', 'reputa', etc., cuanto a un verbo 'recojer', 'recagar', etc. | Bordelois desaconseja la fórmula 'rerreventar' por hallarla cacofónica.

reaccionario, a. adj. Que se opone a cualquier cambio o innovación. Que, ante una situación de progreso, es partidario de restablecer aquello que fue abolido y aplicar penas a quienes osaron remplazarlo por algo mejor. Ú. c.

descalificador 'Solá es un reaccionario, quiere recuperar para su familia el estatus de latifundistas fachos y antidemocráticos de antaño'. Ú. t. c. s. || sin. **burgués, carcamán, conservador, garca, fósil**.

rebuscado, da. adj. Demasiado complejo, afectado 'No tengo problemas en presentarte a mi prima, pero te advierto que no te va resultar sencillo culeártela porque es más rebuscada que Woody Allen'.

recalcado, da. adj. pop. De condición sostenida y afirmada 'puta recalcada', 'turro recalcado', 'yegua recalcada', etc. | 2. Golpeado, machucado. Por extensión, roto, demasiado usado, cansado, baqueteado 'No te hagás la virgo que tenés un orto recalcado'. | **la recalcada concha de tu (puta) madre (tía, hermana, abuela, etc).** Interjección más o menos vacía de sentido que suele indicar un lugar incierto adonde mandar algo o mandar a alguien. Se emplea para enfatizar insultos de invitación 'Por qué mejor no te vas a la recalcada concha de tu puta madre', exclamativos 'La recalcada concha de tu hermana, cómo me hacés algo así justo a mí que soy casi de familia', y de amenaza 'Si no me dejás de romper las pelotas de una vez, mando todo a la recalcada concha de su madre y que te mantenga el corrupto de tu viejo'.

rechoncho, cha. adj. desp. Gordo, de cuerpo semiesférico y alto tenor graso 'Che, porky, dejá en paz esa pastafrola que ya estás más rechoncho que Don Diego'. || sin. **ballena, bola de grasa, cerdo, chancho**, chochán, dogor, heladera, media res, **retacón**, traficante de canelones, **vaca**.

reformista. adj. m. y f. Que promueve reformas innecesarias, superfluas o inconvenientes. Es descalificativo. Ú. t. c. s. | Apunta Gancedo que su uso como insulto funciona casi siempre en tono irónico. 'Mi esposa es una reformista nata, pretende que cada vez que alguien se limpie el upite después de cagar, use un 10 por ciento menos de papel higiénico, para ahorrar papel y proteger los árboles del Amazonas'.

regalado, da. adj. Entregado, que no ofrece resistencia, fácil. Por extensión, persona muy dada al fornicio 'Venías tan regalada que no me diste tiempo ni a bajarme la braguета y ya me la estabas chupando'. | 2. Agotado, sin fuerzas 'Al final con vos no se puede ir a ningún lado; mirá cómo estás, le pegaste dos secas y ya quedaste regalada'.

regio. adj. Magnífico, suntuoso 'Cacho qué culo regio tiene tu novia', 'Por qué no me mamás este regio pedazo'. | Observa Bergoglio una tendencia a usarlo en insultos irónicos por oposición 'Llegó, se puso las pantuflas, se sirvió un whisky doble, agarró el control remoto, se echó en el sillón y no despegó el culo de ahí en toda la fiesta; la verdad que como anfitrión, tu marido es un regio'.

regla. f. vulg. **Menstruación**. 'Cortala, loca. ¿Te vino la regla o estás así de puro hinchapelotas que sos, nada más?'. | Destaca Kovacci que, aunque la menstruación es un fenómeno biológico exclusivamente femenino, ú. como insulto en varones para destacar su falta de humor '¿Qué te pasa, Gato, te vino la regla?'.

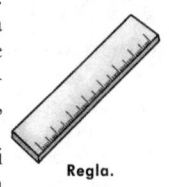

Regla.

rematado, da. adj. Completo, total. | Empléase para enfatizar el insulto tanto antes de éste (**rematado** + s o **rematado** + adj.) 'rematado hijo de puta', 'rematada conchuda', como después (s + **rematado** o adj. + **rematado**) 'forro rematado', 'puta rematada'.

remilgado, da. adj. Que se pretende delicado, que hace asco a todo 'Sos tan remilgado que para que me hagas el orto tuve que lavármelo dos veces con Espadol'.

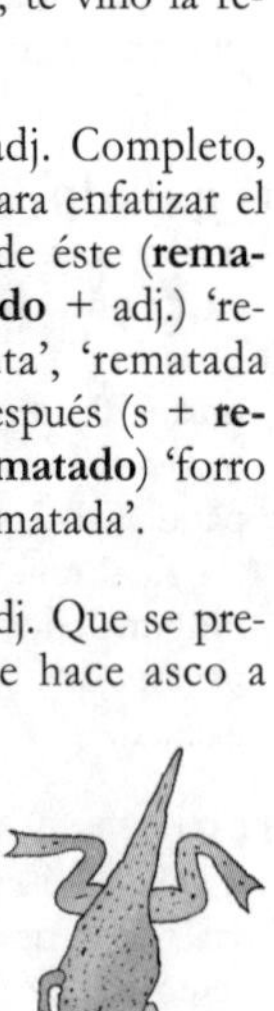

renacuajo. m. Renacuajo. Larva de rana. En sentido fig., persona desagradable, sin atractivo, insignificante 'Qué hacés, renacuajo, siempre espiando a tu alumnas de tenis en el vestuario, vos, ¿no?'.

rencoroso, sa. adj. Que guarda enconos por hechos del pasado. Ú. como descalificativo 'María Julia es tan rencorosa que nunca le perdonó a su hijo Alvarito que no le llevara a la cárcel raciones mayores de champagne, caviar y orejas de cerdo confitadas'.

renegado, da. adj. Que reniega de sus antiguas creencias, que rechaza su patria, su barrio, su familia o sus viejos amigos 'Desde que gatea en la Facultad de Derecho, Lucila ya no se enfiesta con los pibes del barrio... está hecha una renegada'.

rengo, ga. adj. Cojo, lisiado | Señala Landriscina que si bien es descriptivo 'Esa dama tiene alguna dificultad para caminar, por eso se le dice renga', su uso denota desprecio esté o no acompañado de definiciones más precisas como 'de mierda' o 'del orto'. Menéndez y Pelayo agrega que "usado como apodo, por lo común adquiere un carácter decididamente insultante" 'Al final, nunca pudieron comprobar cuánto se llevó el rengo Sofovich cuando estuvo en ATC'.

reno. m. fig. Persona que padece la infidelidad de su pareja 'A Barrantes no le jode que todos lo

reptil

tomen por reno porque, en realidad, lo que más le debe gustar es que lo tomen por culo'. || sin. **cornudo, gorro largo** (Cba.), **venado, vikingo**.

Reno.

repelente. adj. m. y f. Persona o cosa que causa rechazo, asco, repulsión y deseos de huir todo lo lejos que sea posible 'Tu vagina es repelente, Amalita'. Es despectivo fuerte. | **2**. fig. Veneno para insectos; y por extensión, cualquier cosa horrible, de sabor y olor repugnantes, y propiedades químicas nocivas 'El risotto que hace tu querida nona es repelente; me voy a Ugi's'.

represor, ra. adj. Que reprime; y por extensión, que aplica torturas, violencia psíquica, censura, violaciones, detenciones clandestinas, fusilamientos, asesinatos de todo tipo, desaparición de personas, robo de bebés o cualquier delito de lesa humanidad. Es insulto grave 'Galtieri, Massera, Astiz y Videla son referentes a la hora de pensar en represores hijos de remil puta'. Ú. t. c. s. | Landriscina señala que suele calificar a miembros activos o retirados de distintas fuerzas de seguridad, como Policía, Side, Servicio Penitenciario, Ejército, Armada, Fuerza Aérea, Gendarmería, Prefectura Naval o empresas de seguridad privada. Pero Bergoglio aporta que "por extensión, también es pertinente su uso en prelados, médicos, periodistas, dirigentes políticos, empresarios y conductores de programas de TV sobre mascotas que manifiesten complicidad o simpatías por la represión y las torturas". Aguinis advierte que, en caso de ser dirigido a una persona que no sea efectivamente represora ni colaboracionista de la represión, la gravedad del insulto resulta aún mayor. || sin. **milico, genocida**.

reptil. adj. m. fig. Persona a la que se atribuyen cualidades de las especies del grupo de vertebrados amniotas del mismo nombre, como tener escamas, sangre fría, lengua bífida, ponzoña o conductas rastreras. Es despectivo fuerte. Ú. t. c. s. 'Gelblung, reptil; volvete al serpentario del zoológico'. | Destaca Menéndez y Pelayo que "su uso como insulto actúa mediante dos recursos metonímicos distintos, alusivos a dos aspectos diferentes de los reptiles: por un lado, su apariencia –las lagartijas son feas, escamosas, dan asco–; y por otro, sus conductas –los ofidios se arrastran, tienen una mordida venenosa y mortífera–; por lo que sus acepciones injuriantes son, básicamente, dos: feo y malo; si bien en algunos casos puede significar las dos cosas al mismo tiempo". 'Gelblung, sos un reptil'. || sin. **asqueroso, basura, hijo de puta,**

repugnante

lagarto, monstruo, víbora.

repugnante. adj. m. y f. Que causa desagrado y asco intenso. Es despectivo fuerte 'Tu rostro es repugnante; voy a devolver y vuelvo'. || sin. **asqueroso, desagradable, nauseabundo, repelente, repulsivo, vomitivo.**

repulsivo, va. adj. Que causa rechazo. Es despectivo fuerte. 'El aroma que brota de tu entrepierna es repulsivo; bañate, la concha de tu madre'.

resentido, da. adj. Que se siente maltratado, que considera injusto dicho maltrato, y que por consiguiente, manifiesta enojo y frustración. Ú. en insultos de descalificación 'Andá, resentido, bien que cuando tenías guita para pagar putas, decías que te gustaban las mujeres'.

retacón, a. adj. Persona gorda y petisa. Es insulto leve. 'Dale, retacón, que vos medís más de cintura que de estatura'. || sin. chichón del suelo, corcho, petaca, **tapón**.

retardado, da. adj. Persona con dificultades en su aprendizaje y desarrollo intelectual. Ú. c. desp. Es descalificador fuerte. 'Mirá, hija, si en la primera cita un joven te dice que no le gusta la Jelinek porque es una retardada, seguro que lo único que quiere es, esa misma noche, llenarte la boca de leche'. ||

sin. **mogólico.**

retobar. intr. Rechazar límites, rebelarse. Ú. en insultos de amenaza 'Mirá, groncho de mierda, no te me retobés que llamo a los seguridad para que te hagan puré de bolita'.

retobado, da. (*tb* retobau) adj. Que rechaza los límites, rebelde 'Se hizo el retobado y los monos de seguridad lo mandaron de una a Terapia Intensiva'.

retorcido, da. adj. pop. Persona que pone demasiadas trabas o excusas 'No entiendo cómo podés estar con una retorcida como Mariela, que dice que no chupa pijas porque le da impresión que le acaben en la boca'. | **2.** Falso, poco creíble, de malas intenciones 'Para llegar a ser ministro tenés que ser un poco retorcido'. | **3.** Que desconfía, malpensado '¡Cómo vas a pensar que la guita que pedí no es para internar a mi vieja sino para ir la hipódromo! ¡No ves que sos un retorcido!'. | **4.** Mal expresado, poco claro, difícil de entender 'Se puso a citar filósofos griegos, y al final su teórico fue más retorcido que una columna de opinión del doctor Grondona'.

retrógrado, a. adj. Que opta y/o

Retrógrado.

ridículo

profesa ideas del pasado, que se niega a los cambios '¿Hasta cuándo tendrá un espacio en televisión el retrógrado del doctor Grondona?'.

reventado, da. adj. Persona que abusa o abusó del consumo de estupefacientes 'Charly y Calamaro me caen simpáticos, pero para reventado, me quedo con el Pity'. | Apunta Berrenechea que en ocasiones ú. para reforzar o subrayar una idea '**Puta** reventada'.

reventar. intr. Molestar o molestarse más allá de lo tolerable, hinchar las pelotas 'Me revienta que en mitad de una cena elegante me digas que tengo una lechuga pegada en el diente'.

reverendo, da. adj. que antepuesto a otro adj. ú. para acentuar las características de éste 'reverendo pelotudo', 'reverendo boludo', 'reverenda puta', 'reverendo hijo de puta', etc. || sin. **flor de**.

revirado, da. aj. pop. Loco, chiflado 'La salida con esta pareja swinger amiga estuvo fenómena hasta que, en pleno frike-frike, la revirada de mi esposa se enojó porque a ella no se la quería cojer nadie, y tuvimos que irnos'.

revolver. intr. y tr. Remover o agitar una cosa líquida modificando las partículas de esta 'Sólo verte me revuelve el estómago', 'Tu moralina me revuelve las tripas'. || **revolver el estofado.** loc. Tener relaciones sexuales, fornicar 'Fijate si no le pedís a tu marido que de vez en cuando te dedique unos minutos y te revuelva el estofado, histérica'.

revulsivo, va. adj. desc. Persona o cosa que incita a vomitar. 'El editorial del doctor Grondona del domingo pasado fue tan revulsivo que vomité los ravioles al scarparo y arruiné la alfombra del living'.

ridículo, la. adj. Que mueve a risa 'Ese pene es ridículo'. | 2.

Ridículo.

Vuelo reventado
(Juanse, *Expresso bongo*, 1997)

Buscando medicina
por algún corredor
no tengo mucha vida
si quiero estar mejor

porque yo paso todo el día
reventado en un avión

mucha gente mira
pensando lo peor
pero nadie se anima
a verme como soy

porque yo paso todo el día
reventado en un avión

yo paso todo el día
rebotando en el avión.

rojo

pop. Absurdo, tonto 'Cherasny es un facho ridículo'. | **3.** pop. fig. Muy pequeño, escaso 'Ese pene es ridículo'.

rojo, ja. adj. desp. De tendencias ideológicas marxistas, de izquierdas, pro-cubanas o pro-soviéticas. 'Váyanse de acá, rojos escrachadores, ¿no ven que molestan a los vecinos de Videla?'. Ú. t. c. s. || **trapo rojo.** loc. Bandera o estandarte de alguna agrupación política de izquierda o de un país cuya forma de gobierno es comunista. Bergoglio aporta que suele ser precedido por el adjetivo 'sucio'. '¡Comunistas! Saquen ya mismo ese sucio trapo rojo de la tribuna de Independiente, que confunden a la gente'.

rompehuevos. (*tb* **rompepelotas** y **rompequinotos**) adj. Molesto. Ú. t. c. s. 'Y cuando el nene me gritó delante de todos que no sea tan rompehuevos, no supe si darle un beso o cagarlo a cachetazos'.

romper. tr. dividir algo en fragmentos. Ú. mayormente en insultos de amenaza 'Te voy a romper el culo', 'Te voy a romper la cara a pedazos', 'Te voy a romper el invicto'. | **2.** Provocar en el otro cansacio, agotar la paciencia, molestar 'Con los muchachos fuimos a ver una porno a Lavalle y nos cagamos de risa, estuvimos rompiendo desde que llegamos hasta que nos fuimos', 'Pará de romper o te reviento'.

roñoso, sa. adj. Persona poco afecta a la higiene personal y/o de sus pertenencias, sucio 'Che roñosa, lavate la argolla que con esa baranda no te garcha ni Chilavert'. | **2.** pop. Reticente a la inversión o el gasto, tacaño 'Che roñoso, pagate una puta que tanto tiempo sin ponerla te va a atro-

Roñoso.

Reverendos hijos de puta

fiar el cerebelo'. | **3.** pop. Persona de manejos turbios, principalmente en los negocios '¿Así que sos empresario de la música? Debés ser bastante roñoso ¿no?'.

rosquero, ra. adj. Que construye poder a partir de chimentos, maledicencias e intercambio de información '¿Te acordás del Changui Cáceres? Ese sí que era flor de rosquero'.

Rosquero.

roto, ta. adj. col. **Rotoso**.

rotoso, sa. adj. Persona harapienta, desprolija. Es insulto leve 'Cuándo vas a buscar un novio como la gente y no a ese rotoso que traés a casa y me usa hasta los forros?'.

rufián. m. Persona que regentea prostitutas, **cafisho**. Ú. c. desc. | **2.** Por extensión, persona sinvergüenza, aprovechadora.

ruin. adj. Despreciable, mala persona. | **2.** Tacaño, mezquino, miserable 'No podés ser tan ruin de recibir a la gente en el velatorio sin ni siquiera un pocillo de café'.

ruso, sa. adj. pop. De origen judío. | Construye el insulto desde el desprecio racial 'Señora, mejor no llame a la policía, y dígale a su marido que si no se pone con 50 luquitas, al rusito de su hijo lo vamos a hacer jabón'. | **2.** pop. Miserable 'Dale, pagate unas birras, no seas ruso'.

Ruso.

rutera. f. Mujer que ofrece sus favores sexuales a cambio de di-

---

Roto y mal parado
(Patricio Rey y sus Redonditos de Ricota, *Gulp!*, 1985)

Quemás tu vida en este día,
en esta tibia, tibia fila.
Que más, que más, quemás
Que más, que más, quemás, tu vida.
¿Cómo te va en estos días,
humano roto y mal parado?
Que más, que más, quemás

Que más, que más, quemás, tu vida.
¡Fuego, fuego, fuego, fuego, fuego, fuego, el día!
¡Tango! (solo de saxo)
¡Fuego, fuego, fuego, fuego, fuego, fuego, mentiras!
Mentiras...

nero a camioneros, viajantes y, ocasionalmente, a turistas en bares o paradores de ruta 'No me extraña que Jessica labure en un sauna porque la madre es una vieja rutera que pateó durante varias décadas toda la Panamericana de ida y de vuelta'.

sabandija. m y f. Persona con malas intenciones. Es insulto leve. Según admite O' Donnell, se trata de un insulto "bastante caído en desuso" 'Oiga, joven, no sea sabandija y la próxima vez poséame con condón, que si bien ya estoy menopáusica, aún puedo contagiarme venéreas'.

sabelotodo. adj. que se jacta de tener más conocimientos de los que realmente posee. 'Cerrá el culo, sabelotodo, que el único libro que leíste es *Billetera mata galán*, de Jacobo Winograd'.

sabihondo, da. adj. sabelotodo, pedante. Ú. c. i. desp. 'Mirala a la sabihonda esa, si lo único que lee son las columnas de Valeria Mazza en *Viva*'.

sabiola. f. cabeza. | **2.** Expresión metonímica para designar a un cabezón. Es insulto leve 'Che, sabiola, pagate unos tragos'.

sacado, da. adj. enceguecido, que reacciona con violencia 'Qué

sacar

hacé sacado, me llegá a tocá y entre todo lo' pibe te vamó a quemá el rancho'.

sacar. tr. Extraer el miembro viril y exhibirlo. | Afirma Kovacci que para realzar el carácter ofensivo de este verbo es necesario asociarlo a cualquiera de los nombres del pene. Ú. c. insulto de amenaza. 'Te voy a volar los dientes así cuando saque la pija me la podés chupár mejor' ||sin. 'pelar el ganso', 'mostrar la gallina'.

sacudir. tr. menear el miembro viril. (*Del refranero popular* 'Más de tres sacudidas es paja') |**2.** Golpear. Ú.c. insulto de amenaza 'Vení hijo de puta que te voy a sacudir y no te va a reconocer ni el trolo de tu viejo'.

salame. adj. indef. Idiota, de escaso ingenio. | Dice Moliner que salame ha pasado a ser insulto leve y su uso ha sido reemplazado principalmente por 'boludo', aunque el múltiple empleo de este vocablo presagia un nuevo recambio por otro término sinónimo como 'pajero'.|| sin. **salamín**.

salchicha. adj. pop. Boludo 'Qué hashé, salchicha, cómo tirá la latita. No ve' que e' pa'l paco'.

sanatero, ra. (*tb* zanatero) adj. Que intenta convencer a sus interlocutores con palabras vacías de sentido lógico y datos inconexos 'Ves, hijo, éste es el Congreso, allí unos señores muy sanateros que se llevan toda la mosca'.|| sin. **bolacero, mentiroso, versero.**

Sanatero.

sandio, dia. adj. Persona estúpida, tonta '¡Otra vez la sandia de tu hermana quedó embarazada porque le creyó a tu tío que iba a acabar afuera!'.

sanguijuela. f. Gusano succionador que se alimenta de la sangre. | **2.** fig. Persona que vive del esfuerzo ajeno 'Mi yerno es una sanguijuela capaz de revolverle el estofado a la ballena de mi esposa con tal de seguir veraneando gratis en Punta del Este'. | sin. **vividor, chupasangre.**

santurrón, na. adj. Santulón, na.

sarnoso, sa. adj. Que padece sarna. | **2.** fig. Inmundo, asqueroso. | Observa Saussure que pertenece al grupo de adjetivos que descalifican asociando al insultado con una enfermedad horrible 'Sos un sarnoso, sifilítico y apestado'. (Nodoyuna, Pierre 'Patán, peggo sagnoso').

sátrapa. m. administrador regional de la antigua Persia. Que abusa del poder y lo aprovecha en beneficio propio 'Sobisch es un sátrapa'.

schleper. *iddish.* adj. Aplícase a personas y objetos vulgares y de mal gusto 'Esa goie es una schleper, viene al country con zapatillas de taco alto'.

schmok. *iddish.* adj. Boludo, medio boludo, **potz** 'Cristian, el novio de Judith no sólo es goi, es un schmok'.

schwartze. *iddish.* adj. Persona de color oscuro. Empléase, en general, como despectivo 'Las shikses son todas shwartzes'. || **schwartze kepele.** loc. Cabecita negra.

seboso, sa. adj. Grasoso, que chorrea sustancias grasas 'Ni se te ocurra invitar a tu cumpleaños al seboso de Adrián porque más de uno cuando lo vea va a vomitar'.

segundón. adj. Persona apocada que aparece siempre en un plano inferior con respecto a otras. | Ú en insultos de desprecio 'Ese delantero es un segundón, se va a morir jugando en Los Andes'.

Segundón.

semáforo. indef. Yeta, que trae mala suerte 'Si seguís nombrando semáforos, se nos va a caer el sistema en medio del balance y te voy a querer cagar a trompadas'.

senil. adj. Propio de los viejos 'El doctor Grondona estará senil, pero sigue siendo el mismo facho de siempre'. Aporta Bordelois que la consideración de la vejez o senilidad como argumento ofensivo es una novedad surgida en las últimas décadas al calor de la idealización de la juventud como única razón de felicidad y prestigio social, y la depreciación que al mismo tiempo ha tenido la experiencia de vida como fuente de sabiduría.

sensiblero, ra. adj. Llorón, sensible hasta lo insoportable. Ú. c. desp. 'Qué sensiblero pelotudo ¿cómo vas a llorar porque Cristina le mete los cuernos a Néstor?'.| **2.** Que quiere provocar sensiblería 'Me rompe las pelotas cuando Raúl Portal hace esos programas sensibleros del orto con discapacitados y perros perdidos'.

sérpico. m. Persona que lucha contra supuestas injusticias aplicando la mano dura. | Sostiene Pigna que esta denominación proviene del nombre de la película homónima protagonizada en 1973 por Al Pacino en la que se comete una injusticia con un investigador policial y éste resuelve apelar a la justicia por mano propia. Puede ser utilizada también como elogio 'Acá lo que hace falta es un sérpico que defienda a la gente decente'. Como insulto es despectivo 'Así que al hijo de remilputas parido por un sorete del represor sérpico Cavallo le dieron 17 mil años de condena, ojalá que los presos no paren de hacerle el culo'. | Advierte Kovacci, sin embargo, que puede utilizarse como sinónimo de servicio de inteligencia.

serruchar. tr. Aserrar. Ú en insultos de amenaza 'Puto del orto, te voy a serruchar las muelas para que mi pija te entre de un envión'. | **2.** Empléase tb como sinónimo de **cojer, mojar, echarse un polvo**. || **serruchar el piso**. loc. Intrigar para conseguir el puesto de alguien o birlarle un ascenso.

Serruchar.

service. m y f. (*de 'servicio'*). Agente de inteligencia 'En la marcha de ayer había más services que gente' | | **hacer un service**. loc. Cogerse a alguien, hacer el favor de darle alguna clase de satisfacción sexual a otro u otra 'Qué buenas gomas, mamá, ¿no querés que te haga el service?'.

servicio. m y f. Perteneciente a los servicios de inteligencia y por extensión represor, buchón, vigilante. 'Así como le ves, Daniel empezó a hacer guita trabajando para los servicios'.

servil. m. **Genuflexo, arrastrado.** 'Eduardo Feiman además de ignorante es servil'.

shikse. *iddish*. f. Mujer contratada por horas o con cama adentro, que se ocupa de la limpieza y demás tareas domésticas del hogar. | Sostiene Aguinis que la mayoría de las veces se utiliza como despectivo 'Esa goie parece una shikse'.

sidoso, sa. adj. Que padece sida. | Según Bordelois pertenece al grupo de adjetivos que construyen la descalificación en el prejuicio y la intolerancia frente a las enfermedades contagiosas (lepra, sífilis, etc.) atribuyéndole a alguien una, aunque no la padezca.

sierva. f. Despectivo por empleada doméstica 'A ver, siervita, vení y limpiame bien el muñeco'.

siete. m. vul. Culo 'Preparate el seis que te rompo el siete'. || **Hijo de una gran siete**. loc. euf. Hijo de una gran puta.

sifilítico, ca. adj. Que padece sífilis. | **2.** fig. Persona repugnante que puede contagiar 'Vos no hablés, que sos un sifilítico amargado'.

simio. m. Mono, feo. Ú. c. desp. 'No puedo creer que una mujer tenga estómago para acostarse con el simio de Carlos Saúl'.

singar. tr. pop. *Cub*. Tener relaciones sexuales, garchar 'Vea, compadre, no se haga el macho que ayer lo vieron singándose a un negro'.

siniestro, tra. adj. que tiene malas intenciones, despreciable, perverso 'La brujita es siniestra'.

sinvergüenza. adj. indef. Falto de moral, insolente. | Aplícase a las personas que cometen ilícitos y se vanaglorian de sus fechorías. || Observa Seco que, aunque fue descalificación grave en otras épocas, hoy no pasa de ser un adjetivo suave. Decir 'El sinvergüenza de Menem', por ejemplo, no grafica del mismo modo que el más actual 'El remachado hijo de remilputas cagado por

Sinvergüenza.

Sinvergüenza
(Letra de Luis Rubistein, música de Dimas Lurbes)

¡Deja de acariciarme!, no quiero tus riquezas
ni todo el oro junto que me podés brindar,
yo quiero más cariño, yo quiero más tibieza,
el oro no me importa, si tengo que llorar.
Me han dicho, y no lo niegues, que soy para tu vida,
Un bibelot que adorna tu regia garçonier
Y yo como una ilusa estaba convencida
Que tus caricias suaves temblaban de querer.

¡Sinvergüenza!,
tus palabras me engañaron
pero ahora terminaron,
tus mentiras de pasión,
¡sinvergüenza!,
me amargaste con tu influjo,
quiero irme de este lujo
donde todo es perdición,
y te juro por mi madre, si aún existe,
que todo el mal que me hiciste
ha de ser tu maldición.

¡Déjame que me vaya!, no abraces mi partida...
¡no quiero estar contigo un solo instante más!,
aún estoy a tiempo de rehacer mi vida
y de encontrar la dicha que aquí no puedo hallar,
te dejo tus alhajas que tanto mal me hicieron,
el lujo de este ambiente fatal donde murieron,
mis bellas ilusiones truncadas al brotar.

una víbora malcojida de Menem'.

sobar. tr. Palpar, manosear. | Importante verbo entre los que construyen insulto de invitación, va unido siempre a alguno de los sinónimos de pene 'Sobame la pija (el ganso, la garcha, la garompa, la nutria, la papirola, el pomo, etc.)'. Es infrecuente, en cambio, asociado a la vulva; nadie dice 'Sobame la concha (la argolla, cachucha, chucha, cajeta, etc.)'.

socotroco. m. Miembro viril, **pija**. Ú. principalmente en insultos de amenaza '¿Ves, hijo de puta?, éste es el socotroco que te vas a comer'. | 2. De gran tamaño, aparatoso, molesto. 'Che, socotroco, movete que no me dejás ver la pantalla gigante'.

sogán. m. Inversión (vesre) de **ganso** en su acepción de pene, no así en la de idiota 'Sosteneme el sogán y dale cuerda para dejarte culo al norte, malparido'.

sometido, da. adj. Persona que se somete al juicio y deseo de los demás, subordinado, apocado. Ú. c. descalificador 'Che, no seas sometido y decile a tu mujer que te deje jugar alguna vez al fútbol con los muchachos'.

sonso, sa. (*tb.* **zonzo, za**) adj. Persona simple, de pocas luces.

sopapear. tr. Hacer uso de la sopapa, succionar. | Ú. en insul-

Sonsa
(Letra de Emilio Fresedo, música de Raúl de los Hoyos, 1926)

Tengo un amor que me enloquece
y es de mi vida mi unica ilusión.
De su cariño me siento tan avara
que en cofre de oro lo guarda el corazón.

Es como el sol que al despuntar
llega a los nidos para hacer cantar...
Si entre sus brazos me siento aprisionada
el mundo entero me atrevo a despreciar.

Sonsa! me dijeron mis amigas
piensa que ese amor te perdera;
recuerda que tu vida sera pobre
y que no tendras ni un cobre
pa gastarlo en un vestido
o lucirlo en un collar.

Deje el chalet, deje el buldog
y el auto regio todo de un color
por seguir, loca, al hombre que yo quiero,
que con un gesto robo mi corazón.

Lejos con el quiero vivir
con mi tapera sola en el lugar,
que una tapera, a la luz de las estrellas
de noche es plata y oro al despertar.

Sonsa! no tendras la voiturette...
Todo ese encanto morira
y piensa que tu vida sera pobre,
que ese amor te ha trastornado
y por el has despreciado
tu mayor felicidad.

suegra

tos de invitación 'Sopapeame la papirola', de amenaza 'Si no me sopapeás la tararira te voy dejar el orto hecho flecos'.

soplanucas. adj. m. Homosexual activo. Ú. c. desp.| **2.** Todo aquel que se coje a un puto 'Vos te la das de muy machito, pero me parece que sos un soplanucas de los baños de Constitución'.

soplapetes. adj. desp. Aficionado/a a practicarle sexo oral a los hombres. | **2.** Puto, puta. | Ú. c. insulto de desprecio 'Vos no hablés, que todos saben que sos un soplapetes' y de descripción solapada 'Así como la ves, tan santurrona, esa mina es una soplapetes de vestuario'.

Soplapetes.

sopletear. tr. vulg. Chupar un pene 'No seas mal educada, primero terminá de sopletearme la chota y cuando tengas la boca vacía hablamos'.

soporífero, ra. adj. Aburrido, insoportable. Ú. c. descalificador 'Che, ¿no tenés algo menos soporífe-

Soporífero.

ro que proyectar el video de tus vacaciones en las sierras de Tandil?'.

sorete. m. Excremento. | **2.** fig. Persona despreciable. || **flor de sorete** loc. Hijo de remilputas. 'Al final, Graña resultó un flor de sorete'. || **sorete mal cagado.** loc. Despreciable en grado sumo.

sucio, a. adj. Persona falta de aseo. | **2.** Persona que se mueve con malas artes 'Entre los defensores argentinos, Schiavi es el más sucio' .

sucucho. m. Hogar o cuarto oscuro, mal aseado y de estrechísimas dimensiones 'Ahora que enganchó al chileno, la mucamita tiene muchos humos, pero yo me acuerdo que vivía en un sucucho de Constitución'.

sudaca. adj. desp. *Esp.* Sudamericano 'Joer, tío, aquí hay tanto sudaca que ya no se puede currar'.

Sudaca.

suegra. fem. Madre de la pareja. | Acota O'Donnell que este término tiene la particularidad de ser utilizado como insulto en su forma femenina dado que ser 'suegro' no implica ningún juicio de valor negativo. Ú. c. insulto comparativo 'No me vengas con esas pelotudeces que parecés mi suegra'.

Sucio poder
(Los Violadores, *Los Violadores*, 1983)

Demasiado poder arruina tu cabeza.
Demasiado poder trastorna a la gente.
Demasiado poder infla el ego.
Demasiado poder deforma la mente.

Sucio poder
Sucio poder
Sucio poder
Sucio poder

Pero el poder se conseguirá
al alcance de cualquiera está
poder lo puede tener cualquiera y ya.

Demasiado poder, mucho poder.

Demasiado poder. ¡Cuánto poder!
Demasiado poder. Sucio poder.

Trabajar duro hasta acabar
para ganar mucho poder
hay que trabajar para triunfar
para el más grande
el más grande poder ser.

¡Poder ser!
Demasiado poder, mucho poder...
Triunfarás, sigue adelante.
Triunfarás, te va a consumir.
Triunfarás, te van a destruir.
Triunfarás, eso se acabará.
Demasiado poder, mucho poder...

súper. Prefijo que antepuesto al adjetivo indica que éste es la máxima calificación en su especie 'superboludo', 'superimbécil', 'superputa', etc.

superado, da. adj. pop. Persona que presume de estar más allá de algún tema. |2. Que se jacta de no con-moverse ni experimentar angustia por temas que le incumben 'No te hagas la torta superada que cada vez que te acordás de las fiestas con Celeste y Sandra se te cae la bombacha'.

surtir. tr. repartir golpes, pegar. Ú. comúnmente en insultos de amenaza 'Te viá surtir, forro pinchado'.

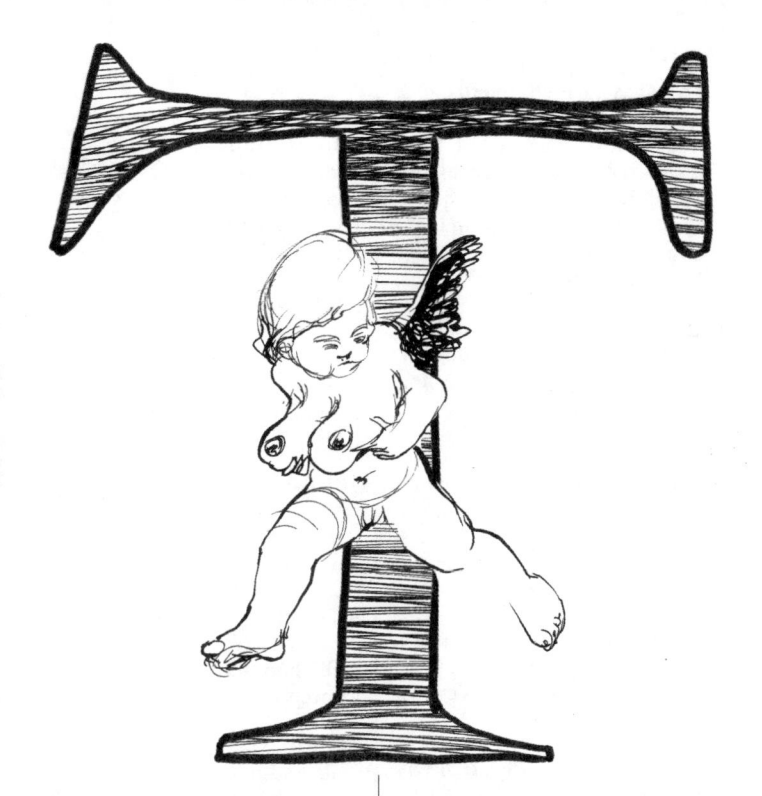

tabla. f. Mujer de busto pequeño o imperceptible 'Teté es una tabla; la vi sin la blusa y me la confundí con Ernesto'. || sin. **amigo, chata.**

taca. adj. pop. Apócope de **tacaño** 'Che, taca, sacate el cocodrilo del bolsillo y pagate una vuelta de paco para los pibes'.

tacaño, ña. adj. Persona poco generosa 'Che, tacaño, sacate el cocodrilo del bolsillo y pagate una vuelta de pepas para los pibes'. || sin. **amarrete, avaro, judío, miserable, ruso.**

tachero. m. pop. Que maneja un taxi o que utiliza un lenguaje y un corpus teórico equivalentes a quienes manejan taxímetros. Ú. c. desp. 'Ari Paluch es un tachero con un micrófono adelante'.

tacho. m. pop. Lugar mítico hacia donde se dirige aquello que está en declive o en franca retirada 'La revista BARCELONA al principio era buena, pero después se fue al tacho'. || sin. **carajo, mierda**. | **2.** m. vulg. Ano 'Qué buen tacho que tiene esa rusa, como se lo rompería en ocho'. || sin. **culo, orto, trasero**. | **3.** m. vulg. Suerte, expresada con envidia o resentimiento 'Que le dieran el Nobel a Octavio Paz fue puro tacho'.

tagarna. (*tb* **tagarnún**). adj. En la jerga castrense, **pelotudo** 'Coronel, es usted un tagarna; límpiese el vómito y retírese'.

tahúr. adj. m. Jugador de juegos de azar, por lo general de naipes o dados, cuya principal característica es hacer trampa. Ú. t. c. s. 'Gerardo es un tahúr'. || sin. fullero, **roñoso, tramposo**.

taimado, da. adj. Mentiroso, traicionero 'Sos un taimado, me dijiste que este billete de siete pesos era bueno'.

tajo. m. pop. Vulva (Spinetta, Luis Alberto *Me gusta ese tajo* 'Me gusta ese tajo que ayer conocí; ella me calienta la quiero invitar a dormir'). | **2.** Por metonimia, mujer '¿Cómo podés salir con ese tajo horrible?'. | Señala Bordelois que es ofensivo. || sin. **concha**.

Tajo.

tanque. m. Persona cuya seña particular más elocuente es la obesidad 'Pero, Olga, estás hecha un tanque; dejá ese lemon-pie en paz, cerda vocacional'. || **tanque australiano**. loc. Persona gordísima. || sin. **chancho, gordo**.

Tanque.

tapera. f. desp. Vivienda sucia, pequeña y nada confortable 'Me iba a casar con vos, pero viendo la tapera en la que vivís, mejor me busco otro débil mental que sea más solvente'.

tapón. m. Persona retacona y de baja estatura 'Lo vi personalmente a Duhalde; es un tapón que te da una mezcla de asco y pena'. || sin. **chichón del suelo, corcho**.

Tapón.

tarado, da. adj. Que tiene una tara (defecto físico o deficiencia mental y/o intelectual). Ú. c. desp. '¿Sos tarado?, ¿no ves que me estás meando todo el pantalón?'. Ú. t. c. s. || sin. **boludo, botarate, menso, mentecato, paparulo, pelotudo, salame, tonto**.

tanga. adj. m. y f. **Estafador**, que comete engaños y defraudaciones. 'Cuando Ivonne se sacó la tanga me di cuenta de que mi proxeneta era un tanga hijo de puta; porque yo le había pedido una trola y él me mandó un trava'. Ú. t. c. s. || sin. **garca, mentiroso, timador**.

tarambana. adj. m. y f. Despistado, olvidadizo y/o distraído. | Según Lévy-Strauss, "el carácter liviano, casi risueño del insulto, hizo que a partir de la aparición del cine sonoro, y posteriormente en la televisión, se convirtiera en un término muy usado en las comedias argentinas para toda la familia". (Amadori, Luis César *Soñar no cuesta nada* 'Sólo a vos se te ocurre tener de apoderado a un tarambana como ese'.)

tararira. (*voz de origen tupí o guaraní*). f. *Arg.* y *Urug.* Pez de río, bastante más chico que el **ganso** o que la **nutria**. | **2.** fig. Miembro viril de proporciones generosas, glande grande. | Ú. en insultos de invitación '¿Pero por qué no me agarrás la tararira, culo roto?', aunque destaca Kovacci que es más propio de simples frases de admiración 'Vos lo veías así tan tímido, calladito en un rincón, pero cuando nos fuimos a bañar el enano sacó una taratira que todos nos pusimos contra la pared'.

Tararira.

tarlipes. f. pop. pl. Genitales masculinos, testículos. | Colocado al final de una proposición o una afirmación niega a estas convirtiéndolas en negaciones categóricas y volviendo la frase insulto ofensivo 'Ah, así que ahora querés que te pague el arreglo del auto... ¡las tarlipes!'. || **romper las tarlipes.** loc. Molestar. || **tener las tarlipes por el suelo.** Estar harto 'Este diccionario ya me tiene las tarlipes por el suelo'. || **hinchar las tarlipes.** Molestar. Ú. en solicitudes insultantes 'Basta de hablarme de las plantas, no me hinchés más las tarlipes"). || sin. **bolas, cocos, gobelins, huevos, pelotas.**

La rubia tarada
(Sumo, *Divididos por la felicidad*, 1985)

Caras conchetas, miradas berretas
y hombres encajados en Fiorucci.
Oigo "dame" y "quiero" y "no te metas"
"¿Te gustó el nuevo Bertolucci?".

La rubia tarada, bronceada, aburrida,
me dice: "¿Por qué te pelaste?"
Y yo: "Por el asco que da tu sociedad".

"Por el pelo de hoy, ¿cuánto gastaste?"
Un pseudopunkito, con el acento finito
quiere hacerse el chico malo.
Tuerce la boca, se arregla el pelito,
se toma un trago y vuelve a Belgrano.
¡Basta! Me voy, rumbo a la puerta
y después al boliche a la esquina
a tomar una ginebra con gente despierta.
¡Esta sí que es Argentina!

tarugo, ga. adj. *Méx.* Boludo, tonto, pajarón, estúpido, huevón, paparulo. Ú. t. c. s. "Con tarugos ni a misa, porque se hincan en los gargajos".

Tarugo.

tarúpido, da. (*tb* **taradúpido, da**) adj. Tonto. Ú. t. c. s. | Afirma Barrionuevo que se trata de una palabra difundida y probablemente inventada por la actriz Niní Marshall en la década de 1950. Bordelois agrega que se trata de un neologismo que integra los términos **tarado** y **estúpido**, difundido ampliamente por esa actriz argentina.

tatengue. adj. Hincha del Club Atlético Unión, de la ciudad de Santa Fe. | Señala Barthes que, como en el caso de muchos otros apodos para simpatizantes de clubes de fútbol, en la actualidad 'tatengue' no es un insulto sino, por el contrario, es una definición que sus hinchas utilizan con orgullo. (Hinchada del Club Atlético Unión 'Soy tatengue desde que estaba en la cuna/ y al rojiblanco cada vez lo quiero más'.) Agrega Toni que, también como en muchísimos otros apodos para los simpatizantes de un club de fútbol, en sus comienzos el término sí constituía un insulto. En el caso de Unión, el club tenía su sede en el Centro de Santa Fe, y es por eso que les pusieron 'tatengues', que es como antiguamente se denominaba a las personas refinadas y/o de buena posición social 'Es un fifí, un tatengue, un flor de trolazo'.

tatú. m. Sujeto de escasa estatura y rostro poco agraciado 'Mirá tarado, no estoy tan regalada para garcharme a un tatú como vos'. | Señala Marrone que el término debe su origen a Tatou, personaje del programa televisivo *La isla de la fantasía*, interpretado por Hervé Villechaize, quien solía repetir al protagonista, interpretado por Ricardo Montalbán, la muletilla más recordada de esa telecomedia: "Jefe, el avión".

Tatú.

tereso. m. Inversión (vesre) de **sorete**, detritus humano o de un animal, con cierta forma, no líquido ni blando, ni licuado '¿Qué me mirás con esa cara de tereso?'. | **2.** Persona poco amigable, propensa a hacer el mal a sus semejantes 'El general Tereso sí que le hace honor a su apellido'. | Explica Gancedo que se utiliza en los mismos casos que la palabra **sorete**.

termo. m. pop. fig. **Pija** '¿Así que sos uruguayo? ¿Qué te parece este termo?'. || **cabeza de termo.** loc. Tonto. | Kovacci atribuye la creación y posterior difusión de esta expresión al futbolista Diego Armando Maradona (Maradona, Diego A. *Yo soy el Diego de la gente* 'En México ellos estaban en los palcos con aire acondicionado o con negros abanicándolos, y nos hacían jugar al mediodía. Y lo que no terminaba de entender el cabeza de termo de Havelange era que yo no quería arruinarle el negocio, pero la clave de todo este negocio éramos nosotros, los jugadores').

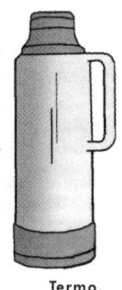

Termo.

terror, ser de. loc. Horrible, de baja calidad o mal gusto 'La programación de TNT es de terror; estás despedido, Michael'.

tetas. f. pl. Mamas. Ú. en piropos de dudoso gusto 'Qué tetas, mi amor, ¿por qué no hablás con los muchachos de Gándara que con vos pueden reabrir el tambo?' o en insultos de apreciación 'Mi amor, tenés las tetas tan caídas que te van a salir moretones en las rodillas'. | Señala Bordelois que también se utiliza entre los hombres, para destacar una dilatación pectoral producto del exceso de peso. Olsen de Serrano Redonnet agrega que en los hombres resulta mucho más insultante que en las mujeres porque, más allá de lo violenta que pueda resultarles la frase, las mujeres tienen tetas y los hombres, en cambio, tienen tetillas 'Cacho, qué tetas, vos ya estás para el Virtus'. || **estar hasta las tetas**. loc. Tener la existencia absolutamente desbordada por un menester en particular. | Indica Berenguer Carisomo que esta loc. "sólo conforma el insulto si el hecho que desborda al insultado es denigrante" '¿Otra vez vas a ir hasta la esquina para ver si está ese trava que te garchaste el otro día? Uh, vos estás hasta las tetas'. || **tener hasta las tetas**. loc. Tener harto 'Me tenés hasta las tetas con tu librito de Osho'. || sin. Tener las pelotas llenas, tener los huevos llenos.

Las tetas de mi novia
(Siniestro Total,
¿Cuándo se come aquí?, 1982)

Las tetas de mi novia
tienen cáncer de mama
por eso no (¡ NO!) quiero tocarlas.

Las tetas de tu novia
no tienen cáncer de mama
por eso (¡SI!) quiero tocarlas.

teterear. intr. pop. En la jerga de los homosexuales, frecuentar teteras (baños públicos) en procura de mantener allí una relación sexual de ocasión, preferentemen-

Tetera.

teto

te oral. '¿Qué te hacés el macho si te vieron tetereando en Constitución?'.

teto. m. Juego con reglas simples de carácter sexual. Ú. en insultos de invitación '¿No querés jugar al teto?'.

tía. adj. col. Persona que se comporta con pulidez o delicadeza exagerada o afectada, mostrada con gestos expresivos y en gestos, acciones o ademanes. Apunta Aguinis que "su uso es más efectivo si se aplica a hombres" 'Che, Osvaldo Quiroga, sos una tía'.

Tía.

tilingo, ga. adj. Afectado, superficial. | **2.** Que admira y/o emula lo extranjero, especialmente lo que llega de los Estados Unidos y Europa, en desmedro de lo local. Que construye su gusto independientemente de la calidad, sólo por el hecho provenir de países legitimadores de estéticas e ideas 'Sos tan tilingo que además de Halloween, San Valentín y San Patricio podrías festejar también el día de la independencia norteamericana, vendepatria'.

timbres. m. pl. pop. Pezones. Ú. en piropos que, por su bajo valor estético, suelen ser recibidos de modo ofensivo por las damas 'Mamita, si con este calor tenés los timbres así, si llega a bajar la temperatura vas a perforar el corpiño y la blusa', 'Negra, sacudime con esos timbres y dejame como Jesús en la película de Mel Gibson'.

Timbres.

tira. m. Policía. Ú. c. desp. '¿Y desde cuándo le tengo que preguntar a un tira como vos si me puedo echar un garco en la puerta de tu casa?'. | Apunta Aguinis que el origen de la expresión proviene de las charreteras (o tiras) que los efectivos llevan en su uniforme para indicar su rango. Añade Landriscina que su versión invertida (o vesre) dio lugar a la expresión **rati**.

Tira.

tirado, da. adj. Que tiene ganancias exiguas o nulas; de escasos recursos económicos '¿Qué te hacés el que invitás si estás más tirado que calzón de puta'?'. Ú. t. c. s. '¿Che, el tirado ese con la remera de "Quindimil Conducción" no es tu primo?'.

tiragoma. adj. Que realiza succiona el miembro viril con cierta asiduidad. Ú. c. desp. 'Negra, tenés tan pocos dientes que debés ser una gran tiragoma'. | Observa Kovacci que, aunque puede emplearse tanto en hombres como en mujeres, en los hombres suele tener la misma carga que **homosexual**, más allá de la práctica sexual concreta a la que alude el término '¿Cómo que va a atajar el tiragoma de tu primo? Nos van a cagar a goles'.

tirapedos. adj. f. y m. Que emite flatulencias con frecuencia 'Por más que me mires con esa cara de soplapetes, no sólo no pienso garcharte, sino que no voy a dejar que toques mi verga, gorda tirapedos'.

tirar. intr. *Amér. lat.* Coger, pero sólo contemplando la parte activa de la relación. | "Uno se tira a alguien", explica Olsen de Serrano Redonnet, "pero es cogido por alguien". '¿Sabes tú qué, mi amigo? Me voy a tirar a tu helmana y a tu esposa y a la madre que te parió'.

tirar el fideo. loc. Realizar la mujer (o el hombre o el animal) sexo oral al varón, succionar el miembro viril. Ú. en insultos de invitación '¿Pero por qué no me tirás el fideo, pedazo de trolo tragaleche?' | Si bien se emplea como sin. de **tirar la goma** o **chupar la poronga**, explica Bordelois que fideo no es sinónimo de pija o de poronga, sino que se conforma siempre con 'tirar' como expresión completa.

tirar la goma. loc. Realizar una fellatio '¿Pero por qué no me tirás la goma, loca del orto?'. | Según Bordelois "aunque es evidente que la goma a la que se alude es el pene y su carácter elástico, como el derivado del caucho en cuestión, la palabra **goma** prácticamente no se utiliza en lugar de pene, en cambio **tirar la goma** es cada vez más popular".

tiro al aire. loc. Despistado, atolondrado, de poca concentración 'No le des la llave de la caja de seguridad a Marcial que es tan tiro al aire que es capaz de tirársela por la cabeza al árbitro en la cancha'.

títere. m. fig. Persona de convicciones endebles y pocas ideas propias, que es funcional a los intereses de algún superior 'Qué te hacés el que manda si vos sos un títere de Alberto Fernández, hijo de puta'.

Títere.

tobul. m. Inversión (vesre) de **bulto** 'Ayer lo veía bailar al tragasables de Julio y pensaba qué injusta es la vida, ¿no?, porque yo con ese lomo y ese tobul me garcharía a todas las minitas que andan por ahí y mandaría a la mierda al lorenzo de mi jermu'.

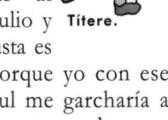

tocado, da. adj. **Loco**, que carece de cordura. Es descalificativo.

tomar

'¿Vos estás loco? ¿Cómo le vas a dar sin forro a la Pradón?'. | Según Gancedo, la expresión proviene de "insinuar que las facultades mentales del insultado han sido tocadas; es decir, manoseadas, intervenidas o malogradas por acción de un agente externo". || sin. **colifa, colifato,** locatelli, **piantado, pirado, pirucho.**

tomar. tr. Ingerir, por vía oral o nasal, una sustancia no sólida que no requiera de ser masticada; 'tomar cerveza', 'tomar merca', 'tomar pala', 'tomar frula' . Ú. para descalificar al interlocutor a partir de los posibles efectos de la sustancia tomada '¿Sos loco o tomaste pintura?', '¿Qué tomaste?'. | **Tomar por culo.** loc. *Esp.* Ser penetrado analmente 'Que no te mando a tomar por culo sólo porque sé que te gusta'.

tomuer. m. Inversión (vesre) de **muerto** 'Me pasé horas toqueteándole el ganso al tomuer de tu esposo, pero insiste en que desde que se casó con vos abrazó la castidad'.

tongo. m. pop. Acuerdo cerrado de manera poco clara y/o ilegal, con el fin de obtener una ganancia personal pingüe a costa de un enorme daño a terceros '¿Así que seguís en la UIA? Vos, laburar de verdad, jamás, ¿no? Siempre en el tongo, ¿no? Vos sí que sos flor de garca', '¿Cómo puede ser que Corea del Sur elimine a Italia y a España del Mundial? Señores de la Fifa, ahí hubo tongo'.

tonguero, ra. adj. Que promueve y organiza tongos (negocios turbios). Es descalificativo fuerte. 'Ya todos saben que De Vido es

Tonta
(Commanche)

Tonta, con qué quieres que te quiera,
que te quiera si me tienes trabajando;
tonta, tonta.
Por las noches ya no duermo,
en el trabajo no trabajo, voy pensando;
                            tonta.
Esta situación yo ya no la aguanto,
ya no la aguanto,
pero esto me pasa tan solo por
                             quererte tanto.
Mamá me lo dijo una vez "vos no te
                             cases"
y ahora me dice "estuvo bien, tú te
                             lo buscaste".

Tonta, con que quieres que te quiera,
que te quiera si me tienes trabajando;
tonta, tonta.
Por las noches ya no duermo,
en el trabajo no trabajo, voy pensando;
tonta.
Esta situación yo ya no la aguanto,
ya no la aguanto,
pero esto me pasa tan solo por
                             quererte tanto.
Mamá me lo dijo una vez "vos no te
                             cases"
y ahora me dice "estuvo bien, tú te lo buscaste".

Tonta, re tonta, tonta,
                             re tonta, tonta.

tortillera

un tonguero, comete estafas, y es usurero'. Ú. t. c. s.

tonto, ta. adj. Persona de pocas luces. | Observa Seco que en los insultos pierde más o menos su sentido, que es reemplazado por el de inútil; generalmente uniendo el adjetivo a un animal u objeto en una construcción comparativa 'Sos más tonto que las palomas', 'Sos más tonto que el agua de los fideos'.

toor. m. Inversión (vesre) de **orto** 'Che, vamo', pongamos huevo' que a esos topus les tenemos que romper el toor'.

topu. m. Inversión (vesre) de **puto** 'Che, hoy no pusimo' huevo'. ¿Cómo puede ser que esos topus nos hayan roto el toor?'.

toquete. adj. m. y f. Persona que se manosea a sí mismo, o que se acomoda con excesiva frecuencia el cabello, la ropa, los pechos (en caso de ser dirigido a mujeres y a travestis) o sus testículos (en caso de ser dirigido a hombres y a travestis). Es descalificativo. 'Che, toquete, dejá de rascarte el culo que se te van a borrar las huellas digitales', 'No me molesta que seas un toquete que se acomoda permanentemente el ganso; lo malo es que te queda olor a bolas'. | **2. Toquetón.** | Bordelois entiende que es una "mera deformación de toquete", pero Pierri disiente y afirma que es un concepto distinto, ya que "el toquete mete mano por igual a su cuerpo y al del prójimo; mientras que el toquetón sólo desea la exploración táctil de cuerpos ajenos".

toquetón, na. adj. Aquel que aprovecha cualquier ocasión para manosear y toquetear a sus interlocutores; por lo general, sin el consentimiento de ellos. Es insulto leve 'La toquetona de tu esposa dice que mis huevos son más ásperos que los tuyos'. | Landriscina observa que no necesariamente esconde intenciones sexuales. || sin. manolarga, **toquete.**

torta. f. Lesbiana. 'Imaginate, Sandra se puso a cantar *Puerto pollensa* y todas las tortas se abrazaban'. Ú. t. c. adj. | O'Donnell explica que se trata de una versión sincopada del término **tortillera** y como este (el término, no O'Donnell) se emplea de manera irónica o despectiva. || sin. **bombero, papa y huevo, tortilla, tortillera.**

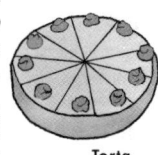

Torta.

tortilla. f. **Tortillera** 'Che, tortilla, dejá de chupar conchas de vagabundas al menos por un día'.

tortillera. f. Mujer que se relaciona sexualmente con otras mujeres. Ú. t. c. adj. 'A mí no me gustan ni Chavela Vargas ni Adriana

tortuga

Calcanhoto, esa es música para tortilleras'.

tortuga. f. fig. Que hace las cosas muy lentamente, generalmente por ineficacia '¡Dale tortuga! ¿Para qué mierda tenés esa nave? ¡Aceleral!'. | Según Pigna, la tortuga más famosa de la historia argentina fue el ex presidente Arturo Illia. La caricaturización de Illia como una tortuga fue una idea del entonces director de la revista *Tía Vicenta*, Landrú, actualmente en *Clarín*.

Tortuga.

traga. adj. f. y m. Alumno aplicado, que le dedica mucho tiempo a estudiar y que, como consecuencia, tiene muy buenas notas. Ú. c. desp. 'Me quiero cortar las tarlipes, mi vieja no me deja ir a jugar a la pelota porque quiere que me quede estudiando con el traga de mi primo'. Ú. t. c. s. | Advierte Landriscina que su uso como insulto "presupone otras cualidades además del sacrificio académico, entre ellas la falta de calle, picardía o vida sexual". || sin. **nerd**, tragalibros.

tragada. f. Acción y efecto de defraudar '¿Así que te compraste un Mercedes último modelo, una mansión en Cariló y esta noche te vas a Cocodrilo con el Coti Nosiglia y Barrionuevo? ¡Pero vos estás en la tragada!'.

tragaleche. adj. m. y f. Que, además de succionar el pene, ingiere el semen resultante de la fellación. Ú. c. desp. '¿Así que te gusta Barón Rojo? Te juzgué mal, no sólo debés de ser una gran chupapijas, sino que además debés de ser una gran tragaleche'. Ú. t. c. s. | **2**. m. Homosexual masculino. Ú. c. desp. '¿Y vos qué mirás con esa cara de catador de porongas, tragaleche?' y en insultos de invitación 'Esperá que saco la botella y podés tomar directamente del pico, tragaleche'.

Tragaleche.

tragasables. adj. m. Hombre que le practica sexo oral a otros hombres. Homosexual masculino. Ú. t. c. s. Ú. c. desp. '¿Cómo que en lugar de venir a jugar al fútbol te vas a quedar ensayando con los tragasables de tu grupo de teatro?' | Para Pigna, la obsesión de los argentinos por encontrar en toda protuberancia o saliente un potencial elemento fálico, hizo que un día un viejo número circense y de kermesse fuera víctima también de esta búsqueda incesante de metáforas fálicas

Tragasables.

en general, y vinculadas con la fellación en particular.

tragón, na. adj. Glotón, voraz, que incurre con frecuencia en el pecado de la gula. Ú. c. insulto de descalificación 'Pará, tragona, que si te comés otra porción vas a hacer subir el precio de los sorrentinos en el mercado mundial'. | Bien destaca Bergoglio que, en determinados contextos, "puede adoptar un doble sentido de índole sexual, al insinuar que lo que el es tragado por el insultado son los penes, en cuyos casos cobra el significado de **chupapijas**".

traidor, ra. adj. Que defrauda a las personas que confiaban en él, que desoye sus principios en pos de un rédito inmediato, o que obra de modo distinto al que había anunciado 'Moyano, sos un traidor; prometiste que ibas a conseguir aumentos para toda la planta y terminaste tomándote un año sabático en la Polinesia mientras acá echaban a 9 mil compañeros sin indemnización'. Ú. t. c. s.

tramposo, sa. adj. Que hace trampas. | **2.** Infiel en su relación.

transa. f. Arreglo espurio o ilegal, que beneficia a quienes la acuerdan y perjudica notoriamente a teceros 'Ya está resuelta la transa; el Barcelona pone 5 millones de euros por Maxi López'. || sin. manganeta, matufia, negociado, **tongo**.

transero, ra. adj. Que incurre con frecuencia en transas, pero

---

Dos Cero Uno (Transas)
(Charly García, *Yendo de la cama al living*, 1982)

Él se cansó de hacer canciones de protesta
y se vendió a Fiorucci.
Él se cansó de andar haciendo apuestas y se puso a estudiar.
Un día se cortará el pelo
no creo que pueda dejar de fumar.
Anda bolado, hace un poco de base,
pero no le va mal.
No se alquiló ni un guardaespaldas negro,
no era lennon ni rucci,
Se preguntó por qué sus hijos nunca lo invitaban al bar,
un día volverá a las fuentes,
no creo que pueda dejar de protestar.
Anda preocupado, perdió algo de fama
pero no le va mal.
Transas.

tránsfuga

siempre en calidad de beneficiado 'Mauricio es tanto o más transero que Franco, su millonario padre'. || sin. **ladri**, tramposo.

Transero.

tránsfuga. adj. Que apela con frecuencia a ilícitos y a maniobras no consentidas por la ley 'Es verdad que durante su presidencia conseguimos varios campeonatos locales, copas Libertadores e Intercontinentales; pero nadie podrá negar que Mauricio es un tránsfuga con todas las letras'. Ú. t. c. s. || sin. **malandra**.

trasero. m. Cola, **ojete**. Ú. en insultos de amenaza 'Si cruzás la calle te dejo el trasero grande como el Maracaná'. || sin. **ano, culo, upite**.

trasnochado, da. adj. fig. Macilento, cansado, desmejorado; que no ha dormido bien y su apariencia así lo prueba. Es despectivo leve 'Presidente, déjese de joder, no puede aparecer en televisión así, trasnochado y despeinado; al menos lávese la cara y tómese una raya antes de salir en cámara'. Ú. t. c. s. | **2.** fig. Falto de oportunidad. 'Encima de que estamos laburando desde hace doce horas, sin luz ni calefacción, y no nos pagan una moneda, viene el trasnochado de Paluch a proponernos jugar al amigo invisible; que se vaya a la concha de su madre'.

tratar. tr. Procurar hacer una cosa. Según Barrenechea, este verbo construye un tipo de insultos que "constituiría una nueva subclase: los insultos de sugerencia" 'Si vas al baño, tratá de mear adentro', 'Si querés cojerme, tratá de que se te pare', 'Cuando veas a mi prima, tratá de no babearle el escote'.

trava. m. Forma sincopada de **travesti**. Ú. c. desp. 'Tu novia parece un trava, hijo de puta; ¿no había una más fea?'. | Según Pigna, "esta síncopa ha creado más de una confusión, pues el término trava, con v corta (o uve), según la Real Academia Española, no existe" (Vecinos Sensibles de Palermo, Los, 1995 campaña por la erradicación de los travestis de la calle Godoy Cruz 'En Palermo nos quieren poner travas'.). || sin. trabuco, traviesa, **travesaño**.

travesaño. m. Travesti. Es insulto leve. (Nelson, Walter, *Fútbol de Primera*, "¡Qué travesaño te comiste, Palermo!"). | Sostiene Saussure que resulta menos despectivo que **trava** o **travesti**, y en algunos casos, implica tono jocoso.

travesti. m. y f. Persona que por una decisión diferente de la que manda su cultura decide vestir las prendas que se le atribuyen al sexo opuesto al suyo. | Observa

McLuhan que para funcionar como insulto no debe ser dirigido a alguien travestido; sino a un hombre cuya vestimenta responda a la que se espera de una persona de su mismo sexo 'Juan Cruz, vos te la das de fachero pero estás hecho un travesti'; o a una mujer de apariencia masculina 'María Julia, cada vez me recordás más al travesti con el que debuté'.

trepador, ra. adj. Persona que busca ganar posiciones dentro de determinado ámbito, por lo general laboral, mediante el sabotaje y la traición a colegas, competidores, superiores y subordinados 'Jorge es un trepador, bien que aprovechó lo de Cromañón para darle sus buenos empujoncitos a Aníbal'. Ú. t. c. s.

trincar. intr. pop. Fornicar. Constituye, principalmente, insultos de invitación 'Negra, ¿vamo' a trincar?' y de amenaza 'Si te gachás, te trinco?. | Recuerda Brizuela Méndez que "el vocablo dio origen a al imaginario juego del Tetrinco". || sin. **cojer**, **garchar**.

tripero, ra. adj. Seguidor del club Gimnasia y Esgrima La Plata 'Salí, tripero, andá a recordar el Torneo

Ella era un travesti
(Vilma Palma e Vampiros)

Cuando te conoci
un cigarro te prendi
me dijiste: tienes fuego,
muchas gracias y hasta luego
te diste media vuelta
cantando una canción

Te invite a bailar
con el fin de conversar
100% enamorado
te invité a otro lado
y con una sonrisa
me dijiste: ¡¡NO!!

No tenia senos de verdad
ella no era una mujer
era un travesti...

Te fuiste sin hablar
me quedé sin respirar
consternado abrumado
me quedé desconcertado
pensando en tu aparato

no sabía qué hacer.
Ahora soy maraco
a mí me gustan los hombres
y yo digo me enamoro
de personas no de sexos
pero yo soy un fleto
no lo quiero aceptar

Yo soy un fleto maricón
y no lo quiero aceptar
soy homosexual
(tenía la media tula güeón).

Yo soy un fleto maricón
y no lo quiero aceptar
soy homosexual
(soy maraco)
yo soy homosexual
(soy fleto)
yo soy homosexual

yo soy homosexual.

troglodita

Centenario'. Ú. t. c. s. | Explica Narosky que, como muchas otras denominaciones de seguidores de clubes de fútbol, tuvo un primer origen ofensivo que con el tiempo perdió, hasta tomar exactamente el sentido contrario y los propios hinchas de ese cuadro reivindicarse como tales 'El Torneo Centenario fue la máxima alegría de nosotros los triperos'.

troglodita. adj. Cavernícola, cualquier especie de primate aparecida en la Tierra antes que el homo sapiens; y por extensión, persona bruta, tosca, torpe, peluda y nada refinada 'Ahí vienen los troglodítas de la comisaría 43, guarden todos sus objetos de valor y protejan a sus mujeres y niños'.

trola. f. pop. Prostituta '¿Y vos dejás que tu hija vaya a bailar así, con esa pinta de trola?'. Ú. t. c. adj. 'No me importa que seas un bagayo, el problema es que tenés pinta de frígida. Si fueras un poco más trola, de todo corazón, te pediría que me hagas un pete'.

Trola.

trolo. m. pop. Homosexual masculino 'Qué trolo que es el Ministro de Desarrollo Social'. | Destaca Pierri que ha dado lugar a expresiones como 'trolebús', 'trolazo', 'trolex' o 'trolín'. || sin. bala, chupapijas, comilón, culorroto, gay, manfloro, marica, morfeta, puto, tragasables.

Trolo.

tronco. m. fig. Que demuestra una enorme impericia en una actividad 'No me mandes un mail, mejor llamame por teléfono porque con el tema de la internet soy medio tronco'. | Señala Aguinis que el término, si bien se utiliza para un amplio abanico de actividades humanas es en la incapacidad de mostrar destreza para jugar al fútbol donde logró su mayor arraigo popular. "Mientras en las demás actividades es imprescindible aclarar de qué se está hablando", agrega Kovacci, "cuando se dice sólo tronco se está haciendo referencia a la impericia para manejar correctamente un balón número cinco con los pies" '¡Palermo, andate tronco!', 'Giunta era un tronco, pero ponía mucho huevo'. | **2.** fig. Miembro viril. Ú. e. insultos de invitación 'A vos no te gustará la Botánica, pero bien que te encanta treparte al tronco, mariconazo'.

trozo. m. Forma metafórica de referirse al miembro viril, pene. Ú. en insultos de invitación '¿Así que dicen que sos buen mozo? ¡Agarrame el trozo!'.

trucho, cha. adj. Falso 'Me compré el decodificador trucho y anda fenómeno, puedo ver todos los partidos, los canales porno, HBO', o de mala calidad 'Este decodificador es re trucho, apenas si agarro Canal 7, y de a ratos'. Ú. t. c. s. 'Ahora el trucho va a venir hecho un amor, te va a hacer mimos, te va a regalar flores, te va a invitar al cine, te va a decir que te ama, pero vos no le des bola, acordate que se está garchando a tu sobrina'. Recuerda Olsen de Serrano Redonnet que el término lo inventó el locutor y conductor radial Lalo Mir, en el programa Radio Bangkok y que a partir de ese momento –mediados de la década del 80 del siglo pasado–, cobró una popularidad que continúa hasta hoy, donde está perfectamente instalado en el habla cotidiana de la mayoría de los argentinos.

tucumanear. tr. sant. Sacar ventaja sobre la base del engaño, estafar 'Le di la plata para que me comprara las cosas para hacerme el arreglo y me tucumaneó, no vino más'. | **2.** Sustraer ilegalmente las posesiones ajenas, robar 'Fui adentro a buscar unas cosas y él metió la mano en la caja y se llevó todo lo que había, como 2.000 pesos, me tucumaneó'. | Para Seco, la conversión en verbo de la palabra Tucumán y su uso insultante son el punto más violento de la rivalidad que existe entre santiagueños y tucumanos. Y según Bordelois, "mientras este verbo siga siendo de uso corriente en Santiago, la posibilidad de una paz entre los habitantes de ambas provincias es más improbable que un acuerdo real y duradero entre israelíes y palestinos".

tujes. (*del iddish 'tuches'*) m. **Culo.** | Destaca Kovadloff que este término se popularizó gracias al uso que le dieron, fundamentalmente en la televisión, varios capocó-micos judíos, como Tato Bores, Jorge Guinzburg y Norman Erlich, sumado al hecho de que, si bien significa culo, resulta un poco menos chocante que su sinónimo más famoso. Y que, por eso mismo, los insultos de invitación en que ú. son pocos y leves 'Mozo, la última vez que vine a comer a este restaurante me rompieron el tujes; espero que no se repita esta noche'. || **kis min tujes.** loc. Besame el culo.

tumba. fig. m. y f. **Tumbero** 'Me permito decirte que no sos el primer tumba que me emperno; y es-

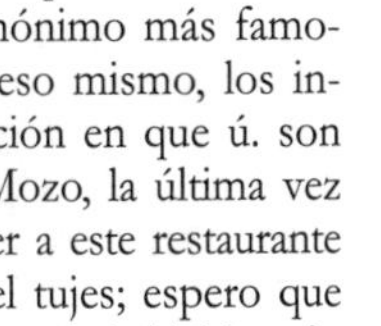

tutankamón

toy hablando de asesinos seriales y violadores, no de un falsificador de cuadros como vos, boludín'.

tumbero, ra. adj. fig. En la jerga carcelaria, presidiario, ex presidiario; y por extensión, que aparenta haber estado en prisión 'Ni loco te presento a mi hija, tumbero; a ver si todavía después me aparece culeada en una zanja'. Ú. t. c. s.

tunante. adj. Pícaro, ventajero 'Atrapadle, aquel bribón es un tunante que me pidió que me agache a recoger unas setas y me ha destrozado el opertuso'.

turro, rra. Persona que de modo permanente y sistemático realiza acciones para perjudicar a los demás 'Sólo a un turro como vos se le puede ocurrir montar una oficina para probar modelos menores de 14 años con la sola intención de garchártelas'. || sin. **garca, hijo de puta, sorete.**

tutankamón. m. fig. Hombre de avanzada edad e ideas conservadoras y/o reaccionarias '¿Y qué pretendés? Mientras el rector siga siendo tutankamón...'.

Tutankamón.

ubre. m. Teta, conjunto de tetas (dos). Ú. en insultos admirativos 'Mamasa, con esas ubres vas a hacer quebrar a Sancor y La Serenísima juntas'.

ultra. elem. compos. Antepuesto a algunos adjetivos, expresa idea de exceso y refuerza la condición de insulto 'ultratrolo', 'ultracomilón', 'ultrabala', 'ultrapelotudo', 'ultranabo', 'ultraboludo', 'ultraforro', 'ultraputo', 'ultrasorete', 'ultracagador', 'ultrapajero', 'ultradesagradable', 'ultrainsoportable', 'ultratortillera', 'ultratragasables', 'ultraputa', 'ultratrola', 'ultrapetera', 'ultramaricón', etcétera.

untar. tr. Extender sobre una superficie alguna sustancia más o menos pegajosa o grasienta. | Observa Marrone que constituye insulto, principalmente de invitación o amenaza, unido de manera inseparable a los vocablos 'cremita pringosa', 'cuajo', 'guasca', 'leche', 'semen', 'yogur', etc. | **2.** pop. Sobornar 'Dicen que al hijo de puta de Pico no lo untabas con dos pesos'.

upite. (*del quichua*) m. **Ano**. Ú. en insultos de amenaza 'Te voy a dejar el upite tan grande que cuando te tires un pedo se va a escuchar el eco'. | De acuerdo con Saussure, también puede utilizarse, en ocasiones como sinónimo de culo u ojete 'Dejá de rascarte las bolas porque te voy a partir el upite en gajos, salamín'.

ura. (*del quechua 'úra', debajo*) f. *NOA* vulg. Vulva. Ú. en insultos de amenaza 'Te vua dejar la ura como higo 'e tuna'.

uranista. m. Hombre homosexual, soplapetes (desus.) 'El hidalgo era tan uranista que sus fieles escuderos le aceitaban las posaderas cada vez que subíase a su brioso corcel'.

usurero, ra. adj. Persona o entidad que presta dinero con intereses, generalmente elevados. Ú. c. desp. 'Loco, al final vos sos más usurero que el FMI'.

Usurera.

vaca. f. mujer gorda, **cerda** 'La verdad, Susana, que sin el Photoshop estás hecha una vaca'.

vacuo, cua. adj. Vacío, falto de contenido 'El discurso peronista siempre fue vacuo'. | **2.** Por extensión, persona que carece de ideales, convicciones, inquietudes, profundidad. Es descalificador fuerte 'Nena, sos tan vacua que da lo mismo que hables o te tires un pedo'.

vago, ga. adj. Holgazán, perezoso, poco trabajador. U. t. c. s. 'Má' vale que largué' la tarasca ahora porque te vengo con los vago' de la villa y te quemo el kiosco, puto'.

vagoneta. adj. Holgazán, vago. Es insulto leve. | Agrega Pigna que ú. t. c. insulto de afectuoso 'Dale, no seas vagoneta y practicame un cunnilingus'.

valijero. adj. m. pop. Califica al oficinista que concurre a los cines donde se proyectan películas condicionadas y disimula sus prácticas onanísticas debajo de un ma-

vaquillona

letín o valija. | Observa Brizuela Méndez que "es adj. en desuso, tal vez por la llegada de video o el DVD" y agrega: "Aunque anacrónico, ú. frecuentemente c. sin. de onanista, **pajero**" 'A Luciana, todas las noches la espera en la puerta del teatro algún valijero ojeroso con un ramito de flores'.

vaquillona. adj. Mujer ostensiblemente pasada de peso, obesa, **vaca** 'La verdad, Moria, que sin el Photoshop estás hecha una vaquillona'.

varonera. adj. Mujer poco femenina y que gusta de andar en compañía de varones. Es insulto leve 'Si fumás Parisiennes, jugás al truco y manejás un flete, después no te quejes si te tildan de varonera'. |

El vena'o
(Wilfrido Vargas)

Ay, mujer, la gente está diciendo
                            por ahí.
Que yo soy un vena'o.
Que estoy amarra'o.
Ay, mujer, dime que eso es un
                     cuento, por favor.
Que no soy un vena'o, no soy
                             un venao'.
Y que sigo pega'o, sigo pega'o.

Que cuando fui a Puerto Rico
estabas llena de chichones,
no hagas caso esa jugada,
son rumores, son rumores.
Y que un 'tire te vio andando
                      en los callejones,
no hagas caso esa jugada,
son rumores, son rumores
Que cuando fui a Nueva York
tenía amantes por montones,
no hagas caso esa jugada,
son rumores, son rumores.
Y que de botellas vacías
estaban llenos los rincones,
no hagas caso esa jugada,
son rumores, son rumores.

Y que no me digan en la esquina
el vena'o, el vena'o,
que eso a mí me mortifica
el vena'o, el vena'o.

Que no me abucheen en la esquina
el vena'o, el vena'o
que eso, mira, a mí me mortifica
el vena'o, el vena'o.

Y que a mí, que abra los ojos,
no sea bobo y no sea torpe,
no hagas caso esa jugada,
son rumores, son rumores.
Que en verdad soy un vena'o
y no es que ellos lo suponen,
no hagas caso esa jugada,
son rumores, son rumores.

Que cuando fui a Puerto Rico
estabas llena de chichones,
no hagas caso, esa jugada,
son rumores, son rumores.
Y que un tipo a ti te vio
andando en los callejones,
no hagas caso, esa jugada,
son rumores, son rumores.
Que en mi casa llevo faldas
y tu llevas pantalones,
no hagas caso, esa jugada,
son rumores, son rumores
Que en verdad soy un vena'o
y no es que ellos lo suponen,
no hagas caso esa jugada, son
rumores, son rumores.

Señal prudentemente O'Donnell que este insulto no incluye necesariamente la acusación de de comercio sexual de la injuriada con alguien de su mismo sexo, "que en ese caso debe ser denominada tortillera".

vela. f. Miembro viril, **garompa** '¿Por qué no venís y me soplás la vela?'.

veleta. adj. Persona inconstante y mudable 'Doctor Grondona, usted sabrá mucho de filosofía griega, pero es un veleta'.

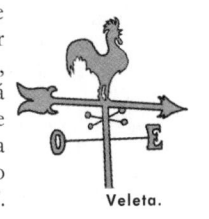

Veleta.

venado (*tb* **vena'o**). m. Hombre al que la pareja le es infiel 'Che, venado, no saltés a cabecear que vas a pinchar la pelota', 'Dicen que Barrantes es un flor de venado, pero para mí que se la camastí' (Wilfrido Vargas, *El vena'o* 'Ay, mujer, la gente anda diciendo por ahí/ que yo soy un venáo'). || sin. **cornudo**.

Venado.

vendehumo. adj. Mentiroso, estafador 'Al final, Fernández Meijide resultó una vendehumo de la primera hora'.

vendepatria. adj. Persona que traiciona a la patria, **cipayo**, extranjerizante 'Al final, Menem resultó un vendepatria de la primera hora'.

vendido, da. adj. Que arrió viejas banderas, traidor. Es insulto leve '¿Cómo vas a gritar un gol de River si vos eras de Boca, vendido?'. | **2.** Que se vende, que se deja comprar 'Borocotó es un vendido'.

ventajero, ra (*tb*. **ventajita**, **ventajista**). adj. Que obtiene ventaja con malas artes, astuto, **ladino**. Ú. c. desc. 'Lo que más me revientan son las viejas ventajeras que se cuelan en la fila del banco con el argumento de que les duele el **orto** por la ciática'.

verduguear. tr. Humillar, tomar el pelo '¿De verdad creés que me queda lindo este baby doll negro con medias de red y portaligas al tono, o me estás verdugueando?'. | sin. **gastar, bardear**.

verga. (*del lat.* '*virga*'). f. Pene, **pija** Ú. en insultos de invitación '¿Por qué no me chupás la verga?' | **2.** Objeto de mala calidad, porquería 'Este diccionario es una verdadera verga'. | **3.** Cosa incierta que expresada en cuestionamientos irritados subraya esta irritación 'No sé qué verga querés', '¡Qué verga te pasa!'.

vergamuerta. m. Impotente. Es insulto grave 'Qué hacés, vergamuerta'.

versero, ra. adj. Mentiroso, **sanatero** 'No te involucres con el versero de mi hermano que en cuanto te descuidás, te emperna para toda la vida'.

víbora. f. Persona con malas intenciones 'La del 5° «C» me contó que el portero le pidió un pete en el ascensor, pero yo mucho no le creo porque esa gorda siempre fue medio víbora'.

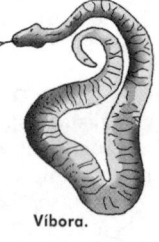

Víbora.

|| **Lengua de víbora.** loc. Persona mordaz, murmuradora y maldiciente 'La del 5° «C» me contó que el portero arregló con la administración para poner un sauna con gatos menores de edad en el último piso, pero yo mucho no le creo porque esa gorda siempre fue medio lengua de víbora'.

vicioso, sa. adj. Persona que tiene un apetito excesivo por alguna cosa que la incita a usarlo en demasía o con exceso. Es desc. fuerte 'Meta puñeta, meta puñeta, loco, sos un vicioso', 'Para con el paco. vieja, no podés ser tan viciosa', 'Sacale el palo del orto al pibe, no seas vicioso'.

viejo, ja. adj. Se dice de la persona de edad, anciana. | Agrega Menéndez y Pelayo que es convención entender que es vieja la que cumplió 70 años. U. t. c. s. 'Ese Grondona es un viejo de mierda'. | **2.** Deslucido, estropeado por el uso 'Andá a hacerte una vagi-

---

Ya no sos igual
(2 Minutos, *Valentín Alsina*, 1994)

Carlos se vendió al barrio de Lanús
El barrio que lo vio crecer
Ya no vino nunca más
Por el bar de Fabián
Y se olvidó de pelearse
Los domingos en a cancha
Por las noches patrulla la ciudad
Molestando y levantando a los demás.

Ya no sos igual
Ya no sos igual

Sos un vigilante de la Federal
Sos buchón
Sos buchón

Carlos se dejó crecer el bigote
Y tiene una 9 para él
Ya no vino nunca más
Por el bar de Fabián
Y se olvidó de pelearse
Los domingos en a cancha.
Él sabe muy bien que una bala en la noche, en la calle, espera por él.

virgo

noplastia, porque esa concha está muy vieja'.

vigilante. m. Agente de policía. U. t. c. desp. | **2.** fig. Buchón (*Cancionero popular* 'Oh, no tenés aguante / oh, oh, no tenés aguante/ che bostero, vigilante').

vikingo. m. **Cornudo** 'Yo dudo de que Barrantes sea vikingo, pero también dudo de que alguna vez se la haya movido a Pampita'.

vikingo. adj. Bruto, violento, agresivo, poco delicado '...y después de eludir a dos, lo cruzó el vikingo de Crosa y lo partió al medio'.

Vikingo.

villero, ra. adj. desp. Que reside en barrios de emergencia. U. t. c. s. | Puntualiza McLuhan que si bien en su origen refiere a quien nació o reside en un barrio de emergencia (villa miseria) ú. también para definir a la persona que, a juicio de quien profiere el insulto, merecería morar en uno de estos barrios humildes 'Que el villero de Barijho haya pasado a la historia como ídolo de Boca es la prueba más cabal de que Bianchi es un capo'.

vinagre. m. y f. Persona triste, deprimida, amarga o amargada. Ú. c. desc. 'Es la última vez que nos vamos de putas con el vinagre de tu cuñado, que al final no hay **poronga** que le venga bien'.

Vinagre.

virgo. indef. pop. Virgen. Que no ha tenido relaciones sexuales. |

Los viejos vinagres
(Sumo, *Llegando los monos*, 1986)

Dale, dale con el look,
pero no te mires como captain Cook,
dale, dale con el look,
pero no te mires como Captain Cook.
Para vos lo peor es la libertad,
para vos lo peor es la libertad.

¡Estoy rodeado de viejos vinagres todo alrededor!
¡Estoy rodeado de viejos vinagres todo alrededor!

No te olvides de posar
en la disco o en el bar,
no te olvides de posar
en la disco o en el bar.
Para vos lo peor es resbalar,
para vos lo peor es resbalar.

¡Estoy rodeado de viejos vinagres todo alrededor!
¡Estoy rodeado de viejos vinagres todo alrededor!

¡Juventud, divino tesoro!
¡Juventud, divino tesoro!

vulgar

Observa Bordelois que "construye el insulto según el sexo del insultado: en el caso de las mujeres, cuestionando que lo hayan perdido, y en el de los hombres, cuestionando que no lo hayan perdido". 'Che, chicas, a ver quién se hace cargo del virgo de mi primo, que acaba de cumplir los 13 y tiene más leche acumulada que el tambo de La Serenísima'. || **ser de Virgo** loc. pop. Ser virgen 'Marcelita es de Virgo, pobre, todavía no encontró quién se la ponga'.

Virgo.

virolo, la. adj. desp. Con uno o los dos ojos desviados, bizco. Ú. t. c. s. 'Ojalá lo peor de Kirchner fuera solamente que es virolo'.

vividor, ra. adj. Que vive a expensas de los demás buscando por malos medios lo que necesita o le conviene. U. t. c. s. 'Huberto, sos un vividor, buscate un laburo'.

vivo, va. Que se cree más inteligente o sagaz que el resto, que busca sacar ventajas a cualquier precio.

voltear. tr. Tener relación sexual, moverse a alguien, dar masa '¿Y? ¿Cuándo te vas a voltear algo más que tu muñeca inflable?'. | Explica Bordelois que se trata de una expresión vulgar que sólo se emplea cuando refiere el punto de vista de quien se supone actor principal de la situación, de modo que 'Me volteé cuatro trabas en una semana' es correcto, mas no lo es 'Anoche me volteó mi jefe y hoy me dio un aumento', como tampoco '¿No querés que vayamos a voltearnos al telo de acá a la vuelta?'.

vueltero, ra. adj. Persona que no va directo al grano, que da vueltas antes de definir alguna cosa 'Dale, no seas vueltero y dale masa que está caliente como negra en baile'.

vulgar. adj. Ordinario, que carece de rasgos o virtudes fuera de los común. Como insulto ú. mayormente antepuesto al sustantivo o adjetivo que desmerece 'vulgar ladrón', 'vulgar hacedor de gárgaras' (a un cantante), 'vulgar enchastrador de telas' (a un artista plástico) 'Ernesto, no te hagás el intelectual que sos un vulgar rejuntador de palabras'.

yanqui. (*tb.* **yankee**). f. Modo despectivo de referirse a un ciudadano de los Estados Unidos de América 'Ojo que Bush es sólo un poquitín más imbécil que el resto de la población yanqui'.

yegua. adj. f. desp. Mujer que para conseguir un fin se vale de medios o procedimientos reprobables '¿Cómo que para conseguir el ascenso le prometiste chuparle la pija? No podés ser tan yegua', 'Me casé con esa yegua y me hizo poner todas mis propiedades a su nombre'.

yeso (tener un, ser de). Mineral blanco y blando usado por albañiles, escultores y traumatólogos. Ú. en ámbitos futbolísticos 'Che, Batista, sacate el yeso y pará a alguno, la concha de tu madre'. Ú. tb en loc. || **tener un yeso.** 'El Checho no se puede ni mover, tiene un yeso en lugar de rodilla'. || **ser de yeso.** 'Este Checho es de yeso, todavía no

yeta

> ### Qué yeta
> (2 Minutos, *Postal 97*, 1997)
>
> Fin de mes en el laburo
> la limosna vas a cobrar
> Estaba muy contento,
> me iban a pagar.
>
> La plata en el bolsillo
> no la podía aguantar,
> agarré unos pesitos
> y me lo fui a buscar.
>
> Entré a casa en cualquiera
> y me fui a acostar.
> Y al otro día me entero
> que con mi vieja todo mal.
>
> Qué yeta, qué yeta, mi vieja me lo encontró.
> Qué yeta, qué yeta, la puta que lo parió.
> Qué yeta, qué yeta, mi vieja me lo encontró.
>
> Qué yeta, qué yeta, la puta que lo parió.
>
> Ahora estoy arruinado
> sin un mango para gastar.
> Tendré que aguantar un poco
> hasta fin de mes para cobrar.
>
> Pero por favor te pido
> y hacé este favor,
> ponelo en cualquier lado
> menos donde lo puse yo.
>
> Qué yeta, qué yeta, mi vieja me lo encontró.
> Qué yeta, qué yeta, la puta que lo parió.
> Qué yeta, qué yeta, mi vieja me lo encontró.
> Qué yeta, qué yeta, la puta que lo parió.

puedo entender cómo fue que salió campeón mundial'.

yeta. f. Mufa, mala suerte. Ú. t. c. adj. desc. 'Todos los hinchas de San Lorenzo sabemos que Viggo Mortensen atrae la yeta; desde que dijo que es hincha del Ciclón, perdimos diez partidos seguidos y se nos lesionó hasta el arquero suplente'.

yetatore. (*tb.* **jettatore**) m. Persona que atrae la yeta 'Todos los hinchas de San Lorenzo sabemos que Viggo Mortensen es un yetatore; desde que dijo que es hincha del Ciclón, perdimos diez partidos seguidos y se nos lesionó hasta el arquero suplente'.

yigoló. m. Gigoló.

yirar. intr. Hacer la calle, ejercer la prostitución. Ú. c. desp. 'Cómo se ve que yiraste tanto que no tuviste tiempo para ir a comprar una zanahoria para meterte en el orto, flor de puta'.

yiro. adj. f. Trotacalles. Profesional del sexo que ejerce de puertas afuera. Ú. c. desp. 'Yayo, no te cases con Yanina, que es un yiro'. || sin. **gato, golfa, prostituta, puta, trola**.

yogur (vivir en un). Expresión. pop. Estar desactualizado, desinformado, fuera de sintonía, ser medio dolobu 'Mamá, salí del yogur y reconocé que papá no sólo sale de putas de vez en cuándo sino que tiene dos familias paralelas, tres amantes y además se enfiesta a tu profesor de tenis'.

yoni. (*tb.* **johnny**) m. pop. desp. Nativo de los Estados Unidos de América; y por extensión, europeo angloparlante o australiano. Es despectivo fuerte 'Decile a ese yoni del orto que se saque el gorro de cowboy porque le vamos a rellenar el upite con carne argentina'. || sin. **gringo**.

yoyega. (*tb* **llollega**) m. Persona nacida en la comunidad autónoma de Galicia; y por extensión, en cualquier lugar del Estado Español. |**2.** fig. pop. Bruto, ignorante. | Seco señala que su uso puede ser tanto afectivo 'Yoyega, ¿cómo anda la querida madre patria?' como despectivo 'Yoyega hijo de puta, aprendé la tabla del uno antes de abrir el almacén'.

yunque. m. Herramienta de hierro usada para trabajar en él otros metales golpeándolos con un martillo o una masa. Por extensión, persona pesada, latosa 'Uh, otra vez me enganchó el yunque de mi suegro para que lo acompañe a pescar mojarras a la laguna de Claromecó'. || sin. **plomo, plomazo**.

yunta. f. Grupo de personas de malas costumbres, caterva. Ú. en

---

Yira... yira...
(Letra y música de Enrique Santos Discepolo, 1929)

Cuando la suerte, que es grela,
fayando y fayando te largue parao;
cuando estés bien en la vía,
sin rumbo, desesperao;
cuando no tengas ni fe,
ni yerba de ayer
secándose al sol;
cuando rajés los tamangos
buscando ese mango
que te haga morfar,
la indiferencia del mundo,
que es sordo y es mudo,
recién sentirás.

Verás que todo es mentira,
verás que nada es amor,
que al mundo nada le importa,
yira... yira...

Aunque te quiebre la vida,
aunque te muerda un dolor,
no esperes nunca una ayuda,
ni una mano, ni un favor.

Cuando estén secas las pilas
de todos los timbres que vos apretás
buscando un pecho fraterno
para morir abrazao;
cuando te dejen tirao,
después de cinchar,
lo mismo que a mí;
cuando manyés que a tu lado
se prueban la ropa que vas a dejar
te acordarás de este otario
que un día, cansado,
se puso a ladrar.

> ### Me cago en la yuta
> (Comando Suicida, 1987)
>
> Porque vamos por la calle y nos piden documentos
> Vivimos en democracia pero con ellos no se nota
> Me cago en la yuta
> Te llevan a la comisaría y te pegan el castigue
> ¿Por qué no agarran asesinos?
> Bah, es más fácil con nosotros
> Me cago en la yuta
> Yuta, yuta, yuta, yuta hija de puta
> Me cago en la yuta

insultos de desc. 'Ese anda en una yunta medio jodida'. || **mala yunta.** loc. Malas compañías 'Esos pibes que se ponen antifaz y usan cachiporras son mala yunta'.

yuta. pop. desp. Policía. | Su empleo en femenino singular alude al colectivo ('la yuta hija de puta'), en tanto que en masculino singular refiere a cada uno de los integrantes que lo componen ('el yuta hijo de puta').

yuppie. m. y f. Joven profesional urbano con estudios universitarios y muy buena posición económica 'En la oficina se pudrió todo cuando pusieron de gerente a este pendejo yuppie que lo único que hace es repetir fórmulas pelotudas de marketing sacadas de manuales onda *Cometas para dummies*'. | Advierte Lévy-Strauss que si bien en su origen se trató de un término que enorgullecía a quien era definido de tal manera, el tiempo y, sobre todo, la mala fama ganada por quienes se autodenominaban así hizo del término un insulto hecho y derecho 'Andá a lubrar, yuppie menemista hijo de una gran puta'.

zabeca. adj. Inversión (vesre) de cabeza. Es despectivo leve. U. c. sin. de cabezón 'Che, zabeca, corré el marote que quiero ver si la minita que viene allá tiene ñocorpi', 'Che, zabeca, ¿cuando vas a volver a ser Presidente?'.

zafado, da. adj. Desvergonzado, atrevido 'Tu hermana está cada día más zafada. Con decirte que ayer me hizo dos **petes**'.

zaguanera. adj. Que frecuenta los zaguanes, putilla '¡Cómo vos no vas ser tan trola, si ya tu abuela era conocida en el barrio como «la zaguanera de Boedo y Estados Unidos»!'. | Destaca Bergoglio que se trata de un insulto caído en desuso por dos razones: porque de a poco han ido desapareciendo los zaguanes, esos vestíbulos o pasillos largos y oscuros que ostentaban las construcciones antiguas de la ciudad de Buenos Aires, y porque las mujeres modernas ya no pierden el tiempo en largas sesiones de manoseo con su novio en los zaguanes, sino que van direc-

zainoso

tamente a los bifes o, más explícitamente, a la barra de carne, al garchoneo liso y llano.

zainoso, sa. adj. Traicionero. Ú. t. c. s. 'Yo no confiaría otra vez mi voto al zainoso de Chacho'.

zafio, fia. adj. Rudo, torpe, grosero 'A la distancia, está claro que al Mundial de Italia no tendríamos que haber llevados jugadores tan zafios como Monzón'.

zambo, ba. s. Mestizo de negro e indio 'Idolatrar al zambo de Gatti es propio de los bosteros negros cabeza'.

zanahoria. (*tb* zanagoria) adj. Tonto, nabo 'El que hace mucho que no aparece en la tele es el zanahoria del Pato Galván'. | Señala

Zanahoria.

O'Donnell que si bien como insulto ha caído en desuso por su leve nivel de agresión, adquiere mayor fuerza si se lo usa como sustantivo en amenaza 'Si me seguís rompiendo las pelotas, te voy a meter una zanahoria en el orto y voy a hacer palanca'.

zanatero. (*tb* sanatero, zanateador, sanateador) adj. Persona que habla sin sustancia buscando engañar a sus oyentes. Versero 'A mí U2 me cabía, pero el zanatero de Bono ya me tiene los huevos llenos'.

zángano, na. Vago 'Con el casamiento, lo que conseguiste no es un marido sino un zángano'. | **2.** Vividor 'Vos, que sos el padre, andá y decile al zángano de tu hijo que deje de encerrarse en su pieza para masturbarse frente a la compu'.

zanguango, ga. adj. Tonto, imbécil. (Maslíah, Leo *Zanguango* 'Soy

---

Zanguango
(*Zanguango*, Leo Maslíah, 1997)

Soy un imbécil
Soy medio tarado
Soy nulo
Soy un retardado
Nunca pasé la edad de la bobera
Y en el mate yo tengo madera
Yo no sé si se me nota
La cara de idiota
O el aire de nabo
Aunque también soy un ganso
Y si un día me canso
Me convierto en pavo

Zanguango
Zanguango

Soy un zapato, un estúpido, un bobo
No sé ni dónde estoy parado
No me doy cuenta de nada
Soy tonto y retonto soy un
                                abombado
Tengo un helado aplastado en la frente
Y en la mente tengo detergente
Soy medio zonzo y tres cuarto
                                boludo

medio zonzo y tres cuarto boludo/ Soy necio soy un pelotudo// Zanguango/ Zanguango') (*véase recuadro*).

zapallo. adj. Tonto, nabo 'Tras su destitución, quedó confirmado que Ibarra es medio zapallo'.

Zapallo.

zaparrastroso, sa. adj. Andrajoso, poco elegante 'Los que tienen la culpa de que la fiesta se haya llenado de fotógrafos zaparrastrosos son los patovicas de la puerta'.

zapato. adj. Tonto, torpe, de pocas luces 'No entiendo cómo es posible que un zapato como Majul haya llegado adonde llegó'.

Zapato.

zarpado, da. adj. Que pasa los límites establecidos. | **2.** Drogado por demás 'Para mí, esa noche Juanse estaba re-zarpado'.

zodape. m. Inversión (vesre) de pedazo, pene. | Señala Seco que en insultos sólo se emplea en su acepción de miembro viril masculino y no así de porción o parte. Se dice 'Por qué no me agarrás el zodape', pero no 'Zodape de boludo'; o al menos es infrecuente y forzado.

zonzo, za (*tb* **sonso**). adj. Tonto, de escasa inteligencia. || **Hacerse el zonzo.** loc. Esquivar, eludir responsabilidades 'No te hagás el zonzo y seguí chupando'. (Gardel, Carlos y Le Pera, Alfredo *Tan grande, tan zonzo* 'Tan grande y tan zonzo/ Haceme el favor./ Qué cara de otario/ Para dar calor./ Tan grande y tan zonzo/ No te puedo ver/ En vez de mu-

---

Soy necio soy un pelotudo

Zanguango
Zanguango

Soy un vejiga
Soy un banana
Soy un zapallo
Y un tarambana
Soy un zanguango
Soy un imbécil de rango
Soy medio tonto
Soy un bobito
Soy lo más tito
Soy un vejerto

Un buenas noches que nunca me despierto
Soy un peligro
Soy un inútil
Soy medio lelo
Soy como un castigo del Cielo
Un verdadero flagelo
Soy un desastre
Soy un estorbo
Soy mucho peor que un cero a la izquierda
Soy una plaga
Soy un imbécil de mierda

Zanguango
Zanguango

zombi

chacho, parecés mujer'.).

zombi. m. Muerto viviente '¿Viste que el zombi de De la Rúa sigue hablando?' | **2.** Persona atontada, abombada, embobada 'No entiendo por qué siguen dándole papeles protagónicos a Carlín Calvo si después de toda la que se tomó, quedó totalmente zombi'.

zoológico. m. Espacio donde se reúnen o conviven distintas especies de animales. Ú. c. desp. (Casciero, Roque 'No puedo creer el zoológico que me tocó este año en TEA. Los pibes son todos unos animales, y las minitas son todas unos bichos').

zopenco, ca. adj. Tonto, torpe 'Ayer le presté el auto al zopenco de mi cuñado y me lo hizo mierda contra un poste de luz, el muy repelotudo'.

zoquete. adj. pop. Pobre diablo, persona con pocas habilidades 'Como tenista, De la Peña siempre fue medio zoquete'.

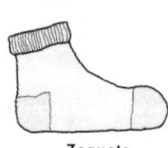

Zoquete.

zorongo (*tb* **sorongo**). m.

Zorrita maula
(Letra de Francisco Brancatt, música de Agustín Magaldi y Pedro Noda)

Escuche aparcero: Jué en un
                                  mes de julio;
azotaba el viento por los
                                  pajonales,
y en la noche fría se quejaba
                                  juerte
al chocar furioso con los viejos
                                  sauces.
Ya, cuasi dormido sobre el catre
                                  e tientos,
un silbido largo vino a despertarme;
me hice el que roncaba,
mientras mi chirusa
conoció las señas del gaucho
                                  traidor.

Se ganó la puerta del ranchito,
                                  a tientas;
despegó la tranca sin temor a
                                  nadie,
y al salir pa' juera la zorrita
                                  maula
se perdió en las sombras de los
                                  pajonales.
Me largué del catre, pero no hice
                                  a tiempo,
iban ya al galope, bajo los
                                  sauzales,
y ahí, nomás en pelo, sobre mi
                                  Azulejo,
de una taloneada los crucé a los dos.

—¿Dónde va el tropero? Párese.
                                  —le dije—,
No se arrea ansina por estos
                                  lugares...
Largue esa potranca pa'
                                  contramarcarla,
que los de mi tropa, valen o no
                                  valen...
Dispués, aparcero, jué breve la
                                  lucha;
un barbijo a ella le di por cobarde,
y el hombre vencido, cargando
                                  su presa,
con un gesto fiero, marcao se juyó.

Sorete, trozo de mierda. Por extensión, cosa de poco valor. '¿Sabés qué? Tu opinión me importa un zorongo'.

zorra. adj. f. Mujer profesional del sexo o a la que simplemente le place garchar con varios hombres, por separado o al mismo tiempo, no necesariamente a cambio de dinero. Ú. t. c. s. (Jóvenes Pordioseros *Zorra* 'Me derrito cuando dice mi amor/ Yo fui tu amigo, tu perro más fiel/ Yo no sabia que eras tan zorra/ Si no, no me hubiera dormido con vos.')

zorrino. m. Hedor insoportable '¿Dónde dormiste anoche? ¿En el baño de la estación Constitución? ¡Tenés una baranda a zorrino!' Ú. t. para referirse a la persona que huele mal 'Che, zorrino, bajá los brazos que con la esputza que tenés vas a matar al canario y se va a pudrir el agua de los peces'. || sin. mofeta, pierna de Gardel, guiso de momia, manos de Perón, fémur de Rodrigo.

Zorrino.

zorro. m. vulg. *Cba.* Vulva. 'Vamo' a lo' iuio, nera ¿Tení el zorro afeitao?'.

zorro. adj. f. Pícaro, ladino, poco confiable 'Los que no te conocen y te saludan diciéndote «capo» o «capa» seguro son medio zorros'. || **zorro gris**. desp. Policía de tránsito.

Zorro.

zurdo, da. adj. desp. Que simpatiza con las ideas de izquierda. Ú. t. c. s. 'Esos de Barcelona son

Zorro viejo
(Letra de Omar Antonio Facelli Cabrera)

Te tengo, en la mira
no hagas movimiento
sos un zorro viejo
maldito, y fatal
con esas ranadas
son un desgraciado
me tenés cansado
andate de acá.

Solo con mirarte
cualquiera te juna
te mira, con miedo
se alejan de vos.

Nadie te soporta
bruto cara dura
andate atorrante
no tenés perdón.

Vivís engañado
no perdés ninguna
en cualquier jaleo
allí, siempre estás
sos un, ignorante
con tu, mishiadura
nos cansás a todos
te van, a fajar.

zorrudo

Zorro plateao
(Letra de Enrique Cadícamo, música de Charlo)

Zorro plateao
te defendés y ya tenés cuarenta
y cinco y un quemao.
Zorro plateao todavía tallás
y trabajás de enamorao...
Zorro plateao
si hay que correr en el campito
del amor
de punta a punta... vos ganás.
Parecés el negro Acosta
por lo bien que te apilás.

Si vas siguiendo un tango rezongón
con una piba taura pa'bailar,
porque te sobra fibra y corazón,
rendida en tus brazos la llevás...

Y así bebiendo el último compás
del tango que se acaba en el
salón.

Zorro plateao, vos mintiento otra
ilusión...
Zorro plateao,
conozco bien la causa porque
llegaste a solterón.
Zorro plateao, por un querer
hoy ha cerrado tu corazón...
Pero pa' vos
la vida está brindándote
siempre la última ilusión...
¡Zorro plateao!
¡Aunque también por dentro
vos llevés tu procesión!

todos zurdos.' | Observa Bergoglio que este último sinónimo denota burla y desprecio 'Me da por las pelotas que Maradona se haga el zurdito'. || sin. **zurdelli, zurdito**.

zorrudo, da. adj. *Cba.* **Conchudo** 'No me vai a dejar así, zorrudo'.

Zurdo.

Anexos

Anexo I

Gestos insultantes

Guía de gestos insultantes

Según el DRAE, insultar es "ofender a uno provocándolo con palabras o acciones". Hasta aquí, nuestro diccionario se ocupó de las palabras, pero los autores no cosideraríamos completo este volumen si no se tuvieran en cuenta también las acciones. Y las acciones insultantes son, básicamente, un puñado de gestos que, como indica el saber popular, "valen más que mil palabras". Gestos que, si bien las más de las veces tienen su correlato directo con algún término o alguna expresión, en la mayoría de los casos resultan más contundentes que su versión oral o escrita. Son, además, indispensable herramienta a la hora de insultar en lugares donde no está permitido hacer ruido, para maldecir a la distancia sin tener que gritar, o para aquellas personas que no tienen la facultad del habla. Sirvan, entonces, este puñado de ejemplos.

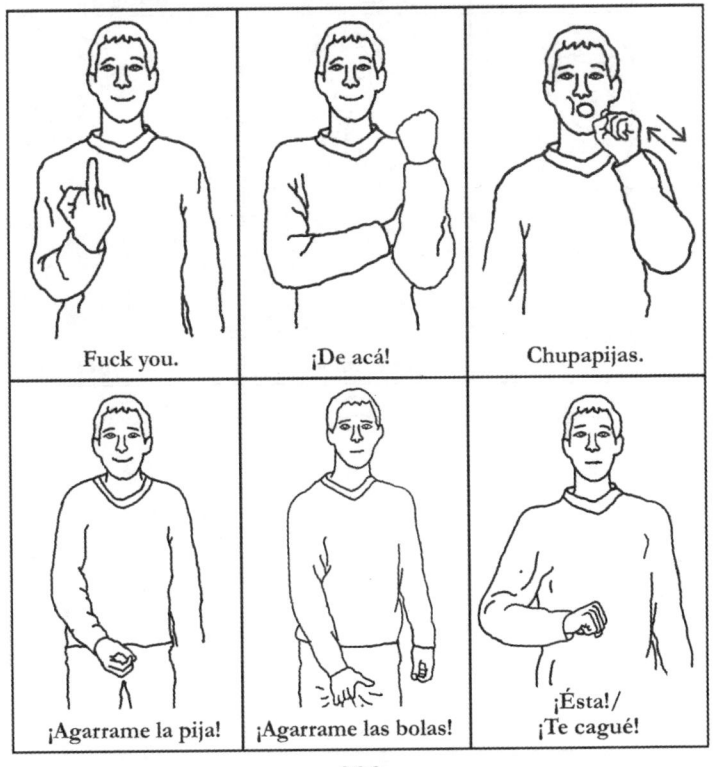

Fuck you.	¡De acá!	Chupapijas.
¡Agarrame la pija!	¡Agarrame las bolas!	¡Ésta!/ ¡Te cagué!

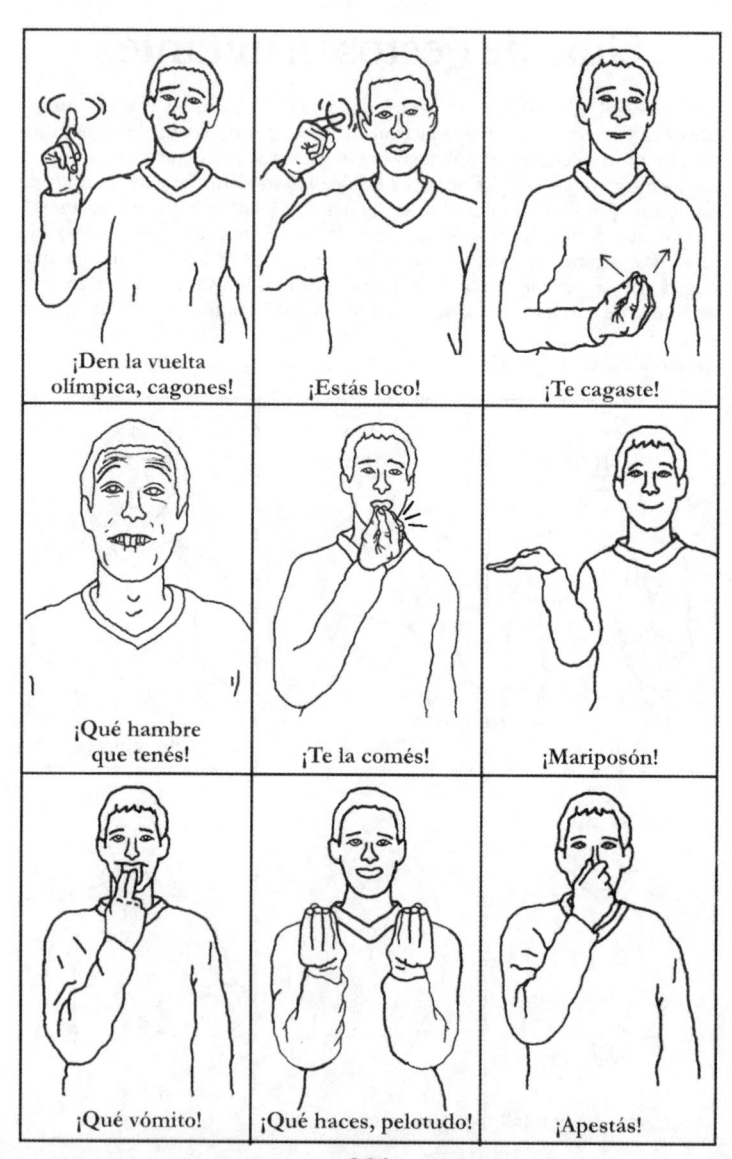

¡Den la vuelta olímpica, cagones!	¡Estás loco!	¡Te cagaste!
¡Qué hambre que tenés!	¡Te la comés!	¡Mariposón!
¡Qué vómito!	¡Qué haces, pelotudo!	¡Apestás!

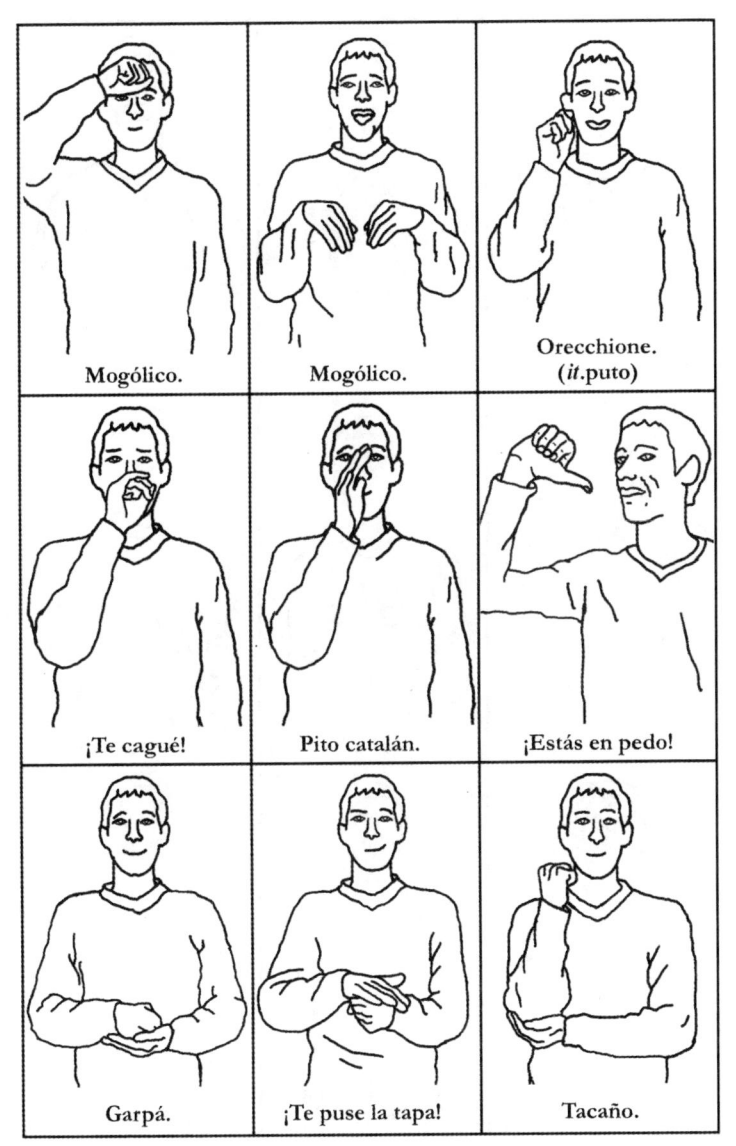

Mogólico.	Mogólico.	Orecchione. (*it*.puto)
¡Te cagué!	Pito catalán.	¡Estás en pedo!
Garpá.	¡Te puse la tapa!	Tacaño.

¡Vení que te garcho!	¡Vení que te empomo!	¡Qué orto tenés!
Cornudo.	Cornudo.	¡Te voy a practicar un fist fucking!
Conchuda.	¡Te voy a chupar la concha!	Hincha pelotas.

Anexo II

Cómo se construye un insulto

Cuadro de la construcción de insultos de invitación imperativos simples (verbo ir)

verbo en imperativo	preposición	verbo cagar en infinitivo		coma	refuerzo no obligatorio
Andá	*a*	*cagar*		,	*boluda, forro, conchudo, hijo de remil putas, tragasables, etc*
			lugar incierto		
			El carajo, la mierda, la concha de tu madre, la recalcada concha de tu abuela, etc.		

Cuadro de la construcción de insultos de invitación imperativos simples (verbo venir)

verbo en imperativo	verbo en imperativo +	pronombre enclítico (reflexivo)	objeto directo (artículo + sustantivo)		refuerzo no obligatorio
Veni	*chupá-* *agarrá-* *sobá-* *olé-* *lustrá-*	*-me*	*la pija,* *la concha,* *el orto,* *las bolas,* *etc.*		*ganso,* *pelotudo,* *puta,* *mamón,* *etc.*
			Variante Compleja (Brizuela Méndez)		
			pronombre posesivo + sust. + adj.		sust. vocativo + adj.
			mi/s	*enorme garcha,* *bello culo,* *bolas sudadas.*	*pobre infeliz,* *puta barata,* *garca del orto.*

Cuadro de la construcción de insultos de invitación condicional simple
(verbo querer)

verbo en condicional 2da persona	verbo en infinitivo +	pronombre enclítico	objeto directo art.+ sustantivo	refuerzo no obligatorio adjetivo vocativo
querés	*agarrar-manosear-masticar-lamer-*	*-me*	*la garompa, la argolla, el ojete, etc.*	*putita, trolazo, hijo de una gran puta, etc.*

Cuadro de la construcción de insultos de invitación condicional compuesto

fórmula condicional	ponombre reflexivo	verbo en presente indicativo (2da. pers.)	objeto directo art.+ sustantivo	refuerzo no obligatorio adjetivo vocativo
Por qué no	me	sobás, agarras, olés, gargajeás *(mod. sadomaso)*	el sogán, las tarlipes, la argolla, las tetas, el nabo, el ocote, etc.	pobre infeliz, puta barata, garca del orto, etc.
Qué tal si				

Anexo III

Guía de insultos para padres

Guía para padres

Contrariamente a lo que parece, no es sencillo insultar. Adquirir el corpus de discriminación necesario para descalificar es labor de años. Por supuesto, esta tarea comienza en la más tierna infancia. Son los padres quienes –consciente o no de que el lenguaje es portador de ideología– se encargan primero de tan crucial cometido.

Es, así, importante tengan en cuenta las progenitoras y los progenitores este escaso pero precioso listado de frases, para, sutilmente, adoctrinar al infante en el insulto.

Frases de padres

"¡Pará de balancearte así haciendo ese cantito! ¿Qué, sos opa vos?"

"No te juntes con esos negritos, que son todos chorros."

"¡Dejá de correr, parecés un indio!"

"No hables con la boca llena, no seas negro."

"Arreglate esa ropa, parecés un villerito."

"No llorés, no seas maricón."

"Qué hacés con esa muñeca, eso es de nena."

"Nena, bajate del árbol, no seas varonera."

"No digas '¿ah?' parecés payuca."

"¿Por qué no querés gastarte tus ahorros en el cuaderno para la escuela? ¿sos moishe vos?"

"No te juntes con las nenas de la otra cuadra que son sucias."

"Cómo vas a comprar esas revistas usadas, andá a saber qué groncho las tocó."

"¡Cómo estás escuchando (o viendo) esa porquería! ¡No seas mersa!"

"¡Te pasás todo el día en la calle, parecés un gitano!"

Además, los padres deben procurar que los niños escuchen en la casa frases como las siguientes:

"El turco de la tienda es un miserable"

"No sé cómo pude aguantarlo a ese gallego bruto en el almacén."

"Tenía ganas de decirle: 'Tano de mierda, aprendé a hablar castellano'."

Bibliografía

AGUINIS, MARLON: *Los negros de mierda también discriminan*, Buenos Aires, La Nación, 1998.
—: *Los chinos de los autoservicio apagan las heladeras y otros ejemplos de asiáticos despreciables*, Pilar, La Nación, 1999.

BARRENECHEA, PASTOR: *La utilización del dativo en los insultos de invitación en la zona de Cuyo*, Nueva York, Broolyn Press, 1976.

BARTHES, ZINEDINE: *Le degré zero mon cul*, París, Editions du l' Petite La Ruse, 1962.

BERENGUER CARISOMO, LULÚ: *El concepto de autoridad en los insultos descalificadores*, Buenos Aires, EUDEBA, 1976.
—: *Una poronga de doce kilos*, Buenos Aires, EUDEBA, 1983.

BERGOGLIO, JOHNNY: *Esta boca es mía*, Santiago, Ediciones Paulistas, 2005.

BORDELOIS, MARGHERITTE: *Yo de eso no hablo*, Buenos Aires, edición de la autora, 2006.

BRIZUELA MÉNDEZ, RAMÓN ISMAEL: *Rameras y peteras, una introducción*, Santa Cruz, Editorial de la Dirección General de Institutos Penitenciarios, 1936.

CAMPOLONGO, CEDRIC: *A villeros no me van a ganar*, Ginebra, Bols Editores, 1985.
—: *Antonio Carrizo y yo,* Ginebra, 2005.

CUSENIER, WALTERIO MAXIMILIANO: *La belleza propia de quienes saben cómo descalificar con altura a la vagina de la madre del prójimo*, Encarnación, 1967.
—: *La belleza propia de quienes saben cómo descalificar con altura a la vagina de la madre del prójimo (versión aumentada, corregida y con dibujitos para niños)*, Encarnación, 1969.

DE LA CONCHA, LORENZO: *Mis orígenes*, Madrid, Real Academia Paralela Editores, 1947.
—: *Recuerdos de mi madre*, Madrid, edición especial de El Corte Inglés, 1985.

DE LA CONCHA, LORENZO (h): *De dónde venimos y hacia dónde nos mandan*, Washington, Hispanic House, 1985.

DESÁBATO, ERNESTO: *A fala dos macacos*, Quilmes, El Sol, 2002.
—: *Minha vida nos calabozos brasileiros*, Pelotas, 2005.

GANCEDO, JULIO CÉSAR "PIPA": *El habla de los presos a los que les rompieron el orto*, EUDEBA, 1975..

GRONDONA, MARIANO JULIO: *Etimologiæ del ortum*, Buenos Aires, UCA editors, 1992.
—: *Civil pacem parabellum*, Buenos Aires, Ediciones del Salvador, 1992.

KIRCHNER, DUNST ASTRID: *Komm gimme deirnt garompenhiesten*, Hamburgo, SS Bookesz Uniks Der Deutschland, 1941.
—: *Sie libt dich ortenlienendelechten*, Bonn, SS Bookesz Uniks Der Deutschland, 1949.

KOVACCI, OFELIA PAMELA: *La merde et son aplications dans la gramathique generatif*, Paris, Editios Selui, 1974.

KRISTEVA, JULIETA: *Cómo debe actuar un semiólogo grosso frente a un término muy complicado* (tomos I a VI), Barcelona, Círculo de Lectores, 1952.

LANDRISCINA, EUGENIO (comp.): *Váyanse todos a la recalcada concha de su madre y otros relatos populares argentinos*, Resistencia, Ediciones del Quincho, 1944.
—: *Gárgaras de huasca*, Viena, Mozart Ediciones, 1965.

LÉVY-STRAUSS, QUIQUE: *Tu hermana, tu madre y otros destinos posibles*, Asunción, Porá Ediciones, 2006.

PASSARELLA, GEORGE W: *Mi ano es tuyo (recuerdos de Texas)*, Houston, 1979.
—: *El primer boliviano al que le di carne por popa*, Potosí, 1982.

MCLUHAN, EDSON ARANTES. *La concha de tu hermana es el mensaje*, Ontario, 1821.
—: *La aldea global y la recalcada concha de tu vieja*, Ontario, 1822.

MARRONE, JOSE LUIS: *Vida del Cheeeee*, Santa Cruz de la Sierra, Hasta la Victoria Siempre Editores, 1932.

MENÉNDEZ Y PELAYO, JORGE LUIS: *Los negros y su habla*, Nueva Orleáns, King Brothers Publishers, 1934.
—: *Los negros y su habla* (ed. aumentada y corregida),

Madrid, 1946.
—: *Los negros y su habla* (ed. en braile),
—: *Los negros y su habla* (ed. corregida por el Inadi),

MOLINER, MARÍA CRISTINA LEMERCIER DE: *Diccionario de las más grandes dudas ilustradas*, Barcelona, Editorial Escasa-Palpe, 1959.
—: *Tengo una duda*, Madrid, Brugueta Ediciones, 1978.

O'DONNELL, FRANCISCO "PANCHO": *Diccionario panhispánico de puteadas*, San Juan de Puerto Rico, Dell'Orto Editores, 1999.
—: *Diccionario panhispánico de rimas chanchas*, San Juan de Puerto Rico, Dell'Orto Editores, 2000.

OLSEN DE SERRANO REDONET, JESSICA ELIZABETH: *El problema del dativo y el acusativo en los insultos con el verbo "parir"*, Caracas, Fundación del Instituto Nacional del Petróleo, 1975.

ORRIGORRONTXULAYGOITXEA, ARANTXO: *Euskal e lo Putxa Matxdre*, Pamplona, Askatasuna Txitxu, 1967.

PIERRI, ADOLFO: *El habla de judíos, piojosos y otras minorías segregadas*, Villa General Belgrano, Biondini Editores, 1994.

PIGNA, MARCIAL: *Diccionario sanjuanino de sinónimos y porongónimos*, Hamburgo, Scheisseres Ausgabe, 2001.

SAUSSURE, DOMINIQUE DE: *1001 maneras no groseras de decir 'Chupame este peceto'*, Porto Alegre, Ediçoes Trincadeiros, 1956.

SEBRELI RADAMEL: *Insultos de invitación en las hinchadas de fútbol*, Buenos Aires, Boquita Editores, 2000.

SECO, MARCELINO: *Diczionario de la ostia, joer*, Milan, Rissoti, 1999.

VERÓN, JUAN SEBASTIÁN ELISEO: *El lenguaje, ese gran hermano*, Cancún, Colegio de México, 1998.

ZORREGUIETA, JORGE RAFAEL: *Así putea un torturado*, Rotterdam, Royal Dutch Libros, 2006.

Los autores

Director General de la Obra y sus Consecuencias
Pablo Marchetti

Editor General y Guardián de la Lengua
Fernando Gato Mazzeo

Académica General de la Lengua Capital
Ingrid Beck

Académico Áreas Córdoba, Patagonia y Floresta
Javier Aguirre

Académico Áreas, Cuyo, Costa Atlántica y Oeste del Gran Buenos Aires
Fernando Sanchez

Académico Áreas Mesopotamia, Formosa, Santiago del Estero y Témperley
Eduardo Blanco

Académico Áreas Noroeste, Chaco, Tucumán y Sur del Gran Buenos Aires
Daniel Riera

Director General de Arte, Retratos y Retretes
Mariano Lucano

Académica en Viñetas y Gesticulaciones Procaces
Mariana Pellegrini

Académica en Diseño y Demás Bajezas Humanas
Paula Socolovsky

Barcelona
UNA SOLUCIÓN EUROPEA PARA LOS PROBLEMAS DE LOS ARGENTINOS

Staff
Editor responsable: Pablo Marchetti.
Directores: Ingrid Beck (ibeck@revistabarcelona.com.ar), Mariano Lucano (mlucano@revistabarcelona.com.ar) y Pablo Marchetti (pmarchetti@revistabarcelona.com.ar).
Editores: Mariana Pellegrini (mpellegrini@revistabarcelona.com.ar), Daniel Riera y Fernando Sanchez (fsanchez@revistabarcelona.com.ar).
Subeditores: Javier Aguirre (jaguirre@revistabarcelona.com.ar), Eduardo Blanco (eblanco@revistabarcelona.com.ar).
Dibujantes: Altamira, Sergio Langer, Diego Parés, Paula Socolovsky y Jorge Fantoni (dibujantes@revistabarcelona.com.ar).
Escritores: Hernán Ameijeiras, César Marchetti, Fernando Mazzeo, Paula Rodríguez (prodriguez@revistabarcelona.com.ar) y Pedro Bekinschtein.
Departamento Comercial: Carolina Topatigh (ctopatigh@revistabarcelona.com.ar)
Asesores Legales: Doctor Pablo Jacoby y Doctor Patricio Carballés./ BARCELONA es una publicación de Gente Grossa S.R.L. (gentegrossa@revistabarcelona.com.ar)

Dirección: Sr. Perón 1515 6° "B", Buenos Aires./ **Teléfono:** 4371-8242./ **Correo electrónico:** correo@revistabarcelona.com.ar/ BARCELONA es una obra de ficción. Cualquier semejanza con la realidad es pura coincidencia.

Índice

11.....Introducción. "El insulto es un arma cargada de futuro", por Joan Marí Carbonell i Figueres.

23.. De qué va este diccionario.

25.................................... Abreviaturas empleadas en este diccionario.

27.. A (abatatar – avivado)

37.. B (babieca – butifarra)

51.. C (caballo – cusifai)

71.. D (dañino – durazno)

79.. E (echarse un polvo – eunuco)

85.. F (fachista – fumón)

93.. G (gagá – gusano)

101... H (hacerse el – humorista)

107... I (idiota – irse al mazo)

111... J (jabru – juntado)

115... L (lacra – lustrar)

121... M (macaco – murga)

141... N (nabo – nutria)

145... Ñ (ñaca-ñaca – ñoqui)

147	O (obcecado – ovarios)
151	P (pacotilla – puto)
167	Q (quebrado – quinotos)
169	R (rábano – rutera)
183	S (sabandija – surtir)
191	T (tabla – tutankamón)
207	U (ubre – usurero)
209	V (vaca – vulgar)
215	Y (yanqui – yuppie)
219	Z (zabeca – zorrudo)
227	Anexo I: Gestos insultantes
233	Anexo II: Cómo se construye un insulto
239	Anexo III: Guía de insultos para padres
243	Bibliografía
249	Los autores
253	Índice

Este libro es una producción de la revista **Barcelona**, que aparece viernes por medio en los kioscos de todo el país.

Distribución en Buenos Aires: Vaccaro, Sánchez y Cía S.C., Moreno 794, 9° Piso./ Distribución en el interior: Bertran SAC